エスの系譜

沈黙の西洋思想史

互　盛央

講談社学術文庫

目次

カバー・章扉画：信濃八太郎

凡例

・英語、フランス語、ドイツ語で書かれた文献からの引用は、すべて原文から訳出したものである。邦訳のある文献は、巻末に掲げる「書誌」に付記した上、引用個所に該当する頁数を「／」のあとに示した。引用に際して従った原則は以下のとおりである。

傍点　原文におけるイタリック体、隔字体の個所（固有名詞は除く）

ゴシック体　原文において大文字だけで記されている個所

「　」　原文における“　”および« »および‹ ›が付された個所

〔　〕　引用者による補足・注記

・文中で冒頭を大文字にして使われる“Ich”（“Je”），“Du”，“Es”は、一般的な用法の代名詞と区別するため、「　」を付して「私」、「君」、「それ」と表記した場合がある。

エスの系譜

沈黙の西洋思想史

はじめに

「エス」という語を目にしたとき、多くの人はジークムント・フロイト（一八五六―一九三九年）の名を想起するだろう。精神分析の創始者フロイトは、心的なものには「意識」だけでなく、ふだんは想起できないがきっかけがあれば意識できる「前意識」、そして葛藤の原因となるものが抑圧されて容易に想起できなくなった「無意識」があると考えた。この「第一局所論」と呼ばれる図式に基づいて『夢解釈』（一九〇〇年）や『日常生活の精神病理学に向けて』（一九〇一年）で説明されたのが夢や言い間違いのメカニズムだったことは、よく知られている。

この図式は二十年以上にわたって維持されたが、やがてフロイトに訣別の時が訪れる。かつての理論は打ち捨てられ、新たに考案された「第二局所論」の中で「自我」および「超自我」と並んで導入されたのが、「イド」と呼ばれることもある「エス」という概念にほかならない。

フロイトの言う「エス」とは何なのか。第二局所論を初めて公にした『自我とエス』（一九二三年）では、「エスとの関係における自我は、馬の圧倒的な力を手綱を引いて止めなければならない騎手と同じである」(Freud 1923 (1998), S. 253／二〇頁) と言われている。自我を衝き動かし、自我に行動させて、みずからの意志を実現する心的なエネルギーとしてのエス。行動がなされたあと、人はこう言うことになる——「なぜか分からないが、そうしてしまった」、「まるで自分ではない何かにやらされているようだった」……。こうした話は作家や芸術家の創作についてよく聞かれるが、日常の中にも同様の経験があるのは誰もが知っていることだろう。

みずからの行動の原動力だったことは明らかなのに、それが何かは明言できないもの。そんな得体の知れない力を示すために着目されたのが、ドイツ語の代名詞「es（エス）」だった。英語の「it」にあたるこの語は、他の名詞を受ける代名詞としての用法のほか、「雨が降る（ドイツ語：es regnet／英語：it rains)」や「1時だ（ドイツ語：es ist ein Uhr／英語：it is one o'clock)」のように天候や時間を示す表現の主語としても使われる。明示できない何か、「それ」と呼ぶほかない何かを示すこの語は、他の事物のようには存在しておらず、それゆえ言語では表せないものの名称である。その意味では、不在であるにもかかわらず語として存在してしまっている語であり、日本語には該当するものは見出されない。そんな特異な語であるからこそ、フロイトは暴れ馬のように自我をふりまわす無意識的なものの名称として、この代名詞から造語された普通名詞「エス（Es)」を採用した。

だが、それはフロイトの独創ではなかった。実際、彼はゲオルク・グロデック（一八六六一一九三四年）に示唆を受けたことを明言している。ベルリン大学で医学を修めたグロデックは、一九〇〇年にドイツ南西部にあるリゾート地バーデン＝バーデンでサナトリウムを開業し、温浴療法、食餌療法、マッサージによる治療で人気を博していた。そのグロデックがフロイトの著作に感銘を受け、フロイトを師と仰ぐようになった末に提唱した「エス」をフロイトが採用する。そこには円満な師弟関係があったように見えるが、現実はそうではなかった。グロデックはある人物から示唆を受けて「エス」を考案した、とフロイトは断言しているからだ。

その人物とは、フリードリヒ・ニーチェ（一八四四―一九〇〇年）だった。確かに自分はグロデックからアイデアを借りたが、そのグロデックにしてもニーチェから想を得たのだから、「エス」を普通名詞として用いるアイデアは自由に使ってよい、というわけだ。ところが、グロデックがニーチェから想を得たという主張の具体的な根拠は、ついに最後まで示されることがなかった。つまり、フロイトはニーチェが「エス」を普通名詞として用いている例を一度も示さずに、その用法の淵源はニーチェにあると主張し続けたことになる。

そんなふるまいをフロイトにさせたのは何か。謎を解く鍵は、もちろんニーチェにある。そうしてニーチェの著作をたどっていくとき、「それ（エス）が考える」という表現を目にすることになるだろう。日常言語から見れば異様と言うほかないこの表現は、本書で見るとおり、「近代的自我」を宣言したとされるデカルトの有名な言葉「私が考える、ゆえに私はある（われ思う、ゆえにわれあり）」を批判するために使われた。その批判が十九世紀末になされたことに注目して文献を渉猟していけば、同様の批判を行うために「それが考える」と記した者がこの世紀には陸続と現れていたことに気づかされる。

時代も違えば、携わった問題も違うそれらの者たちの多くは、「それが考える」という表現を揃って用いただけでなく、この表現の淵源として、十八世紀末に生きたある人物の名を挙げた。のちにニーチェを経てフロイトに至る「エス」の淵源がその人物にあったことから反転して時代を下っていくとき、「近代」と呼ばれる時代が胎動していた十八世紀末に「それが考える」と書きつけられたのは決して偶然ではないこと、そこで投げかけられた問題にこそ端を発して十九世紀にこの表現を用いた者たちが「エスの系譜」を織りなしていたことが明らかになる。そこに浮かび上がる思想史は、二十世紀を経て、今もここに流れ続けている。

だが、それは決して語られたことがないし、これからも語られることはないだろう。理由は、はっきりしている。それは「沈黙の西洋思想史」だからである。「エスの系譜」は沈黙しているがゆえに語られてはならない。だが、まったく同じ理由によって「エスの系譜」は語られなければならないのだ。

なぜフロイトはみずからを慕うグロデックとの関係を代償にしてまでニーチェにこだわったのか。その素朴な疑問を追うことから、「エスの系譜」とそのゆくえは描かれるだろう。二人の邂逅から確執に至る道行きは、こんなふうに始まる――

プロローグ——エスを奪い合う者たち

Freud

Groddeck

邂逅――フロイトとグロデック

一九二三年四月に『自我とエス』が公刊されたとき、フロイトはまもなく六十七歳を迎えようとしているところだった。多くの信奉者を集め、一九一〇年には国際精神分析協会を、一九年には国際精神分析出版社を設立していた精神分析の創始者は、当時すでに揺るぎない地位を確立していたと言ってよい。八〇頁に満たない小冊子である『自我とエス』は、まさに自身が設立した出版社から刊行された。問題の一節は、冒頭から数えて二四頁目に見出される。自分はここで「ある著者の提案」に従うと述べたあと、フロイトはこう記している。

> 私はG・グロデックのことを言っている。私たちが自分の自我と名づけるものは本質的に生の中で受動的にふるまい、彼の表現によれば、私たちは支配できない未知の力によって「生きられて」いる、と彼は繰り返し強調する。〔…〕彼の洞察を顧慮し、知覚系に由来する活動、第一に前意識であるものを自我と名づけ、自我が連なっているが無意識のようにふるまう別の心的なものを、グロデックの用法に従ってエスと呼ぶことを私は提案する。(Freud 1923 (1998), S. 251／一八頁)

精神分析と無縁だったグロデックに転機が訪れたのは一九〇九年のことだった。(1)「G嬢」と呼ばれる患者との出会いによって治療観の見直しを迫られ、試行錯誤を繰り返していたグロデックは、一九一三年に『夢解釈』と『日常生活の精神病理学に向けて』を読んで深い感銘を受ける。そうして考察を続けた結果、一九一七年五月二十七日、ついに彼はフロイトに宛てて手紙を書いた。著作から受けた教示に対する謝意を表明したあと、G嬢の治療過程で得た見解が精神分析と同じであることに気づいたこと、その見解を記したものがあるが、自分は器質性疾患を扱ってきた「理学療法士」にして「マッサージ師」であり、出版は困難だと思われることを述べたグロデックは、いささか唐突に自身の見解を説き始める。

『自我とエス』初版

> 先に言及した患者と一九〇九年に知り合うよりずっと前に、魂と肉体の区別は単に言葉の上の区別であって本質的な区別ではなく、肉体と魂は共通のものであり、私たちは生きていると信じているけれども、それによって生きられている力であるエスがそこにはある、という確信が私の中に棲みつきました。もちろん、この考えも自分の専有物だと要求することはできませんが、それは私の活動の出発点でしたし、今もそうです。
> (*Briefwechsel Sigmund Freud - Georg Groddeck*, S. 49)

グロデック（1918年頃）

この時点ですでに「エス」が普通名詞として使われているのを見逃すことはできない。と同時に注目すべきは、グロデックの言う「エス」が「魂と肉体の区別」を超えていると言われていることだろう。だから、続く個所で「ヒステリーや神経症といったエスの突出した活動と同様に、心臓欠陥や癌も精神分析治療の対象です」と断じたグロデックは、「無意識という概念が拡張されれば、〔あなたによって規定された〕術語はすぐに私の目的にとっても十分なものになります」と言う（Ebd., S. 50）。

これはフロイトの考える「無意識」は狭い概念だと主張しているに等しいだろう。だとすれば、「私は常に自分を弟子とみなさなければならないでしょう」（Ebd., S. 56）という言葉で手紙を閉じたグロデックは、その文面に反して、自分はフロイトが知らないものを見出した、と主張していることになる。

むろん、フロイトがそのことに気づかなかったはずはない。およそ十日後の六月五日に書かれた返信[2]で「あなたは素晴らしい分析家で、事の本質を失うことなく掌握していると言わねばなりません」（Ebd., S. 59）としつつも、彼はグロデックに釘を刺すのを忘れなかった。

それゆえ、私はあなたの協力を求めて両手を差し出したいのですが、ある事情が妨げになります。独自であろうとし、優先権を求める陳腐な功名心を、どうやらあなたはほとんど克服していない、ということです。自分の手に入れたものが独立しているという確信があるのなら、その上さらに独自性など、あなたにとって何の役に立つというのですか。(Ebd., S. 61)

実際、この手紙を書いた一九一七年のフロイトには「第一局所論」で不都合はなかった。抑圧を受けて無意識的になったものは、時には身体症状に、時には不安という情動に転化されて神経症を発症させる。精神分析は、その抑圧された無意識的なものを患者が想起して意識的なものにするために考案された。だが、治療の場面で患者は抑圧されたものを想起することに抵抗する。抵抗しているのが抑圧を行ったのと同じ自我であることは明らかだが、患者は自分が抵抗していることに気づかない。その事実は、フロイトにとって重大な意味をもっていた。「この抵抗は確実に患者の自我に由来し、自我に属する。そうすると、私たちは予期せぬ事態に直面していることになる。私たちは自我自体の中に無意識的でもあるものを見出したのだ」(Freud 1923 (1998), S. 244／一〇頁）と彼は記している。

自我の中にも無意識的なものがある。言い換えれば、抑圧されたものの他にも無意識的なものがあり、それが抑圧と抵抗を行っている。そうしてフロイトは「抑圧されていない無意

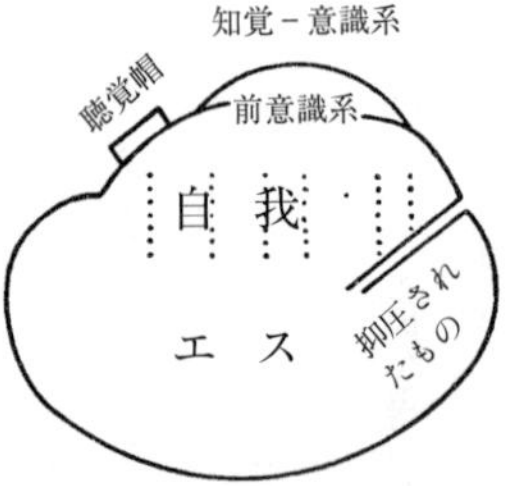

『自我とエス』（1923年）より

1921年4月17日付の書簡より

識」（Ebd.／一一頁）を想定せざるをえなくなり、その名称として「エス」を採ったわけである。

『快原理の彼岸』（一九二〇年）で初めて明言された「抑圧されていない無意識」を想定する必要は、一九二一年四月十七日付のグロデック宛書簡にも記されている。

> 私はずいぶん前から、無意識と意識ではなく、理路整然とした自我とそこから分離された抑圧されたものを対立させるように親しい仲間の中で推奨しています。ただ、それでは困難は解消しません。自我は、その深みでは同じように深く無意識的ですが、そこで抑圧されたものの核と溶け合っています。ですから、より正確なイメージとは、私たちによって観察される配列と区分は相対的に表層の層でのみ妥当し、あなたの「エス」が正確な名称である深みでは妥当しない、というものだと思われます。（*Briefwechsel Sigmund Freud - Georg Groddeck*, S. 138-139）

この直後には「第二局所論」を示す図の原型が描かれている。つまり、『自我とエス』で提示される新たな理論は、この時点でほぼ完成されていたことになる。

この手紙には、グロデックから送付されたパトリック・トロールなる人物が女友達に書いたという設定の架空書簡を高く評価する言葉が見られる（Ebd., S. 138）。以降、書き継がれていくこの架空書簡を集めた本が、グロデックの名を高からしめた『エスの本――ある女友達に宛てた精神分析書簡集』（一九二三年）にほかならない。

確執――『エスの本』と『自我とエス』

右で見た文面にも表れていたように、グロデックは野心家で目立ちたがりの人物だった。一九二〇年九月にオランダのハーグで開かれた国際精神分析学会に愛人同伴で出席し、発表冒頭で「私は横暴な分析家です」という、いかにも挑発的な言葉を吐いてみせたグロデックに、フロイトの弟子たちは反感や嫌悪を抱いた。[3] しかし、フロイトは彼を支援し、翌二一年には「精神分析小説」と称したグロデックの『魂の探求者』を国際精神分析出版社から刊行している。物議を醸したこの著作で勢いを得たグロデックが自分の見解を一般読者にも分かる形で示そうとして書き始めたのが、問題の架空書簡である。執筆中、グロデックは数通を書き終えるたびフロイトに送付した。フロイトは一貫して好意的なコメントを伝えた。

そうして一九二三年、フロイトの支援の下で国際精神分析出版社から『エスの本』が刊行される。ところが、そのわずか数週間後に同じ版元から刊行されたのが『自我とエス』だった。

『エスの本』初版

送付されてきたフロイトの新著を手にしたグロデックには悪い予感があったかもしれない。前年のクリスマスにフロイトから届いた手紙には、「あなたはエスニーチェからとってきたと私は考えています。私の著書を（連想的にではなく文字どおり）ニーチェからとってきたと私は考えています。私の著書でもそう述べていいですか」（*Briefwechsel Sigmund Freud - Georg Groddeck*, S. 184）という文面があったからだ。

この言葉を見て、グロデックは驚愕したに違いない。確かに、彼の母はニーチェが通っていた名門ギムナジウムであるプフォルタ学院の校長アウグスト・コベルシュタイン（一七九七―一八七〇年）の娘だった。グロデック自身も一九〇二年にニーチェの墓に赴いており、幾度も母の実家を訪れていたニーチェの著作に影響を受けたことは間違いない。一九一八年に始めた個人誌『サタナリウム』創刊号の序文では、ニーチェの『ツァラトゥストラはこう語った』（一八八三―八五年）の一文を引用してもいた。(4) しかし、みずからが提唱する「エス」の淵源はニーチェにある、などと表明したことは一度としてなかったのだ。

現存する書簡から判断するかぎり、グロデックはフロイトに反論しなかった。かくしてフロイトは、先に見たグロデックの名を挙げる『自我とエス』の一節に注を付し、こんなふうに記すことになる。「グロデック自身はおそらくニーチェの例に従ったのであり、ニーチェにおいては、このような文法的表現で私たちの活動における非人称的なものや、いわば自然必然的なものを表すのは完全に慣例である」(Freud 1923 (1998), S. 251／一九頁)。

精神分析の世界でひとかどの地位を得ようとしていたグロデックにとって、このフロイトの断定は決定的だった。「優先権」を主張したところで、相手は今や国際的な有名人になった精神分析の創始者である。目立ちたがりな野心家の戯言として受け取られるのが関の山だろう。

グロデックが憤慨したとしても無理はない。事実、『自我とエス』の刊行から一ヵ月を経た一九二三年五月十五日、彼は妻に宛てて、こう記している。「フロイトのエスは神経症にとって条件付きの価値しかもっていない。〔…〕私のエスの建設的なところは無視しておいて、それについてはたぶん次に密輸するんだろう」(*Briefwechsel Sigmund Freud - Georg Groddeck*, S. 313)。だが、このやりきれなさを本人にどう伝えるか。グロデックは五月二十七日になって、こんな書き出しの手紙をフロイトに送った。

『自我とエス』のご送付、本当にありがとうございます。今、ひょっとすると私は名づけ親として、それに関してたとえ一言でも言うべきなのかもしれません。ただ、私の心に浮かぶのは、私たち二人の関係と私たちの世間との関係を照らし出すけれども、ご本については何一つ申し立てない喩え話だけです。この喩え話では、私は鋤《すき》として、あなたはその鋤を――それからことによると別の鋤も自分の目的のために使う農夫として現れます。土地を耕している、という一点で私たちは一致しています。鋤はただ耕し、鋤を鈍《なまくら》にしかねない石を避けようとします。神と天候が許せば収穫するつもりです。でも、あなたは種を蒔き、神と天候が許せば収穫するつもりです。鋤は目がないけれども石を怖れているので、自分を使う農夫が鋤を鈍にしない使い方に気づくよう、時折てこでも動かなくなります。鋤にとってそれは死活問題ですが、農夫にとっては、使えなくなった鋤は新しいものに交換できるのだから、結局のところ、お金の問題なのです。(Ebd., S. 192)

フロイトという「農夫」にとって、グロデックは使い捨ての「鋤」でしかなかった。グロデックにとっての「死活問題」は、フロイトにとっては「お金の問題」にすぎない――辛辣な喩え話が長々と記された挙げ句、「あなたの不安なグロデック」という署名で閉じられるこの手紙を、フロイトはどう受け取っただろう。

はっきりしているのは、以前からあった顎と口蓋の腫瘍がこの年の二月半ば頃から大きくなり、癌の疑いを否定できなくなったフロイトが『自我とエス』が刊行された四月中旬に切除の手術を受けたこと、しかし腕の悪い医師にかかったせいで大量に出血して衰弱しきっていたこと、そして六月十九日には、三年前に急死した娘ゾフィーの四歳の息子ハイネレが粟《ぞく》粒《りゅう》結核のために死去し、人前で泣いたことのないフロイトが涙を見せるほど大きな衝撃を受けたことである[5]。要するに、フロイトは「優先権」争いどころではなかったということだ。

これ以降、書簡のやり取りは目に見えて間遠になり、フロイトの返信も短いものが増えていく。そんな中、一九二五年六月十八日付の手紙に、フロイトは「もちろん、私はあなたのエスに、洗練され、市民的で、神秘主義を取り除かれた私のエスを認めません。にもかかわらず私のエスがあなたのエスに由来することを、あなたはご存じです」(Ebd., S. 223) と記した。

フロイトは相手に「優先権」を認めつつ、グロデックのエスは野蛮で神秘主義的だと言っている。グロデックの返信は五ヵ月後の十一月十三日付だが、この話題への言及はない。その代わりと言うべきか、翌一九二六年の論文「夢の作業と身体症状の作業」には、こんな一節がある。

> フロイトは、彼の本『自我とエス』の中で、私が「エス」という表現を最初に使い、彼はその表現を私から借用したと指摘して私に敬意を表した。それは事実に即しているが、私の目的にかなっていた「エス」という概念は彼には役に立たず、彼はそこから私

が述べたのとは異なるものを作った。(Groddeck 1926 (1966), S. 209／一六八―一六九頁)

この論文が権威ある『国際精神分析雑誌』に掲載された以上、フロイトが目にしなかったとは考えにくい。そうして同年十月十一日、六十歳の誕生日を迎えたグロデックを祝うために、およそ一年ぶりとなる手紙をウィーン精神分析協会代表の肩書きで送ったフロイトは、末尾にこう記した。「あなたの特別なエスが、あなたにとって、あなたの友人と患者にとって喜びとなるよう、願わくばさらに長生きし続けんことを」(*Briefwechsel Sigmund Freud - Georg Groddeck*, S. 228)。その二日後、今度は一個人フロイトとして送られた電報はこんな文面である。「既成の事実により、私の自我と私のエスがあなたのエスにお祝いを申し上げるとともに、あなたのエスが長く明るい生涯を自分に認めることが神の計り知れぬ御心にかなうよう願っています」(Ebd., S. 229)。

フロイト(1926年)

フロイトの真意がどうあれ、「あなたにはエスだけがあって自我はない」と二度までも皮肉られたとグロデックは感じただろう。十月十七日に送られた礼状は、こんなふうに始まっている。「魅力的な電報を本当にありがとうございます。私のエスの神秘的な本性に関して私に判断できるかぎりで言えば、私のエスは長く明るい生涯を自分に認める気でいます。いずれにせよ、私のエスはあなたの自我とエスのご関心を喜び、誇りに思っています」(Ebd., S. 231)。ここでは、まるでグロデックのほうが年長者であるかのような余裕のある態度をとっているように見える。逆に言えば、十歳も年長のフロイトにそんな大人げないふるまいをさせる理由があったということだ。

前年に発表された自伝的作品『みずからを語る』の中で『自我とエス』について述べた個所には、ほかでもないニーチェの名が見られる。「ニーチェは〔…〕その予測と洞察がしばしば精神分析の骨の折れる成果とまったく驚くほど一致しており、私は長いあいだまさにそれを避けてきた。私にとって重要だったのは優先権ではなく、公正無私な態度を維持することだった」(Freud 1925 (1991), S. 86／一二二頁)。十年以上前の論文「精神分析運動の歴史のために」(一九一四年)にも「精神分析的印象の処理においていかなる予測的な考えにも邪魔をされたくない、という意図的な動機づけによって、私はのちの時代にニーチェの著作の大きな喜びも諦めた」(Freud 1914 (1991), S. 53／五三頁)という一節があるように、精神分析が哲学とは無関係の臨床経験に基づくことを強調するフロイトの態度は一貫している。ところが、その同じフロイトが、エスについてだけはニーチェが淵源だと頑《かたく》なに主張した。大人げない皮肉をぶつけられた翌年にあたる一九二七年九月九日、グロデックが耐えかねたように、そのフロイトの態度は「長いことひどい苦痛でした」(*Briefwechsel Sigmund*

Freud - Georg Groddeck, S. 236）と伝えてきたにもかかわらず、である。

このあとも手紙のやり取りは細々と続き、五年後の一九三二年二月七日付の書簡では原稿を出版できるようグロデックが支援を依頼し、翌年、国際精神分析出版社から『象徴としての人間』の表題で公刊されている。「ひどい苦痛」を与えた本人は、しかし同じ年に同じ版元から刊行した『続・精神分析入門講義』（一九三三年）に、こう記した。

自我が知らない精神の領域を無意識体系と呼ぶ権利を私たちはもっていません。無意識性は、その領域の排他的な特徴ではないからです。そういうことなら、私たちは「無意識的」をもう体系的な意味では使わず、今までそう呼ばれていたものに、より適切な、もう誤解を招かない名称を与えたいと思います。ニーチェにおける語法に依拠し、G・グロデックの提案によって、私たちは今後それをエスと名づけましょう。（Freud 1933 (1996), S. 78-79／九四—九五頁）

先に見た『自我とエス』の一節と並べてみれば、「グロデック自身はおそらくニーチェの例に従った」という一文にあった「おそらく」という語が姿を消した上、フロイト自身はニーチェに倣った、つまり「グロデックの提案」は二次的にすぎない、と主張する文になっていることに気づく。フロイトはどこまでも冷淡だった。

この一節をグロデックが読んだかどうかは分からない。確かなのは、翌一九三四年六月十三日にグロデックが死去したことである。当事者によって決着がつけられる機会は、そうして永遠に失われた。

注

（1）グロデックの生涯と活動については、グロデック&野間 二〇〇二、三頁以下、野間 二〇〇六、二八頁以下参照。
（2）この書簡には邦訳がある（野田倬訳、『フロイト著作集』第八巻、人文書院、一九七四年、三二三―三二五頁）。
（3）Cf. Gay 1988 (1998), p. 408／⑵四七三頁以下。
（4）以上の記述は、グロデック&野間 二〇〇二、四、二八五―二八六頁、クナウプ 二〇〇八、一五頁以下に拠る。
（5）以上の記述は、Gay 1988 (1998), p. 418／⑵四八五頁以下に拠る。

第一章　エスの問題圏

Rimbaud

Nietzsche

Descartes

フロイトとニーチェ

フロイトはグロデックに宛てて「あなたはエスを（連想的にではなく文字どおり）ニーチェからとってきたと私は考えています」と記していた。「文字どおり（literarisch）」と言っているにもかかわらず、『自我とエス』にも『続・精神分析入門講義』にもニーチェのテクストの具体的な指摘はない。グロデックに「ひどい苦痛」を与えてまでニーチェという淵源に固執したことを思えば、これは不思議なことだ。

先に見たとおり、フロイトは「ニーチェの著作の大きな喜びも諦めた」と強調していた。しかし、これは正確ではない。一八八一年にウィーン大学医学部を卒業したフロイトは、ウィーン総合病院での勤務を経たあと、八五年秋から翌年春にかけてパリで名を轟《とどろ》かせていた神経生理学者ジャン＝マルタン・シャルコー（一八二五—九三年）のもとに留学し、ウィーンに戻って開業する。その翌年にあたる一八八七年、のちに共著で『ヒステリー研究』（一八九五年）を刊行する先輩の医師ヨーゼフ・ブロイアー（一八四二—一九二五年）からヴィルヘルム・フリース（一八五八—一九二八年）を紹介され、この二歳下の耳鼻科医に書いた三百通近い書簡の中で精神分析の創始に至ったフロイトは、『夢解釈』を刊行したばかりの一九〇〇年二月一日、フリースに宛ててこう記している。「私は今、ニーチェを入手しました。私の中で無言のままとどまっている多くのことに関する言葉をそこに見出すのを期待していますが、まだ開いてはいません」（Freud 1986 (1999), S. 438／四二五頁）。

この文面では、それまでニーチェに触れたことがなかったかのように読めるが、おそらくそうではない。一八七三年にウィーン大学に入学したフロイトは、学生によって運営され、パリ留学前にその研究室でフロイト自身が勤務することになるテオドール・マイナート（一八三三―九二年）が顧問を務めていた「ウィーン・ドイツ学生読書会」に参加した(1)。そこで知り合い、交友をもった者の中には、のちにウィーン大学で教授を務める生理学者となり、ニーチェとの文通で知られるヨーゼフ・パネート（一八五七―九〇年）がいる(2)。

この読書会はドイツ民族主義と反自由主義の傾向を帯びた組織であり、それは科学の近代性と反教権的な自由主義を信奉するフロイトと相反するように見える。その意味を解く鍵がニーチェにある。フロイトが読書会に参加した一八七三年は、ニーチェが『反時代的考察』と称する著作の第一作「信仰告白者にして著述家ダーフィト・シュトラウス」を発表した年だった。

振り返れば、二年前の一八七一年、普墺戦争（一八六六年）でオーストリアを破って軍備拡張路線を推進していたプロイセンは、危機感を抱いたフランスとの普仏戦争（一八七〇―七一年）に勝利してドイツ帝国を成立させていた。その結果、ドイツの軍事的勝利をドイツ文化の勝利にすり替える風潮が現れる。これに異議を唱えたニーチェがその風潮を先導する「教養俗物」の典型として批判したのが、『イエスの生涯』（一八三五年）で実在のイエスの人間的性質と救世主イエスの神的性質の一致を否定する「ヘーゲル左派」の立場を提唱した

ダーフィト・シュトラウス

神学者ダーフィト・フリードリヒ・シュトラウス（一八〇八—七四年）だった。「信仰告白者にして著述家ダーフィト・シュトラウス」の冒頭は次のような一節で始まっている。「大きな勝利とは大きな危険である。〔…〕最近フランスと行われた戦争がドイツに引き寄せているすべての悪い結果の中で、ことによると最悪のものは、広く普及した、それどころか一般に広まった誤り、あの戦いではドイツ文化も勝利を収め、それゆえ今やこれほど並み外れた事件と成果に応じた月桂冠で飾られねばならない、という世論と、世論的に考えるあらゆる者の誤りである」（Nietzsche 1873 (1999), S. 159／九頁）。

なぜ「勝利」は「危険」なのか。それは、たまたま得た勝利の「原因」が事後的に作り出され、勝利はその「結果」だと理解されるようになるからである。そうして、過去という原因は現在という結果を生み、その現在が原因となって未来という結果をもたらす、つまりすべては「歴史」の必然だと考えられるようになる。

「教養俗物」が喧伝するこの「因果性」こそ、ニーチェが「歴史病」と呼んで弾劾したものにほかならない。それは、翌一八七四年に発表された『反時代的考察』の第二作「生に対する歴史の利害について」で説明されている。「歴史は青年から、その最も立派な特権、すなわち、ぎっしりつまった信じやすさに自分で偉大な思想を植えつけ、それをさらに偉大な思想へと自発的に成長させる力を騙し取ることさえできる。ある程度の歴史の過剰で、すべてが可能である」(Nietzsche 1874 (1999), S. 323／二二八頁)。だからこそ、因果性の欺瞞を告発しなければならない。

ニーチェの因果性批判

ニーチェ

ニーチェがその告発を本格的に開始したのは、フロイトがウィーンで開業した一八八六年の著作『善悪の彼岸』である。「「原因」と「結果」は、まさしく純粋な概念としてのみ、すなわち説明ではなく標識と意思疎通という目的に向かう協定による虚構として用いなければならない」(Nietzsche 1886 (1999), S. 36／四七頁)。「虚構」であるにもかかわらず、確実な「原因」とみなされている最たるもの、それが「私」という虚構だった。

場合によっては大衆が信じるかもしれない、あの「直接的確実性」の代わりに、哲学者は一連の形而上学の問いをこんなにも手にする。〔…〕「私は思考という概念をどこから受け取るのか。なぜ私は原因と結果を信じているのか。「私」について、それどころか原因としての「私」について、そしてついには思考の原因としての「私」について語る権利を私に与えるのは何なのか」。（Ebd., S. 30／三九—四〇頁）

「私」が考え、「私」が行う。それが「原因」となって思考や行為という「結果」が生まれる——そう思わせる因果性こそが「教養俗物」を生み、「歴史病」をもたらしているにもかかわらず、大衆は因果性に「直接的確実性」を感じ、疑いさえしない。その幻想はどこから生まれるのか。『善悪の彼岸』の執筆時期と重なる一八八五年秋から翌年秋のあいだに書かれた断章で、ニーチェはこう断じている。「あらゆる判断には、主語と述語への、あるいは原因と結果への完全で深い信仰が潜んでいる。そして、後者の信仰〔…〕は、むしろ前者の特殊な例であり、その結果、主語がある、という信仰が基本的な信仰として、さらに残る」(Nietzsche 1999c, 2 [83], S. 102／(9)一四〇頁)。

原因と結果の関係に対する「信仰」は、主語と述語の関係に対する信仰の「特殊な例」にすぎない。実際、主語と述語がなければ、ドイツ語では何一つ語ることはできないだろう。だから、「私」という虚構は主語という虚構の副産物であり、あらゆる虚構の根源にある主語に対する信仰を打破しなければならない。その企ては、『善悪の彼岸』の六年前に『人間的、あまりに人間的』の第二部として公刊された『漂泊者とその影』（一八八〇年）の冒頭に置かれた「漂泊者」とその「影」の対話の開始部で試みられていた。

影　私はだいぶ長いことお前が話すのを聞いていない。だから、お前に機会を与えてやりたいのだ。

漂泊者　それが話している〔Es redet（＝話し声がしている）〕――どこだ？　そして誰だ？　まるで私自身が話すのを聞いているようだが、私よりもっとか細《ぼそ》い声だ。

〔…〕

影　ひとたび私たちの理性が静止したら、私たちが二人とも同じように互いに寛大なのはよいことだ。そうすれば、私たちは会話の中でも腹が立たないだろうし、いつかその言葉が私たちには不可解に聞こえる場合も、すぐに相手を残忍な手段で責め立てたりはしないだろう。(3)（Nietzsche 1880 (1954), S. 871／二五九頁）

前触れもなく語り出す「影」の言葉を聞いて、「漂泊者」は「それが話している」とつぶやく。ドイツ語の「影（Schatten）」が男性名詞である以上、この文の主語「それ（Es）」は「影」を受ける代名詞ではない。つまり、これは普通名詞として用いられている「エス」なのだ。語り出すエスに気づいた「漂泊者」は、それが誰なのかも、どこにいるのかも分からないまま、「まるで私自身が話すのを聞いているようだ」と言う。それに対して「影」は断じる。理性が静止すれば、会話の言葉が「不可解に聞こえる」としても大した問題ではない、と。

ならば、こう言えないだろうか。「影」の言葉を理解している「漂泊者」の理性は静止している。そのとき、彼は六年後のニーチェが弾劾する主語と述語の関係に対する信仰とは無縁だろう。そして、そのとおりだとすれば、ここにある「エス」は「主語ならぬ主語」でなければならない。

だからこそ、右で見た『善悪の彼岸』の一節に続く個所では、こう言われることになる。

> 主語「私」は述語「考える」の前提である、と述べるのは事態の捏造である。それが考える〔Es denkt〕。だが、この「それ」はまさにあの古く名高い「私」であるというのは、控えめに言っても仮定や主張にすぎないし、とりわけ「直接的確実性」ではない。結局、この「それが考える」でさえ、すでに言いすぎである。(Nietzsche 1886 (1999), S. 31／四〇頁)

なぜ「それが考える」でさえ「すでに言いすぎ」なのか。「それ（エス）」は、いかなる名詞の代わりでもない代名詞、というより言葉では語りえないものを言い当てるために要請される「主語ならぬ主語」だからである。それゆえ、直後ではこう言われる。「この「それ」はすでに事象の解釈を含み、事象自体には属さない」(Ebd.／同頁)。「事象自体」を言葉で表現するなら、「考える」という語を使うほかない。それは否応なく述語となり、それに呼応して「考える」の主語が、そして「考える」の主体が同時に語られてしまう(4)。だが、すでにそれは事象自体とは似ても似つかぬものだ。逆に言えば、事象自体を言葉で表すことはできない。その宿命を越えて、それでも言葉で表そうとした表現が「それが考える」だった。

フロイトが「無意識」に代えて「エス」を用いた理由がそこにあったことは、「フロイトへの回帰」を唱えた精神分析家ジャック・ラカン（一九〇一―八一年）が一九六七年に行った講演を見ても明らかだろう。「私たちは無意識が固有の存在をもつかどうかさえ知らず、それがエス〔ça〕〔…〕という名で呼ばれたのは「それはエスである」と言えないからである以上、ここではいかなる知の要求も通用しない。実際には、無意識、「それはエスではない」、あるいは「それはエスだが、役に立たない」」(Lacan 1967 (2001), p. 333)。「それはエスである」と「それはエスではない」という二つの言明が矛盾せずに共存する領域。それがエスにほかならない。

『続・精神分析入門講義』で次のように言われる理由は、このとき理解されるだろう。「エスの中の事象には、論理的な思考の規則、とりわけ矛盾律は適用されません。矛盾した活動が並存していて、相互に打ち消し合ったり、相互から身を引いたりせず、せいぜいが支配的な経済的必要性の下でエネルギーの放散に向かって妥協を形成するために集まるだけです」(Freud 1933 (1996), S. 80／九七頁)。「論理的な思考の規則」、とりわけ「矛盾律」とは無縁のエスが考える。それは、あの「漂泊者」が立つ理性の静止した状態、しかし矛盾律とは無縁である以上、「理性」と「非理性」が対立せず、したがって〈非理性〉とでも表記しなければならない状態でなされる。

「矛盾した活動が並存している」エスは、対立というものを知らない。したがって、善と悪の対立も知らない。だから、フロイトはこう書いた。「当然、エスは価値の評価、善悪、道徳を知りません」(Ebd., S. 81／九八頁)。ニーチェが「エスが考える」と記した著作の表題が『善悪の彼岸』だったのは、決して偶然ではなかった。

「ニーチェとフロイト以来、現代人は今自分自身について知っているものの中に、それを通して非理性が脅しをかけてくる脆《もろ》さの徴《しるし》を読むことができるため、自分自身の底にあらゆる真理に異議申し立てをする点を見出すけれども、逆に十七世紀の人間は自分の思考のそれ自体への直接的現前の中に、理性が本来の形で表現される確実性を発見する」(Foucault 1961 (1972), p. 209／一八二頁)。そう記したのは、『古典主義時代における狂気の歴史』(一九六一年)のミシェル・フーコー(一九二六—八四年)である。十七世紀には思考は直に現前すると信じられ、その現前の中に理性が表れると理解された。それに対して、ニーチェとフロイト以来、人間は「自分自身について知っているもの」に非理性の徴を見て取るようになったため、理性を、それゆえ「真理」を信じられなくなっている。フーコーが「古典主義時代」と呼ぶ十七世紀の象徴としてここで意識されているのは、ルネ・デカルト（一五九六―一六五〇年）である。ニーチェもまた一八八五年の夏に、こんな断章を残している。

あの名高い私が考える〔cogito〕の中にあるのは、⑴それが考える〔es denkt〕こと、⑵そのとき考える「それ」は私だと私が信じていること、しかし、⑶この第二の点は信仰の問題として宙に浮いており、それゆえ第一の「それが考える」もなお信仰、すなわち、「考える」とは主体が、少なくとも「それ」が想定されなければならない活動であるという信仰を含んでいることである――ゆえに私はある〔ergo sum〕は、それ以外のことは意味していない！（Nietzsche 1999b, 40 [23], S. 639／⑻四六二頁）

「それ（エス）が考える」への信仰の上にさらに築かれる信仰。それが、疑いえない真理を求めてデカルトが到達した「私が考える、ゆえに私はある（cogito, ergo sum）」に含まれる「私が考える」への信仰にほかならない。ニーチェは、そのデカルトの信仰を批判することで「エスが考える」を見出したが、その「エスが考える」への信仰は「ゆえに私はある」に含まれている、とこの一節で言っている。つまり、「私が考える」や「エスが考える」が信仰の産物なら、「私が考える」と「私はある」を結ぶ因果性もまた信仰の産物である。私が考えるからといって、私があるとは限らない。エスが考えるからといって、エスがあるとは限らない。そのとき、それら二つの信仰のうち、後者が前者を可能にしていることに気づくだろう。「私が考える」から「私はある」を導く因果性が保証されていないなら、すでに「私」を含んでいる「私が考える」も保証されていないことになるからだ。

にもかかわらずデカルトは「私が考える」を真理とみなし、その帰結として「私はある」を真理とみなした。ニーチェやフロイトから振り返れば、このときデカルトは何かから目を逸らしている。それを評してフーコーは、デカルトは「理性」の外部に「非理性」を排除した、と言う（Foucault 1961 (1972), pp. 69-70／六七頁）。そうして『狂気の歴史』には次のような一節が記された。「フロイトは、狂気をその言葉の水準で取り上げ直し、実証主義によって沈黙に追いやられていた経験の本質的要素の一つを復元した。彼は〔…〕医学的思考の中で非理性との対話の可能性を再生した」（ibid., p. 428／三六〇頁）。

それまで沈黙を強いられていた「非理性」が語ることを可能にしたフロイト。精神分析において、語るのは「私」ではない。ニーチェが『漂泊者とその影』で描いたように、エスが語るのだ。

だが、フーコーの言う「古典主義時代」に続く「近代」という時代にその沈黙の封印を解いたのは、ニーチェでもフロイトでもなかった。というより、彼らが改めてその封印を解かなければならなかったのは、それ以前に間違った解かれ方をしたからだった。その間違いをたどり直すとき、十九世紀の裏側に「エスの系譜」が浮かび上がるだろう。その系譜に消し難い痕跡を残し、そこで問われていたのがまさしく「近代」だったことを示した一人の少年が、ニーチェが『反時代的考察』を書き始める直前のフランスで息を潜めていた。

ランボーの反抗

フランス革命の果てに登場したナポレオン・ボナパルト（一七六九―一八二一年）によって全ヨーロッパを巻き込んだ戦乱が続き、その後始末のためにウィーン会議が開催されたのは、一八一四年から一五年にかけてである。その結果、ドイツでは三百あまりの領邦が乱立する状態が清算され、三十五の君主国と四つの自由都市から成るドイツ連邦が成立した。しかし、復古王政下にあったフランスでは不作や不況による生活苦から不満が爆発して一八四八年に二月革命が勃発し、これがドイツに伝播して、経済活動の拡大を望む商工業者や統一国家の実現を願う知識人層を中心に三月革命が起きる。この革命は失敗に終わるが、動乱の中で頭角を現したオットー・フォン・ビスマルク（一八一五―九八年）が本格的に活動を始めることになる。

一八六二年、フランス大使を務めていたビスマルクは、プロイセンの国王ヴィルヘルム一世（在位一八六一―八八年）に召還され、首相に任命される。軍備増強を図る政府とそれを阻止しようとする議会の対立を打破すべく「鉄血政策」と呼ばれる強硬路線を採ったビスマルクは、世論の支持を得て、プロイセン主導による統一国家樹立を目指してひた走ることになる。一八六六年にはオーストリアを破って統一の主導権を握り、フランス皇帝の地位に就いて第二帝政を実現していたナポレオン三世（在位一八五二―七〇年）を挑発して普仏戦争を引き起こすことに成功した。

プロイセン軍の優勢の下で進められた戦争は、一八七〇年九月にはフランス北東部のスダンでの戦いを迎える。この戦闘ではナポレオン三世がみずから指揮を執ったものの降伏して捕虜になり、フランス軍は最終防衛線であるメスの要塞を明け渡した。そうして翌七一年一月十八日、ヴィルヘルム一世がフランス国王の象徴であるヴェルサイユ宮殿でドイツ帝国の成立を宣言して初代皇帝につく、というフランス人にとって屈辱的な儀式が行われ、フランスは正式に降伏して、二月十三日には臨時政府が作られる。だが、抗戦を続けていたパリ市民は新政府に激しく反撥した。三月十八日に蜂起した民衆を前に新政府が脱出したため、パリは市民による統治下に入り、二十八日には自治宣言がなされる。「パリ・コミューン」の成立である。この体制は、翌月にドイツ軍と共同作戦をとる新政府の攻撃が始まり、市街戦で二万人を越える死者を出した末、五月二十八日には崩壊するが、史上初の民衆による自治の実現は同時代を生きる人々の認識に革命的な変化をもたらした。

そんな変化を受けていた少年が、ナポレオン三世が敗れたスダンの北西約一五キロに位置するシャルルヴィルにいた。フロイトの二年前に生を享けたアルチュール・ランボー（一八五四―九一年）である。十歳頃から詩作を始めた少年が模範的な優等生から反抗する放浪者に変貌するきっかけは、一八七〇年一月にランボーが通う高等中学校に若き修辞学教師ジョルジュ・イザンバール（一八四八―一九三一年）が着任したことにあった。芸術を愛し、第二帝政下の社会に対するひそかな反逆心を抱えていたイザンバールは、少年に共感を寄せ、助言を与えたり、本を貸したりした。この理解者の存在がランボーの才能を開花させるのに寄与したことは間違いない。事実、これ以降、少年は次々と作品を生み出すが、それは同時に彼の中に息づく反抗心をも開花させることになる。

フランスがプロイセンに宣戦布告した翌月である一八七〇年八月末に家出してパリを目指したのを皮切りに、放浪者の姿を見せ始めたランボーは、無銭乗車のためにパリで逮捕されて監獄に入れられる経験をしたにもかかわらず、十月初頭には再び家を出た。強制送還されたシャルルヴィルがプロイセン軍に占領されるのは、翌一八七一年一月一日である。すでに見たように、降伏を余儀なくされたフランスには、二月十三日に臨時政府が作られる。パリの民衆は沸騰寸前だ。十六歳の反抗する少年は、都で何が起きているのかを自分の目で見ずにはいられない。同月二十五日に汽車でパリに向かったランボーは、

ランボー

不穏な空気の中で革命を叫ぶ市民を目にしたが、まもなく手持ちの資金が尽きたため、後ろ髪を引かれながら二四〇キロも離れたシャルルヴィルを目指して歩き、三月十日に帰り着いた。パリ・コミューンの成立は、その八日後のことである。

知らせを受けて狂喜したランボーがパリに戻りたいと思ったのは当然だろう。彼はパリで義勇軍に参加したと考えられているが、確証はない[5]。確かなのは、内戦状態のフランスでランボーがみずからの目指すべきものを後戻りのきかない仕方で自覚したこと、そして五月上旬にイザンバールから手紙を受け取り、彼が休戦協定のあと教職に復帰して故郷で慎ましく生きようとしているのを知ったことである。

少年には、かつての恩義でごまかすことなどできない。一八七一年五月の、おそらくは十三日、ランボーはイザンバールに手紙を書いた。のちに「見者の手紙」と呼ばれる二通の書簡の一通目である。「また教師になったんですね。人は社会に尽くす義務がある、とあなたは僕に言いました。あなたは教師団に属しています。よき先人の轍《わだち》を走っているわけです。〔…〕結局、あなたは自分の原則として主観的な詩しか見ていません。学校の秣棚《まぐさだな》に戻ることへのあなたのこだわり――失礼!――が、それを証明しています!」(Rimbaud 2009, p. 339/四三〇―四三一頁)

世間で認められている価値を重んじる態度。既成の価値を疑わないその無神経が、少年には許せない。むろん、新政府に対するパリ市民の反逆も、自治宣言も、国家という既成のものの価値を前提としている点で、本当は嘲笑されるべきものだ。ランボーに若気の至りがあったとすれば、パリ・コミューンの成立を前にした自身の興奮もまた既成の価値を前提としていることに気づかなかった点だろう。

問題は国家ではない。この手紙でイザンバールに見て取ったものを「主観的な詩（poésie subjective）」と呼んでいるように、ランボーにとって何よりも否定すべき既成のもの——それが「主体（sujet）」だった。

「絶対的に近代的」であること

「私」という主体も「他者」という主体も拒否すること。「私」と「他者」が対立しない場所に立つこと。それが詩人ランボーの実現すべき「客観的な詩」を可能にする。イザンバールから紹介された詩人ポール・ドメニー（一八四四—一九一八年）に宛てて同じ一八七一年の五月十五日に書かれたもう一通の「見者の手紙」には、こう記されている。「年老いた愚か者どもが自己について見出さなかったのが間違った意義だけではなかったら、果てしない昔から不完全な知性で作品を積み重ね、自分がその著者だと大声で叫んできた何百万もの骸骨を一掃する必要はなかったでしょう！」（Rimbaud 2009, p. 343／四三五頁）

「私」と「他者」の対立を超えた者は、あらゆる対立のあいだを閃光のごとく駆け抜けていくだろう。やがて『地獄の一季節』（一八七三年）と『イリュミナシオン』（一八八六年）という軌跡を残して走り去る詩人のように、である。そうして、イザンバール宛の手紙に決定的な一節が書かれた。

> 僕は詩人でありたいと思い、見者になろうと励んでいます。〔…〕あらゆる感覚の狂乱によって未知のものに到達することが重要です。苦痛はひどいものですが、強くあること、生まれながらの詩人であることが必要で、そうして僕は自分を詩人と認めました。それはまったく僕のせいではありません。私が考える〔Je pense〕と言うのは間違いで、人が私を考える〔On me pense〕と言うべきでしょう。（ibid., p. 340／四三一頁）

デカルトの「私が考える」を否定して「人が私を考える」と言うべきだ、と宣言するこの一節に従うなら、ランボーを詩人だと認めたのは「私」ではなく、フランス語で不特定の人を指す代名詞で「人（on）」だと言わなければならない。だが、「人」が考えることを言葉にするなら、こう言うことになるだろう――「私は詩人である」。そのとき、「私が考える」には、どうしようもなく「人が私を考える」に遅れをとっている。ランボーのイザンバールに対する苛立ちは、その遅れに向けられたものだと言ってよい。つまり、「私が考える」と言うことに躊躇を覚えない鈍感さへの苛立ち。直後に続く「私は一つの他者である」（ibid.／同頁）という一文は、それゆえに書かれたものだろう。

だから、詩人は右の一節で言われていた「未知のもの」を見る者、すなわち「見者」でなければならないが、ただ見るだけなら詩人ではない。詩人は詩を書かなければならないからだ。したがって、「あらゆる感覚の狂乱」によって到達する「未知のもの」は、例えばフランス語と呼ばれる既成の言語では表せない。それゆえ、ランボーは新たな言語の創造に向かった。ドメニー宛の手紙では、こう言われている。「詩人が彼方から持ち帰るものが形をもっているなら、彼は形を与えます。形をもっていないなら、形をもっていないものを与えます。一つの言語を見出すのです」(ibid., p. 346／四三七頁)。むろん、そんな言語を語ることは狂気と見分けがつかないだろう。「あらゆる形の愛、苦痛、狂気。詩人は自分自身を知ろうと努めて、みずからの内にあらゆる毒を汲み尽くし、その精髄だけを残しておきます。〔…〕詩人は未知のものに到達し、動転して、ついに自分が見たものについて理解を失う時に、それを見たのです！」(ibid., p. 344／四三六頁）と言われているとおりに、である。

ランボーによる新たな言語の創造は二年後に公刊された『地獄の一季節』で実行された。まさに「言葉の錬金術」という副題をもつ「錯乱II」の冒頭近くには、こう記されている。「最初は習作だった。私は沈黙、夜を書いた。言語に絶するものを書きとめた」(Rimbaud 1873 (2009), p. 263／二二〇頁)。「沈黙」や「夜」の言い換えである「言語に絶するもの」とは、あの「未知のもの」のことだろう。それは詩人が自身の内に見出す「毒」と言われていた。実際、「錯乱I」の直前に置かれた「地獄の夜」は、こんな一文で始まる。「私はとびきりの毒を一口飲み込んだ」(ibid., p. 255／二〇八頁)。効果を発揮する毒は詩人の肉体と精神を容赦なく蝕《むしば》んでいく。そうして目の前にするのが「地獄の夜」だ。「地獄の罰が永遠であれば！　自分の身体を傷つけようとする者は、まさに地獄に堕ちているのではないか」(ibid.／二〇九頁)。そう問うたあと、詩人は言う。「我地獄にありと思う、ゆえに我地獄にあり」(ibid.／同頁)。「見者の手紙」では否定されていたデカルトの「我思う、ゆえに我あり（私が考える、ゆえに私はある）」が変形され、「人が私を考える」ことは「地獄」で「私が考える」ことに重ねられている。だが、のちにニーチェが喝破するように、そこから「私はある」が帰結することはない。つまり、「私は地獄にある」というのは、「私はある」などと気軽に口にできない詩人の宿命を示すべく書かれた言葉なのだ。

　ところが、詩人はこう書く。「もう言葉はない」(ibid., p. 251／二〇五頁)。そこに含まれる逆説は、やがてランボーを書かない詩人に転身させるが、『地獄の一季節』は末尾に至って、沈黙しながら語るという逆説を、こんなふうに言い換えている――「絶対的に近代的でなければならない」(ibid., p. 280／二三九頁)。詩人に課される逆説は、狭義の詩だけの問題ではなかった。だが、「近代的（moderne）」であるとは、しかも「絶対的に近代的」であるとは、いったい何を意味しているのか。その問いの発端に立つ者こそ、ランボーとニーチェがともに批判したデカルトにほかならない。

デカルトの問い

デカルト

ポワティエ大学で法学を修めたデカルトは、三十年戦争（一六一八—四八年）で軍務に就いたあと、ドイツ、イタリア、フランスを旅してまわり、オランダに定住した。およそ十年に及ぶ旅路へデカルトを駆り立てたのは、疑いえない真理を目指す意志である。誰もがみずから検証せずに「真理」と呼ばれているものを真理だと信じている。デカルトにとっては、幼少期に学んだ古典学やスコラ学も、大学で学んだ法学も、そんなものに見えた。

彼に取り憑いた真理への意志は、『方法序説』（一六三七年）に記録されている。「自分の行動において明晰な目をもち、この生において確信をもって歩くために、真なるものを偽なるものと区別することを学びたいという極度の欲求をいつも私はもっていた」（Descartes 1637 (2000), p. 39／一八頁）。検証されぬまま信じられている既成の真理を拒絶し、みずからの思考によって確実な真理に到達すること。それはランボーの詩人に課されるのと同じ課題である。違いがあるとすれば、自身の内に求めたものをランボーは「毒」と呼び、デカルトは「真理」と呼んだことだろう。真理を知らない「私」から出発して真理を知る「私」に戻ってくる旅路。デカルトが当初抱いていたのは、そんな計画だったはずだ。

その旅路を導く原則は「方法的懐疑」と呼ばれる。その内容は明快だ。「私がほんのわずかな疑いでも想像しうるものがあるものは、すべて絶対に偽なるものとして拒絶し、そのあとにまったく疑う余地のないものが何か私の信念の中に残っていないかどうかを見ること」(ibid., p. 65／四五頁)。この原則に従って、さまざまなものが「偽なるもの」に数えられていく。『省察』(一六四一年)の冒頭に置かれた「第一省察」に従うなら、まずは錯覚の可能性、夢と現実の区別の不可能性を根拠にして、感覚によって知覚されうるものすべて、さらには「私たちの思考の中にあるすべての事物の像」(Descartes 1641 (1992), p. 63／三八頁)が排除される。

見逃してはならないのは、この時点でデカルトが知覚可能な自分の肉体も、感覚を通して知られるあらゆる事物も人間も確かな存在とはみなせなくなっていることだろう。むろん、これは異様な帰結である。この帰結を認めれば、言葉を発する発声器官も、ペンを執る手も肯定できなくなるからだ。だが、「第二省察」では、こう宣言されている。「私は自分がいかなる感覚もいかなる肉体ももっていることをすでに否定した」(ibid., p. 73／四四頁)。だとすれば、この一文は誰が書いたのか。それはデカルトではない。少なくとも肉体をもつデカルトではない。ペンをもつ手が目に映っていたはずのデカルトは、その手を、その手がもつペンから紡ぎ出される文字を信じることを、みずからに禁じなければならなかった。

この尋常ならざる禁止を自身に課す直前、デカルトは躊躇するように書いている。「おそらく自分を気の狂った者と比べるのでないかぎり、この手とこの肉体が私のものであることをどうして私は否定できるだろうか」(ibid., p. 59／三六頁)。にもかかわらず最終的にそのことを否定するデカルトは「気の狂った者」ということになる。肉体なしで生まれてくる言葉。それは「気の狂った」言葉である。だが、自分の肉体を否定した者にとっては他人の肉体も存在しない以上、肉体から生まれる言葉と出会う可能性はない。それゆえ「理性」の言葉と「非理性」の言葉の対立もない。つまり、『省察』のこれ以降の個所に読まれる「気の狂った」言葉とは〈非理性〉の言葉なのだ。

そこでは他者の肉体の存在も、声や文字の存在も信じることができない。それは端的に、他者の存在を確認する術をもちえないということだ。だから、デカルトはここで絶対的な孤独に足を踏み入れている。それは孤独でないこととの対立から隔絶した孤独である――『地獄の一季節』の一節が駆け抜ける。「自分の身体を傷つけようとする者は、まさに地獄に堕ちているのではないか」。――「自分の身体を傷つける」どころか、自分と他者の肉体の存在を完全に否定したデカルトが、どうして「地獄」に堕ちていないことがあるだろう。

デカルトの懐疑は、続いて感覚と無縁の理念的なもの、例えば「二＋三が五であること」や「四角形が四つの辺をもつこと」に向けられ、これも退けられる。その根拠として想定されたのが「欺く神」、そして「悪霊」である。「私が二と三を加えたり、四角形の辺を数えたりするたびに〔…〕私が間違えるのをその神が望んだということはありうる」(ibid., p. 65／三九頁)。本当は二＋三は五ではなく、四角形の辺は四つではないのに、そう思わされているだけではないか、という懐疑。それは、あらゆる真偽の判断を根底から無効にする。デカルトの想定に従うかぎり、何を真と思おうとも、本当は偽である可能性を排除できなくなるからだ。〈非理性〉の言葉は、もはやみずからを信じることすらできない(6)。

それにしても、みずからを信じられない言葉に、いかなる意味がありうるだろうか――再び『地獄の一季節』の一節が駆け抜ける。「もう言葉はない」。――だが、デカルトは〈非理性〉の言葉を携えて、さらに懐疑の歩を進めた。その次の一歩を告げるのが、ついに真理に接近するさまを描く一節である。

> 彼〔きわめて強力で狡猾な欺き手〕が望むだけ私を欺いても、私が自分は何ものかだと考えているかぎりは、私が何ものでもないようにすることは彼には決してできないだろう。したがって、そのことをよく考えて、あらゆることを注意深く検討したあと、ついに結論に達し、次の命題、私はある、私は存在するは、私がその命題を発するたびに、あるいは私がその命題を自分の精神の内に抱くたびに必然的に真であることは揺るがないとみなさなければならない。(ibid., p. 73／四五頁)

「私はある」が「真」であることには「私がその命題を発するたびに」という条件が付されている。つまり、〈非理性〉の言葉を発するたびに「私はある」が真理であることを認めざるをえないということだ。もちろん、その言葉も本当は偽かもしれない。それどころか、発された言葉を受け取る他者はもはやなく、一人残された「私」はすでに肉体も声ももっていない。それでも、その命題は発される。「私はある、私は存在する」と。しかし、いかなる他者もなく、それゆえ「私」以外の人称代名詞を用いる可能性がいっさいないとき、「私」という語はいったい何を意味しうるだろう。だから、デカルトは改めて自問せざるをえなかった。「私」とは何か、と。

その答えは、次の一節に示されている――「確かに、私は光を見、物音を聞き、熱を感じている。だが、それらの現れは偽だ、お前は眠っているのだ、と私は言われるだろう。しかしながら、少なくとも私が見、聞き、熱を感じていると私に思われることは、まったく確実である」(ibid., pp. 81-83／五〇―五一頁)。

私が見ていることや聞いていることは、偽かもしれない。だが、たとえ本当は見ても聞いてもいないのだとしても、「見ていると私に思われること」や「聞いていると私に思われること」は、そこに残る。むろん、その「私に思われること」も疑うことができる。本当はそう思われていないのに、そう思われるように「悪霊」が仕向けているのではないか、と。しかし、その時も「悪霊」がそう仕向けているのではないかと「私に思われること」は残る。

こうしてデカルトは、いかなる懐疑や欺きのあとにも残る「私に思われること」を真理として見出した。

非人称の「思われること」へ

デカルトが到達した「私はある」という真理は「「私に思われること」はある」と言い換えられる。だが、これは奇妙な言い換えだ。「私」とは何か、という問いに対する答えの中に、すでに「私」が含まれているのだから。そのとき、まだ発されていない問いがあることに気づく――いかなる欺きを想定しても残り続けるのは「私に思われること」なのか。この問いにデカルトは答えなければならなかった。しかし、彼が書いたのは、ラテン語では一語で表される「私に思われる（videor）」である。そこには「私」と「思われること」のあいだに間隙がない。[7] つまり、「思われる」のは本当に「私に」なのか、という問いが出現する可能性は、この一語が記された瞬間に消去されたのだ。

「私」という語は本当は「私」を意味していないのではないか――これは常軌を逸した問いだろう。だが、デカルトに従うなら、たとえ「私」という語が「私」を意味していなかったとしても、そう思うように欺かれているのではないかと「思われること」は残る。その「思われること」自体に欺きの可能性を疑っても、そう欺かれているのではないかと「思われること」が残る。だから、こう言わねばならない。「思われること」は決して否定できず、それゆえデカルトが到達した真理は「私に思われること（videor）」ではなく、人称性を削がれた「思われること（videri）」があることでなければならなかった。[8]

こうして「私」という語は抹消され、[9]「「思われること」はある」という真理が残った。それゆえ、ランボーは「私は一つの他者である（Je est un autre）」と書いたとき、一人称の“Je suis”を使わず、三人称ならぬ非人称を示そうとして“Je est”と記した。[10]そうして『地獄の一季節』の「地獄の夜」には、こんな一文が刻まれることになる。「ここには誰もいない、そして誰かがいる」（Rimbaud 1873（2009）, p. 256／二一〇頁）。人称をそなえた者は「誰もいない」。だが、いかなる人称とも無縁の「誰かがいる」。それでもなお、その誰かを「私」と呼ぼうとするなら、どうするか。それが、続く「第三省察」でデカルトが「神の存在証明」に着手した理由にほかならない。

その存在証明とは次のようなものだった。「私がきわめて明晰かつ判明に理解するすべてのものは完全に真であることを、もはや一般的な規則として据えられると私には思われる」（Descartes 1641（1992）, p. 95／五九頁）と定めたデカルトは、「神」の観念を生得観念と捉え、それが「明晰かつ判明」に認識されることを拠り所にして、神にそなわる「無限」の観念は有限な「私が考える」の内には存在しえず、したがってその観念を与えた神は「私が考える」の外に存在する、と言う。だが、「第五省察」には、こんな記述がある。「あらゆるものが同時に神に依存しているからには神はあるし、神は欺き手ではないと理解したあと、それゆえ私が明晰かつ判明に理解するすべてのものは必ず真であると私は判断した」(ibid., p. 169／一〇七頁)。つまり、私が「明晰かつ判明」に認識するものはすべて真である、という「一般的な規則」は、その規則によって証明される神が保証している。

これが循環論法であることは言うまでもない。逆に言えば、そんな矛盾を犯してでもデカルトは神の存在証明によって「私」を確保しようとしたということだ。

だが、詩人は何と書いただろうか。「精神を通して人は神に向かう！　痛ましい不幸！」(Rimbaud 1873 (2009), p. 273／二三四頁)――「神に向かう」ことは、デカルトにとっては真理に向かうことだったが、詩人にとっては「痛ましい不幸」以外の何ものでもない。ここにあるのは、「私」を確保しようとした者とそうでない者の違いである。しかし、いずれにせよ、最後に残るのは非人称の「思われること」だけだ。だから、最後の問いは、「思われること」はどこから来るか、というものになるだろう。

ランボーは、その問いに「人」と答えた。だが、「人」とは何か。たとえその問いに答えが与えられても、その答えにもまた問いを向けることができる。連鎖が果てることはない。その意味で、新たな言語の創造というランボーの企ては失敗に終わった、と言ってもよい。だから彼は詩を捨て、交易に身をやつす書かない詩人として生きたのだ、と言ってみせるのもたやすいことだろう。だが、語ることの放棄は決して答えにならない。だから、沈黙しながら語り続けなければならない。それが「絶対的に近代的」であることだとすれば、近代とは、「非理性」に課されていた沈黙の封印を解き、「非理性」に語らせると同時に〈非理性〉には沈黙を課す、そんな逆説を生きることでしかありえないだろう。

顔写真を公開せず、自分を「私」として特定させうる事実をひた隠し、文字どおり非人称であり続けようとした作家モーリス・ブランショ（一九〇七―二〇〇三年）は『文学空間』（一九五五年）にこう記している。

> 書くこと、それが際限なきものに身を委ねることであるとき、際限なきものの本質に耐えることを受け入れる作家は「私」と言う能力を失う。〔…〕
>
> 書くこと、それは語り終えることのありえないものの残響になることである――それゆえ、その残響になるために、私はある意味で、それに沈黙を課さなければならない。
>
> (Blanchot 1955, p. 21／一八頁)

「書くこと」は「私」という語を失わせ、非人称の「語ること」になる。だが、それは「語り終えることのありえないもの」、すなわち、あの「思われること」の「残響」になることであり、そのためにこそ「思われること」には沈黙を課さなければならない。〈非理性〉の言葉は、ひとたび語られれば「非理性」の言葉と区別できなくなり、残響はもはや何の残響でもありえなくなる。

「それが語る」――ニーチェが記したその言葉に含まれる「エス」は、いかなる語の代わりでもなく、決して言葉として発されてはならない「語ならぬ語」である。だが、それでもエスが語る沈黙の言語を語らなければならないのは、「絶対的に近代的」であるためなのだ。

注

（1）以下、この読書会についての記述は、上山一九八九（二〇一四）、七四頁以下に拠る。
（2）Cf. McGrath 1986 (1987), p. 138f.
（3）この一節については、石澤一九九六、二二〇、二六二頁参照。ただし、「漂泊者」の言葉 „Es redet" は、最も新しい研究校訂版全集では „Er redet"（彼が話している）となっている（*Sämtliche Werke*, 2, Kritische Studienausgabe, Herausgegeben von Giorgio Colli und Mazzino Montinari, de Gruyter, 1999, S. 537）。この点については、駒井一九八五、八四頁以下参照。
（4）エスと主体の関係については、石澤一九九六、二二一―二二二頁参照。
（5）Cf. Steinmetz 1991 (2009), p. 75／一〇七頁以下。
（6）Cf. Derrida 1964 (1967), p. 81／一〇二頁。
（7）この点は、中川久定も指摘している（中川一九九九、一一頁）。
（8）Cf. Gouhier 1937 (1973), p. 122／一〇六頁、斎藤二〇〇三、六一―六二、六九―七〇頁。
（9）Cf. Nancy 1979, p. 33／五一頁。
（10）Cf. Felman 1973 (1978), p. 104／一五八頁。

第二章　エスの淵源を求めて

「神なる自然」とゲーテ

「フロイトは〔…〕私がエスという語で意図したことの、まったく逆をしている。というのも、私にとって自我はエスの多くの表現形態の一つだからだ。その結果、私の『エスの本』は、のちにフロイトの名称を受け取ったすべての人にとって、不可解なものになっている」(Groddeck 1928 (1966), S. 225-226／一三七―一三八頁)。――グロデックがそう記したのは、一九二八年の論文「精神療法の原則」である。

『エスの本』と『自我とエス』の公刊から五年が経っても、わだかまりが消え去る気配はない。同じ論文で「エス」という表現を「何よりも私自身が使うために、学問的考察の術語に付け加えたもの」(Ebd., S. 225／一三七頁)と断言して「優先権」を主張するグロデックは、フロイトのエスと自分のエスは似て非なるものだと強調し、「この表現は、それで受胎以来の個々の人間におけるすべての生命あるものの総体以外の何かが示されることも示されうることもないが、フロイトによって違う意味で使われている。彼は生命あるもののさしあたり未知である部分の名称として「エス」という語を使い、そして――これは彼の使用法にとって本質的だ――エスを自我と対立させる」(Ebd.／同頁)と記した。

主張は明確である。「生命あるものの総体」を指すエスを、フロイトは「さしあたり未知である部分の名称」に変え、エスの「表現形態」である自我に対置されるものに矮小化したのだ、と。

だが、この見解がフロイトの言うようにニーチェに想を得たものだったのかといえば、すでに見たように確証はない。逆に言えば、フロイトはさしたる根拠もなく「グロデック自身はおそらくニーチェの例に従った」と『自我とエス』に書いたということだ。そのふるまいは、グロデックにエスの着想をもたらしたものに、それほどの抑圧をフロイトに強いるものがあったことを示しているのではないか。そんな疑念を覚えるとき、グロデックが師として仰ぎ、そのエスの着想に影響を与えたと言われる[1]一人の医師の存在が浮かび上がる。

それがベルリン大学で皮膚科の教授を務めていたエルンスト・シュヴェニンガー（一八五〇—一九二四年）である[2]。病気を疾患の生じた部位だけでなく身体全体の問題と考えたシュヴェニンガーは、薬を処方せずに食餌療法や理学療法を取り入れたことで知られる。彼を父として慕い、軍医生活を終えた一八九六年以降は彼のサナトリウムで勤務したグロデックにも受け継がれたその治療法を支える見解を表現しているのが、シュヴェニンガーが好んでいたというラテン語の言葉「自然が癒し、医師が治療する（natura sanat, medicus curat）」である。医師は自分の力だけでは患者を治療できず、「自然」による癒しが働かねばならない。その見解に共感したグロデックは、一九一三年に連続講演を行っ

シュヴェニンガー

た際には、このラテン語の言葉から二文字ずつをとった造語「ナサメク（Nasamecu）」を表題として与えている。「自然が癒し、医師が治療する」。――この言葉がグロデックのエスに影を落としていた。そのことは、彼がおそらく初めて「エス」を普通名詞として使った一九〇九年の一節に示されている。

ある人にとって私とはいったい何かを理解するように努めなさい。この私を把握し、分けて、単独のものとして理解するように努めなさい。うまくいかないことが分かるだろう。私が考える、私が生きる〔ich denke, ich lebe〕と言われる時には、私などまるでない、それは虚偽、歪曲である。それが考える、それが生きる〔es denkt, es lebt〕と言われなければならない。「それ」とは、すなわち世界の偉大な神秘だ。私などない。(Groddeck 1909, S. 11)

この一節が見出される著作の表題が『神なる自然に向かって』だったというのは象徴的である。(3)「私が考える、私が生きる」ではなく、「それが考える、それが生きる」。ニーチェを思わせるこの言葉は、十四年後の『エスの本』にも形を変えて現れている。「「私が生きる」という文は、条件付きで正しいだけです。その文は「人間はエスに生きられている」という根本真理の些細な部分現象を表現しています」(Groddeck 1923 (1979), S. 27／一二―一三頁)。グロデックにとって、人間はエスに「生きられている」。それと同じように、人間はエスに考えられている、と言えるだろう。つまり、「人が私を考える」ということである。ランボーが「人」と呼んだものをグロデックは「エス」と名づけたが、その淵源には「神なる自然(Gottnatur)」があった。

「神なる自然」[4]という語は、先に触れた個人誌『サタナリウム』でグロデックがしばしば引用したヨハン・ヴォルフガング・フォン・ゲーテ(一七四九―一八三二年)を想起させる。ザクセン＝ヴァイマール公国の領主に招かれ、住居を定めたヴァイマールで活動したゲーテは、『色彩論』(一八一〇年)、『西東詩集』(一八一九年)、『詩と真実』(一八一一―三三年)などを生んだ豊穣な晩年期にあたる一八二六年九月の詩に、こんな一節を残している。

人間は生において何を獲得できるか、
神なる自然が人間にみずからを啓示するものとして。
神なる自然が物質を精神に浸み込みながら消えさせ、
精神の産物を堅く維持するように。(Goethe 1949 (1964), S. 367／三三五頁)

この「神なる自然」にエスの着想源があったと語ったのはグロデック自身である。[5]「神な

ゲーテ

る自然」が物質から精神を生み、その精神の産物を維持する。ここで「神なる自然」を「エス」に置き換えれば、「私が考える、私が生きる」は退けられ、「それが考える、それが生きる」と言われるだろう。実際、かつてはゲーテの著作だと信じられていた「自然[6]──断章」の表題で知られる一七八〇年の断章には、「彼女〔自然〕は考えたし、絶えず思案している。しかし、人間としてではなく自然としてである。彼女は誰も彼女に見て取ることのできない、すべてを包含する特別な意味を自分にとっておいた」（Goethe 1971, S. 46／三四頁）という一節が見られる。

　自然が考える内容を人間が知ることはできない。しかし、その内容を表す言葉を自然はもっていない。「彼女は、言語も言葉ももたないが、舌と心を創造し、それを通して感じ、語る」（Ebd., S. 47／三六頁）。自然が考える。それは言葉なき思考であり、自然はみずからが創造した「舌と心」を通して語る。人間が考え、語るとき、事後的に振り返れば、そこにはいつもすでに「神なる自然」の沈黙の語りが見出される、ということだ。「神なる自然」が考える、ゆえに私が考え、考える私はある──たとえ循環論法に陥ろうとも、非人称の「思われること」を「神が考える」に言い換えることがエスに沈黙を課す方法でありえたデカルトの構えが十八世紀末の時点でもまだ有効だったことを、この断章は証している。その構えがニーチェやグロデック、そしてフロイトにとってはもう有効でなかったとすれば、あいだに横たわる十九世紀に何か決定的な変化が起きたことになる。

フィヒテの課題

「私」が考え、語ることを保証していた神は、デカルトの時代にはキリスト教の神と等しかっただろう。それは「王権神授説」が説いたように、絶対王政の支配を正当化する神でもあったが、三十年戦争を終結させた一六四八年のウェストファリア条約がカトリック教会と政治権力を分離した結果、「社会契約説」が生まれた。そうして王は宗教的権威による根拠づけを失ったが、社会契約なるものが結ばれた瞬間は現実の時間の中には、したがって経験的領域には見出されない以上、社会契約に依拠する王は、キリスト教の神から解放されたあとも、超越論的なものとしての神による根拠づけを必要としていた。

むろん、その神は根拠づけのための虚構でしかない。それが虚構であることを暴いて王を追放したのがフランス革命だったということだろう。事実、その後の歴史を見れば、以降のヨーロッパで絶対王政を根拠づける虚構が成立しえなくなることは明らかである。フランスでは復古王政が成立し、ウィーン会議で創設されたドイツ連邦を構成する領邦でも封建領主の支配が続いたが、近代的資本主義の確立とともに台頭したブルジョワジーは国家経営にと

フィヒテ

って不可欠となり、市民による国家の統治、すなわち民主主義に基づく国民国家を希求する声の高まりは不可逆のものだった。それは一八三〇年の七月革命を経て、ヨーロッパ規模に及ぶ一八四八年の革命を導くことになる。

　ドイツにおいて、その潮流は統一国家樹立を目指す動きと重なっていた。その出発点は、ナポレオン率いるフランスがイギリスやロシアと同盟するプロイセンとの戦争に突入した一八〇六年にある。この年までにイタリア、スイス、オランダを制覇していたナポレオン軍は、短期間でプロイセン軍を破り、同年十月にはベルリンに入城した。ナポレオンの脅威を前にベルリンを離れ、各地を転々としたのちコペンハーゲンに滞在していた一人の哲学者が翌一八〇七年八月、夫人の要請でベルリンに帰還する。のちにニーチェとグロデックを輩出するプフォルタ学院で学んだヨハン・ゴットリープ・フィヒテ（一七六二―一八一四年）である。

　ティルジット条約で課された莫大な戦費支払いの終了まで、フランス軍がベルリンから撤退する気配はない。そんな緊張した空気の中、この年から翌年にかけてベルリン科学アカデミーで行われたフィヒテの講演が『ドイツ国民に告ぐ』（一八〇八年）である。「フランス的なもの」への抵抗とそれに比例する「ドイツ的なもの」への情熱が漲《みなぎ》るこの講演で、フィヒテは「ドイツ的なもの」に固有の本質を強調した。

これで、他のゲルマン系民族からドイツ人を区別する根本的特徴を見出す、という私たちのさしあたりの課題は解決されました。その違いは、共同体的な部族の最初の分裂の際にすぐ生じたもので、ドイツ人は自然の力からの最初の流出まで遡る生き生きした言語を語り、他のゲルマン部族は表面だけでは活動しているけれども根っこでは死んでいる言語を語る、という点にあります。(Fichte 1808 (1978), S. 72／六五頁)

なぜ言語がある民族を別の民族から区別する「根本的特徴」となるのか。答えはこうだ。「言語一般、とりわけ言語器官の音声化による対象の命名は、恣意的な決定や取り決めにはまったく依拠しておらず、まず最初に基本法則があります。〔…〕実際は、人間が語るのではなく、人間の中で人間の本性が語るのです」(Ebd., S. 61／五六頁)。

言語は人為によるものではなく、それゆえ認識や思考の正しさは言語自体の正しさに依存する——一七八〇年に見られた、「神なる自然」が考える、ゆえに私が考え、考える私はある、という論理の「神なる自然」がここで「言語」に置き換えられていることが分かる。そして、フィヒテにとって「最初の流出まで遡る生き生きした言語」がドイツ語であることは言うまでもなかった。

だが、重要なのは、「最初の流出」と言われているとおり、言語の正しさは起源まで遡行しうることによって保証される、という論理が出現したことだろう。その結果、「神なる自然」の化身である言語には歴史が付与されたが、それは十八世紀末に展開された「自我」をめぐるフィヒテの考察から導かれる必然的な帰結でもあった。

「自我」についてのフィヒテの見解は、「知識学の新叙述の試み」（一七九七年）の一文に要約される。「自我は自己自身を定立するものであり、それ以外の何ものでもない。自己自身を定立するものは自我であり、それ以外の何ものでもない」（Fichte 1797 (1984), S. 103／七二頁）。この一文は、非人称の「思われること」が、なぜ「私に思われること」、さらには「私が考える」でなければならないのか、というデカルトに突きつけられていた問いに対する回答になっていると言ってよい。

その問いから生まれる矛盾を、フィヒテはこんなふうに表現した。「私は考えるのでなければならないが、私が考えることができる以前に、私はあるのでなければならない」（Ebd., S. 104／七四頁）。「考える」のが「私」であるなら、「私」は「考える」に先立って存在していなければならない。しかし、「私はある」が本当は「「思われること」はある」である以上、「私」が「思われること」に先立って存在することはありえない。フィヒテが好んだ同一律の命題「A＝A」で言えば、「自己自身を定立する」自我である前者のAは、定立される自我である後者のAを定立できなければ自己同一性を確立できないが、そのためには前者のAが他を定立できるものとしてすでに定立されていなければならず、それゆえ前者のAを定立するもう一つのAを想定しなければならない。

言うまでもなく無限後退に陥るこの事態は、虚構としての神に依拠していた王から主権を奪い取った末に出現した近代的国民国家が抱え込んだ事態と併行している。

つまり、こういうことだ。王の支配から解放された市民を支配するのは、今や市民自身である。自身が自身の支配者となった市民は主権の集合体としての「国家」を形成し、それと相即して、あらゆる市民が「国民」になる。そうして、支配者と被支配者がともに国民である、という分裂を内部に抱え込んだ体制——それが近代的国民国家である。そこでは「国民は主権者であり、主権者は国民である」と表現される「A＝A」が同一律であることが示されなければならなかった。

近代の逆説

その逆説的な課題は、先に見た「自然——断章」の翌年に公刊された、イマヌエル・カント（一七二四—一八〇四年）の『純粋理性批判』（一七八一年）に示されている。「私が考える〔Ich denke〕は、あらゆる私の表象にともないうるのでなければならない。〔…〕この表象は、しかし自発性の作用である、すなわち、それは感性に属するものとはみなされえない。私はそれを経験的統覚から区別するために、純粋統覚と、あるいは根源的統覚とも名づける」(Kant 1781 (1956), B131-132, S. 136／㊤二五四―二五五頁)。

カントにとって、認識の対象は人間の外部にある「物自体」ではなく「現象」であり、現象は感性的直観を通して与えられる。現象と物自体の一致を約束する虚構を排除した結果、カントの認識論は、人間の内部と外部の関係ではなく、空間と時間という形式的条件に従う感性に現象が与えられる受容性と、カテゴリーに従う悟性の自発性の関係の中で展開されることになった。

近代的国民国家に生じた分裂として現れるその関係を総合する機能として要請されたのが右の一節で言われる「純粋統覚」だが、それはデカルトの「私が考える」の言い換えとして提示されている。つまり、分裂は「純粋統覚」という名の「私が考える」によって総合される、ということだ。むろん、それは本当は「私が考える」ではなく、非人称の「思われること」でなければならない。カントに続いたフィヒテは、そのことを正確に表現している。

> 自我は自己自身を定立し、自我は自己自身によるこの単なる定立のおかげで存在する。〔…〕自我は行為するものであると同時に、行為の産物である。能動的なものであると同時に、能動性によって生み出されるものである。行為〔Handlung〕と〔その行為によって生み出された〕こと〔Tat〕は一つであり、まさに同一である。それゆえ、私はある、は事行〔Tathandlung〕の表現である。(Fichte 1794 (1984), S. 16／㊤一一〇頁)

「事行」とは、「考える私」と「考えられる私」を一挙に生み出す出来事である。しかし、フィヒテは続く個所でこんなことを言う。「たぶんデカルトも、それ〔私が考える、ゆえに私はある〕を意識の直接的事実とみなすことができた。そのとき、それは私が考えながらある、ゆえに私はある〔cogitans sum, ergo sum〕と同様の意味になる（私たちなら、私がある、ゆえに私はある〔sum, ergo sum〕と言うだろう）」（Ebd., S. 19-20／㊤一一七―一一八頁）。「私が考える、ゆえに私はある」を「私が考えながらある、ゆえに私はある」に言い換えた瞬間、なぜ「思われること」は「私に思われること」、さらには「私が考える」でなければならないのか、という問いは封じられる。しかも、事行が「A＝A」を遡行した果てに見出される起源として想定されていることは、のちの『ドイツ国民に告ぐ』を見れば否定しようがない。それどころか、そこでの「私」はドイツ人と同一視されるのだ。

　自己自身を定立する自我は「起源的人間」であり、それがドイツ人だとフィヒテは言う。だが、ドイツ人の本質とされる「新しいものを作り出しつつ自分で生きている」ことの根拠をドイツ人が「起源的人間」であることに求める一方、なぜドイツ人が「起源的人間」なのかという問いには、ドイツ人が「新しいものを作り出しつつ自分で生きている」からだと答えている（Fichte 1808 (1978), S. 121／一二一―一二三頁）。その説明は「ドイツ人はドイツ人である（A＝A）」という事行を表す命題をなすが、なぜ「A」がドイツ人なのかを示すことはできない。「A＝A」という出来事自体が「A」であるという論理の中では、「A」とは何かという問いの答えはア・プリオリに定められるしかないからである。したがって、「A」をドイツ人とみなす根拠は、「ドイツ人はドイツ人である」という事行として想定された起源を現在まで連続的に保証する歴史にしか求められない。むろん、そんな歴史は虚構にすぎないが、それは近代に課された逆説的な課題に応えるために必要な虚構だった。

だとすれば、ランボーという詩人は、十九世紀に抱え込まれた逆説を、いかなる虚構も用いることなく、あらゆる既成のものを拒絶しながら引き受けようとしたのではないか。だからこそ、「絶対的に近代的でなければならない」と記したのではないか。

シェリング来都

一八四一年、七十歳を目前に控えた哲学者が、プロイセン国王フリードリヒ・ヴィルヘルム四世（在位一八四〇―六一年）に請われてミュンヘンから招聘され、ベルリン大学教授に就任した。フリードリヒ・ヴィルヘルム・フォン・シェリング（一七七五―一八五四年）。かつてフィヒテやヘーゲルの影響下で、あらゆる有限存在を包括する理性に依拠して汎神論的な「同一哲学」を構想したシェリングは、やがて二人と決裂して、独自の哲学体系を目指した。そうして提唱されたのが、存在するものの本質を追求してきた旧来の「消極哲学」に対置される「積極哲学」である。

消極哲学が探究してきた、あらゆる存在するものの根拠をなす終局的なものは、経験的対象ではありえない。だから、それはフィヒテのようにア・プリオリに定めるしかないが、積極哲学はそれをア・ポステリオリに証そうとする。それは最終的に神の存在証明の試みと等しくなるが、重要なのは神の「永遠性」である。「本質的な永遠性は、時間の一部には決してなりえない。永遠性は時間に触れられることはまったくなく、時間に触れられずに時間自体を貫いて不動のままとどまり、存続するからである」(Schelling 1858 (1983), S. 308)。これはベルリンに招聘された年から翌年にかけて行われた講義『啓示の哲学』の一節だが、ここに看取される歴史観にこそ、シェリングがベルリンに招聘された理由が隠されている。

一八四二年から行われた講義『神話の哲学』では、人類の原初に位置するとされる「神話時代」は、一神教的な神の全面的な支配を受けていた「前歴史時代」が揺らいで多神教が生じる「歴史時代」への移行の時期だと説明されている。その神話時代を遡れば神と人類の合一が見出されるが、「遡る」という言い方は正確ではない。終局的なものとの合一が「永遠性」の状態である以上、そこに時間は認められないからだ。その非時間から時間への移行こそが、シェリングにとっての歴史の起源であり、神話と言語の起源に

シェリング

ほかならなかった。

その移行は「先行してすべてを形成し、創作する技術、起源的、すなわち発明され、産出された素材による詩」(Schelling 1856 (1979), S. 243) と呼ばれる力によって引き起こされるが、その瞬間に神話と言語が発生する以上、その発生は人為的であるはずはない。「言語は少しずつ、あるいはアトム的にではなく、そのすべての部分で同様に総体として、したがって有機的に発生した」(Ebd., S. 53)。「総体として」発生した言語がやがて歴史時代を迎えて分裂する過程は、したがって起源の合一から遠ざかる過程である。だが、シェリングにとっては、起源からどれほど遠ざかっていても、現に言語と人間が存在するという事実に、神は現れている。

まもなく一八四八年の革命に直面するプロイセン国王がシェリングを招聘した理由。それは、のちにニーチェが批判を浴びせるダーフィト・シュトラウスとともに台頭して無神論に行き着く革命思想を唱えたヘーゲル左派に対抗する汎神論者と目されていたからだった(7)。

ニーチェが指弾した「歴史病」に冒された者が信じる虚構としての歴史こそ、シェリングを招聘した国王だが、「歴史病」を生むヘーゲル左派に対する防波堤としてのシェリング。しかも、その弟ヴィルヘルム一世を皇帝に戴くドイツ帝国を実現した原動力ではなかったか。しかも、まさにシェリングがベルリンに来た一八四一年の著作『キリスト教の本質』によってヘーゲル左派の頭目とみなされた哲学者は、「エスの系譜」の端緒を告げた一人だった。

それが、ルートヴィヒ・アンドレアス・フォイエルバッハ（一八〇四―七二年）である。

フォイエルバッハの示唆

ヘーゲルに傾倒して哲学を志したフォイエルバッハは、理性の自己展開が世界とその歴史をなすと考えるヘーゲルを、やがて批判するようになった。そうしてヘーゲル左派の牙城をなす雑誌『ハレ年誌』に「ヘーゲル哲学批判のために」（一八三九年）を発表した二年後に公刊されたのが『キリスト教の本質』である。

フォイエルバッハ

決定的な影響力を及ぼしたこの著作を貫くのは、「人間は対象によって自己自身を意識する。対象の意識は人間の自己意識である」（Feuerbach 1841 (1969), S. 42／㊤五三頁）という見解である。これに従えば、人間による神の認識も「人間の自己意識」だが、それは間接的で無意識的な自己意識だとされる。つまり、人間は自分の本質を客観化して人間とは異なる神という本質として対象化し、その神を通して自分を認識するがゆえに間接的であるとともに、神が人間の本質を対象化したものであることに気づかないがゆえに無意識的である、ということだ[8]。

その結論はこうである。「宗教とは人間の自己自身との分裂である。人間は自分に対立する存在として神を自分に対置する」(Ebd., S. 80／(上)一〇三頁)。宗教、とりわけキリスト教は「人間の自己自身との分裂」である、という主張が物議を醸さないはずはない。キリスト教は人間の分裂を外部に投影した幻覚にすぎない、と言っているに等しいからだ。それはニーチェの『善悪の彼岸』が、十九世紀のヨーロッパに流布していた価値意識、わけてもキリスト教的な道徳に対する批判の書として企図されたことを思い出させる。内部に分裂を抱え込んだ人間が生み出す幻覚とは、ニーチェにとっては何よりもまず言語がもたらす幻覚だった。それを鮮明に示しているのが、一八七三年の夏に執筆された草稿「道徳外の意味における真理と虚偽について」である[9]。

この草稿でニーチェは、言語は「万人の万人に対する戦い」を回避するために結ばれた協定である、という考えを打ち出す。その協定は、言語が指示する対象を正しく表すことは目的としていない。「言語の創造者は事物と人間の関係だけを指示し、その表現のためにまったく大胆な隠喩の助けを借りる」(Nietzsche 1999a, S. 879／三五一頁)。その結果、それぞれ単独である対象は一般的な概念に集約される。「すべての概念は非‐同一物の同一視によって生じる」(Ebd., S. 880／三五二頁)。そうして協定によって定められた「事物と人間の関係」を正しく表現する概念が「真理」と呼ばれるが、長く使用されるうちに協定だったことが忘れられてしまう。「真理とは、幻覚であることを人が忘れた幻覚である」(Ebd., S. 880-881／三五四頁)というのは、そういうことである。

『善悪の彼岸』で開始された「私が考える」に対する批判がもつ意味は、こうして明らかになる。「私が考える」という表現は協定によるものでしかなく、それが真理に見えるのは言語がもたらす幻覚ゆえである。幻覚を排して、それでも語ろうとすれば、「それが考える」と言うことになる。そこに含まれる「主語ならぬ主語」である「それ（エス）」をキリスト教的な道徳が「神」に置き換えることで、人間は自身の内部の分裂から目を逸らし、真理に向かっていると錯覚できるようになった。「人間は〔…〕まさにこの無意識性によって、まさにこの忘却によって、真理の感覚に達する」(Ebd., S. 881／三五五頁)。だが、このとき人間は「忘却」を得るために自己を疎外し、「エス」に「神」という主語を代置することで「考える」という述語をも喪失することになる。

『キリスト教の本質』に書かれた一節は、ここでニーチェと交錯する。「主語がそれであるものは、述語の中にのみある。述語は主語の真理である。主語は擬人化され、存在する述語でしかない」(Feuerbach 1841 (1969), S. 61／(上)七八頁)。出来事の原因としての主語は、たとえ「エス」であっても、本当は立ててはならない。この一節は、そう言っている。そうして、五年後にフォイエルバッハが公表した論文「身体と魂、肉と精神の二元論に抗して」(一八四六年)を手にすれば、フロイトがエスの淵源として名を挙げたニーチェから「エスの系譜」を遡行していく道が開かれるだろう。表題にあるとおり、肉体と精神を別々に捉える態度を批判するこの論文で、フォイエルバッハは「心理学者」への反論として、こんなことを書いている。

君は言う。私が考える、と。だが、「実際は、私が考える〔ich denke〕と言ってはならず、それが考える〔Es denkt〕と言わなければならない」と主張するとき、リヒテンベルクも正しくないか。それゆえ、たとえ「私が考える」が身体と異なるとしても、その結果として、「それが考える」も、私たちの思考の中の非恣意的なものも、「私が考える」の根源と土台もまた身体と異なることになるのか。(Feuerbach 1846 (1971), S. 127／一八二頁)

「心理学者」は「私が考える」と言うことに何の痛痒も感じない。つまり、肉体から独立した精神が行う「考える」という作用は「私」に起因する、と信じて疑わない。百歩譲ってそれを認めるにしても、「考える」という述語の主語は「私」ではなく「それ」だとすれば、どうか。そうフォイエルバッハは言う。「私」とは関係なく「非恣意的」に「考える」が生じるとすれば、どうだろうか、と。そのとき、非恣意的な「それが考える」を「私」の精神の作用と断言することがどうしてできるだろう。フォイエルバッハが見ているのは、「それが考える」にとっては肉体と精神の区別が無効になるということである。

それは「考える」という述語を「私」という主語に起因させる根拠を剝奪する。そのことを表現するために、フォイエルバッハは四十年後のニーチェと同じように「私が考える」を「それが考える」に言い換えたが、右の一節にはニーチェが言及していなかった「それが考える」の淵源が明示されている。「エスの系譜」の端緒に立つその人物こそ、ゲオルク・クリストフ・リヒテンベルク（一七四二―九九年）にほかならない。

端緒としてのリヒテンベルク

ゲッティンゲン大学で数学と物理学を学び、三十三歳で母校の教授になったリヒテンベルクは、荷電した樹脂盤に現れる「リヒテンベルク図形」にその名を残しているように、初期実験物理学を代表する人物である。[10] 風変わりな教師として知られ、親交を求めてきたゲーテを冷遇したりもしたリヒテンベルクは、学生時代から没年に至る三十五年の歳月にわたって人知れず記し、後世『雑記帳』と呼ばれるノートを残した。それは死後に出版され、ドイツ語圏の知識人に読み継がれることになる。

リヒテンベルク

　時に辛辣さを、時にウィットを込めて綴られた彼の文章は、人が見ない、あるいは見ようとしない事実を単刀直入に言い当ててみせる。その中には、デカルトを思わせるものもある。「夢は、私たちの生の残りと合成され、私たちが人間的生と呼ぶものになる生である。夢は私たちの目覚めの中へ徐々に消えてなくなり、人間の目覚めがどこで始まるかを言うことはできない」(Lichtenberg 1968-71, Bd. I, S. 565, F 743)。夢と現実の境界は明確ではない、という認識からデカルトは方法的懐疑を続け、やがて「私が考える」に到達したが、リヒテンベルクは異なる道を行く。ナポレオンがイタリア討伐司令官に任命された一七九六年から執政に選出されたのちに全権を掌握した一七九九年に至る時期に書かれた断章は、次のようなものである。フォイエルバッハが引用した言葉は、ここに含まれている。

> 私たちは新しい種を作るが、類を創造することはできない。それは偶然によってなされねばならない。だから、実験は物理学で行われねばならないし、時は大事件の中で待たれねばならない。私には自明のことだ。
> 　私が別の個所で言ったことに意味がある。私が考える〔ich denke〕と言ってはならず、稲妻が走る〔es blitzt〕と言うのと同じように、それが考える〔es denkt〕と言わなければならない、と。(Ebd., Bd. II, S. 501, L 806)

既成の「類」に属する「種」ではなく、新たな「類」を生み出すような「大事件」を人間の意志で引き起こすことはできない。そのような変化は、「私」ではなく、「稲妻が走る」ように「それ（エス）」が考え出す。むろん、ひとたび変化が起これば、それについて語る者はエスを別のものに置き換えるだろう。例えば「私たち」という人称代名詞に。「市民」という一般名詞に。あるいは「ナポレオン」という固有名詞に。そうして、いつのまにか、それが置き換えであることが忘却され、すり替えられた主語がそのまま大事件の主体にされる――これが、ニーチェが指摘した言語のもたらす幻覚に対応することは明らかだろう[11]。

　まさにフランス革命という「大事件」が勃発した一七八九年に、まるでデカルトを皮肉るように「彼らは考えない、ゆえに彼らはない〔Non cogitant, ergo non sunt〕」（Ebd., Bd. I, S. 708, J 379）と書きつけたリヒテンベルク。彼は、まさに到来せんとしていた新しい時代の逆説をいち早く見抜き、「それが考えると言わなければならない」と宣言した。

「狂信者になった俗物――それが私たちのドイツの今を際立たせる前代未聞の現象である。〔…〕私たちは、その上さらに凡庸な狂信者、刺激することも高揚させることもないが、生活指導者として歴史的にきわめて持続的に影響を及ぼして、未来を支配する機会を自分に作る狂信者もありうることを知っている。〔…〕リヒテンベルクは、それどころか、こう考えている。「才能のない狂信者がいる、しかも彼らは実に危険な者である」」（Nietzsche 1873 (1999), S. 177／三二頁）。そう記したのは「信仰告白者にして著述家ダーフィト・シュトラウス」のニーチェだった。フィヒテが希求した統一国家樹立に成功したドイツは勝利に酔いしれ、シュトラウスのごとき「狂信者になった俗物」が跋扈している。そんな連中を罵倒するためにリヒテンベルクを引くニーチェ。だが、フォイエルバッハの衣鉢を継ぐヘーゲル左派であるはずのシュトラウスにおいて、「それが考える」は「ドイツ的なものが考える」に言い換えられている。

右で見たリヒテンベルクの一節や、それを引くフォイエルバッハの一節を知っていたかどうかとは別に、ニーチェがリヒテンベルクに始まる「エスの系譜」に属していることは確かだろう。そして、彼がシュトラウス批判を書いた一八七三年に「ウィーン・ドイツ学生読書会」に参加し、のちにニーチェと交流をもつヨーゼフ・パネートと親友になったフロイトもまた、その系譜と無関係ではなかった。

学生時代の友人エドゥアルト・ジルバーシュタイン（一八五六―一九二五年）に宛てた一八七四年十一月八日の手紙で若きフロイトは「無神論者の医学生で経験論者の僕は〔…〕パネートと一緒にフォイエルバッハを読んでいる」（Freud 1989, S. 82）と伝え、翌年三月七日にはフォイエルバッハを「あらゆる哲学者の中で最も尊敬し、賞賛している」（Ebd., S. 111）と書いている。[12]フロイトが影響を受けた著作は『キリスト教の本質』であり、[13]「身体と魂、肉と精神の二元論に抗して」を読んだかどうかは不明だが、先に見た主語と述語をめぐる『キリスト教の本質』の考察に触れたこと、そしてフロイトにとってもリヒテンベルクは自身の著作に頻繁に引用する重要な作家だったことは間違いない。[14]

リヒテンベルクからフォイエルバッハを経てニーチェに連なる「エスの系譜」。だが、それはフロイトに到達する前に分岐し、もう一つの系譜を生み出していた。

ビスマルクのエス

ベルリンに招聘される以前の一八二七年の講義『新しい哲学史に向けて』でシェリングはデカルトを取り上げ、こんなふうに言っている。

> 考えるものとそれに目をつけて一つになるものは違っているので、すなわち客観的で私に依拠しない思考があるので、その思考は、その誤認された統一について勘違いを、すなわち自身を起源的思考とみなすことでまさにその統一について勘違いをしかねない。〔…〕それが私の中で考える〔Es denkt in mir〕、それが私の中で考えられる〔es wird in mir gedacht〕が純粋な事実である。[15]（Schelling 1861 (1965), S. 81-82／一六頁）

リヒテンベルクの名こそ出てこないが、ここには「それが考える」が姿を見せている。だが、そこに「私の中で」が付加されているのを見逃してはならない。この付加は「A＝A」がすなわち「A」であることを「それ（エス）」を用いて語るために避けられないものである。「起源的思考」はフィヒテの言う「事行」に相当するが、そこから「私」としてのドイツ人の正統性を保証するためにシェリングがもはや歴史を必要としていないのは、すでに見たことからも明らかだ。「私」が考えているなら、「私の中で」エスが考えている。このとき「私」はエスより前にあるもの、エスは「私」に属し、ア・ポステリオリに証明しうるものになっている。そうしてエスは「ドイツ的なもの」と同一視され、こう説明されるだろう。「ドイツ的なもの」が「私の中で」考えている以上、「私」の行動は正統性を保証され、勝利を、そして統一国家の樹立を約束されているのだ、と。

実際、一八四八年の革命のあと、ビスマルクという指導者を得たプロイセンは、一八七一年の勝利とドイツ帝国樹立を実現した。その現実は、正統なる「ドイツ的なもの」がビスマルクという「私」の中で考えた必然的な結果だった、と言われるだろう。帝国宰相として中央集権化を進めたビスマルクは、一八八二年四月二十七日に家でなされた会話の中で、こんな言葉を残している。「私はしばしば素早く強固な決断をしなければならない立場になったが、いつも私の中のもう一人の男が決断した。たいてい、私はすぐあとによく考えて不安になったものだ。私は何度も喜んで引き返したかった。だが、決断はなされてしまったのだ！　そして今日、思い出してみれば、自分の人生における最良の決断は私の中のもう一人の男がしたものだったことを、たぶん認めなければならない」(*Bismarck Gespräche*, S. 38)。

「もう一人の男(andere Kerl)」——それが、ビスマルクという「私」の中で考えるエスに与えられた呼称である。プロイセン軍がナポレオン三世を破った直後の一八七〇年十一月一日、ビスマルクは次男に手紙を書き、多忙な毎日にもかかわらず不眠症ですぐ目が覚めてしまう苦しさを、こんなふうに描写していた。

私は喜んで眠りたいのに、いっこうに眠れそうにない。だが、眠らなければならない。それが私の中で考え、思索する〔es denkt, es spekuliert in mir〕。そうして朝の最初のかすかな光がベッドカバーの上に落ちると再びまどろみ、それから十時まで、あるいはもっと遅くまで眠る。(Bismarck 1915, S. 254)

「それが私の中で考える」。シェリングと同じ表現をビスマルクが反復する。(16) プロイセン主導による統一国家樹立を目指してオーストリアを打ち破ったのも、ナポレオン三世を挑発して普仏戦争に持ち込んだのも、そして抵抗を続けるパリ市民に断固たる措置をとったのも、ビスマルクという「私」の中でエスが考えた結果なのだ。(17)

ビスマルク

ここには明らかに二つの異なる「エスの系譜」がある。リヒテンベルクからフォイエルバッハを経てニーチェに至る第一の系譜。そして、フィヒテからシェリングを経てビスマルクに至る第二の系譜。デカルトがかいま見た「思われること」を忠実に継承しようとした第一の系譜を現実の中で打ち砕く第二の系譜は、ほかでもないデカルト自身が「思われること」を「私が考える」にすり替えた、その虚妄を反復する。

それが虚妄にすぎないことは、シェリングが「それが私の中で考える」と口にした講義の七年後に、ドイツのユダヤ人がすでに指摘していた。ベルリン大学でヘーゲルに教えを受けて、一八三一年以降はパリで活動した作家ハインリヒ・ハイネ（一七九七—一八五六年）である。彼は一八三四年に「マルティン・ルター以後のドイツについて」の表題で発表し、翌年単行本にしたフランス語の著作『ドイツについて』（一八三五年）に、こう記した。

> フィヒテの自己は〔…〕個人の自己ではなく、普遍的な自己、自己意識に到達した世界の自己である。フィヒテの思考は、ある人間、ヨハン・ゴットリープ・フィヒテという名の特定の人間の思考ではない。それはむしろ、ただ一人の個人の中に現れる普遍的な思考である。雨が降る〔Il pleut〕、稲妻が走る〔Il éclaire〕などと言われるように、フィヒテは「私が考える〔Je pense〕」ではなく「それが考える〔il pense〕」、普遍的な思考が私の中で考える」と言うべきだろう。（Heine 1835 (1998), p. 128／一一三頁）

「稲妻が走る」という例から明らかなように、ハイネは先に見たリヒテンベルクの断章を知っていたのだろう。それをフィヒテの哲学にあてはめるとき、ハイネは「それが考える」だけでなく、「普遍的な思考が私の中で考える」と「私の中で（en moi）」を付加した。リヒテンベルクに発してフィヒテで分岐する流れがやがて第二の「エスの系譜」をなし、ビスマルクのごとき「私」の中で蠢《うごめ》くようになることさえ、ハイネは予感していた。実際、彼は続く個所に「国民公会がもう一つの純粋理性批判を使って過去全体を覆した時にナポレオンが姿を見せたように、カント主義者がそのテロリスト的破壊行為を完了したあとにフィヒテが出現する。ナポレオンとフィヒテの両者は、それにとって思考と事実が一つでしかない偉大な至高の自己を体現している。そして、両者が築かなければならない巨大な建造物は、巨大な意志を示している」（ibid.／同頁）と記している。

　シェリングによって付加された「私の中で」の「私」とは、ナポレオンやフィヒテのように、そしてのちのビスマルクのように「巨大な建造物」を築き上げてみせる「巨大な意志」をそなえた「私」でなければならない。そう喝破するハイネのこの著作は、キリスト教的な精神主義による現実の否認に抗して、感覚主義に基づく身体的・物質的な生の享受を称揚し、国家主義的で帝国主義的な野望を抱くプロイセンを批判するものとして、ほかでもないパリ・コミューンの時期にフランスの知識人のあいだで大きな影響力を

ハイネ

及ぼしていた。[18] ランボーがパリ・コミューンに寄せた夢を無残に打ち砕いたのはビスマルクのエスだったことを、確かにハイネは教えている。

こうして見出された二つの系譜を背景にしてフロイトとグロデックを見るとき、グロデックの師シュヴェニンガーに絶大な信頼を寄せ、生涯にわたって主治医を務めさせたのがほかでもないビスマルクだった、という事実に気づかされる。肥満とアルコール依存による重篤な肝機能障害で苦しんでいたビスマルクを治癒させたシュヴェニンガーの食餌療法や理学療法。それを受け継いだグロデックのエスには、師のすぐそばにいた帝国宰相に流れ込む第二の「エスの系譜」が見え隠れする。

一八九八年二月九日付でフリースに手紙を書いたフロイトは、四日前の講演で医学的ニヒリズムを弁護したシュヴェニンガーについて、こう記していた。「こちらでは講演サーカスでのシュヴェニンガーのふるまいが、ひどい恥さらしでした」(Freud 1986 (1999), S. 327／三二六頁)。パリ・コミューンを打ち砕いたビスマルクと、その主治医を務めた「恥さらし」の医師。そして、その医師を師として仰いだグロデック。そこに一つの系譜を見て取るとき、まさに「無意識」という概念を携えて十九世紀後半に出現した人物が、同じ系譜の中に姿を現す。

それが、エドゥアルト・フォン・ハルトマン（一八四二―一九〇六年）である。

ハルトマンという桎梏

軍人の息子としてベルリンに生まれ、自身も十六歳で近衛隊に入ったハルトマンは、膝に持病を抱えて除隊を余儀なくされた一八六五年以降は、哲学に専心した。持病ゆえに職に就くことなく執筆活動に専念したハルトマンの名を轟かしめたのが『無意識の哲学』（一八六九年）である。森鷗外（一八六二―一九二二年）が一八八七年に留学先のベルリンで手に入れ、「これが哲学といふものを覗いて見た初で、なぜハルトマンにしたかといふと、その頃十九世紀は鉄道とハルトマンの哲学とを齎《もたら》したと云つた位、最新の大系統として賛否の声が喧《かまびす》しかつたからである」（森 一九一一（一九七二）、二〇三―二〇四頁）と回想したこの著作は、ベストセラーとなって一世を風靡した。

古今の文献から採られた「無意識」に関わる膨大な事例を素材にしたこの著作の企図は、序文で宣言されている。「私の体系とは、シェリングの積極哲学から原理的学説の指示を、シェリングの初期体系から無意識の概念の指示を得て遂行された、ヘーゲルの明らかな優位の下におけるヘーゲルの体系とショーペンハウアーの体系の総合である」（Hartmann 1869 (1904), Teil I, S. XIV）というのがそれだ。

シェリングとヘーゲルの哲学を、さらにはアルトゥール・ショーペンハウアー（一七八八―一八六〇年）の哲学を総合すること。ハルトマンが抱いたのは、そんな破天荒な企てだった。ヘーゲルは理性の自己展開が世界とその歴史をなすと考えたが、ショーペンハウアーは

ハルトマン

『意志と表象としての世界』（一八一九年）で、世界は「表象」にすぎず、その根底にあるのが盲目的な「意志」だと主張した。ハルトマンは、その理性と意志を属性とする絶対者として「無意識」を立てた上で、シェリングの「積極哲学」に則って、無意識がそれらの属性の対立と相互否定を通して自己を止揚し、ついには両者の属性の一致に至るのが「世界過程（Weltprozeß）」だと断じる。

無意識を非理性的なものと考えるハルトマンは、世界過程の途上にあるものは欠如の状態にあり、そうである以上、その中にある個人の現実は「表象」という名の幻想にすぎない、と説いて十九世紀末のペシミズム思想に影響を与えた[19]。個人の意志など何ほどでもない。ハルトマンは「緒論」の第一章で「無意識」という概念の先駆者を列挙しているが、その末尾近くには次のような一節が現れる。

> バスティアンが彼の『比較心理学への寄与』（ベルリン、一八六八年）を次の言葉で始めるとき（一頁）、私たちにとって未知の存在のように働くヴント[20]の無意識的な魂を鮮明に想起させる。「私たちが考える〔wir denken〕のではなく、それが私たちの中で考

える〔es in uns denkt〕ことは、私たちの中で起こることに注意するのに慣れている者にとっては明らかだ」。この「それ」は、しかし〔…〕無意識の中にある。(Ebd., S. 34-35)

言及されているのは、船医としてオーストラリアに渡って以降、アジア、アフリカ、アメリカ大陸、南洋などで未開民族の風俗や習慣を調査し、のちにベルリン大学教授を務めた民族学者アドルフ・バスティアン（一八二六―一九〇五年）である。ここでハルトマンが引用しているバスティアンの著作の一文（Bastian 1868, S. 1）に現れる「それが私たちの中で考える」の「それ」をハルトマンが還元してみせたのが「無意識」にほかならない。

バスティアンは、レオ・フロベニウス（一八七三―一九三八年）とともに「伝播主義」と呼ばれる初期ドイツ民族学の草分け的存在である。伝播主義は、人間が原初に普遍的な構造をもっていたと考え、今ある文化の同質性や差異は接触による伝播がもたらした、と主張した。だから、バスティアンが未開民族に残る原始医学を調査したとき、彼は現代人が捨ててきた、しかし原初にあったはずの普遍的なものを見出す方法を探求していたと言ってよい(21)。ハルトマンが引いた「それが私たちの中で考える」の「それ」は、その普遍的なものを指している。

バスティアンを引き合いに出したハルトマンは、しかし一方では原初の野蛮な状態から到

バスティアン

達されるべき現在に至る過程を想定するチャールズ・ダーウィン（一八〇九—八二年）の進化論に傾倒していた。のちに『無意識の哲学』を増補した際に付け加えた第三部を「無意識とダーウィニズム」と称したように、彼は個人の表象の根底でなされる無意識の自己発展の果てに、普遍的なものを見る。だからこそ、バスティアンの言う「それ」は「無意識の中にある」ものでなければならなかった。そうしてエスを換骨奪胎したハルトマンは、第二の「エスの系譜」に連なる。ビスマルクが「それが私の中で考える」と手紙に書いたのは、『無意識の哲学』公刊の翌年にすぎない。

そのハルトマンに激烈な批判を加えたのがニーチェだった。一八六九年にバーゼル大学に赴任する直前に『無意識の哲学』を熟読したニーチェ[22]は、五年後に発表した論文でハルトマン批判を敢行する。それが、あの「生に対する歴史の利害について」にほかならない。「無意識のパロディ作家は〔…〕大きく印刷された命題が載ったあの有名な頁を過度なグロテスク体〔ゴシック体〕の明瞭さで私たちに伝えている。時流にかなった教養の屑どもは、この命題の中に彼ら自身の正当化、しかも黙示録的な光の中にある正当化が読まれると信じたため、残らずこの命題による盲目の陶酔と魅了の狂乱に陥った。実際、彼は「その目標と世界救済のために、世界過程への人格の完全な帰依」をあらゆる個人に要求した」（Nietzsche 1874 (1999), S. 316／二〇八―二〇九頁）。ニーチェはそう弾劾している。

ハルトマンが打ち出す「世界過程への人格の完全な帰依」が「時流にかなった教養の眉ども」を盲目的に熱狂させた理由は明らかだろう。普仏戦争における勝利という「時流にかなった」現象が「世界過程」の現れなら、その過程に「完全な帰依」を捧げた者には、意志による努力とは無関係に「黙示録的な光」を放つ未来の栄光が約束されているからである。

そうしてハルトマンは「歴史病」患者を生み出す。実際、すでに見た「歴史は青年から、その最も立派な特権、すなわち、ぎっしりつまった信じやすさに自分で偉大な思想を植えつけ、それをさらに偉大な思想へと自発的に成長させる力を騙し取ることさえできる。ある程度の歴史の過剰で、すべてが可能である」という一節の直後には、こんな言葉が見られる。「彼は不必要な羞恥心を忘れ、そうして徐々にハルトマンの「成年」と「老人」になる。だが、彼はそうなるべきであり、まさにこれこそが〔…〕「世界過程への人格の完全な帰依」の意味である」（Ebd., S. 323-324／二一八頁）。だから、「歴史病」患者は、近代が抱え込んだ、あの分裂に悩まされることなく、やすやすと「私」と口にし、「私」を賛美さえするだろう。

だが、「世界過程への人格の完全な帰依」は、リヒテンベルクが見出したエスを主語になりうるものにすり替え、それにみずから進んで服従するように人々を導く。その結果、民主主義的な国民国家の下でエスの意志を体現せんとする者の登場を許すだろう。「人間の調教可能性は、この民主主義的ヨーロッパでは実に大きくなった。〔…〕命令することができる者は、服従せざるをえない者を見出す。私は例えばナポレオンとビスマルクを考えている」(Nietzsche 1999b, 26 [449], S. 270／⑺三五二頁)。ニーチェがそう記したのは、一八八四年のことだった。

ここで振り返れば、右で見たバスティアンに言及する一節にハルトマンが注を付していたことに気づく。「ところで、ここで触れた言葉はゲオルク・クリストフ・リヒテンベルクを先駆としており、彼による次のような一節が見出される」(Hartmann 1869 (1904), Teil I, S. 442)。そうして引用されるのが、リヒテンベルクが「それが考える」を記した、もう一つの断章である。

> 私たちは自分に依拠しない観念をはっきり自覚するが、別の観念は少なくとも自分に依拠していると信じている。その境界はどこにあるか。私たちは自分の感覚、表象、思考が存在することしか知らない。稲妻が走る〔es blitzt〕と言うのと同じように、それが考える〔Es denkt〕と言わなければならない。私が考える〔cogito〕と言うのはすでに言いすぎで、それはすぐ私が考える〔Ich denke〕に翻訳される。私というものを想定していると前提することは実践上の必要である。(Ebd. = Lichtenberg 1968-71, Bd.

II, S. 412, K 76)

この断章が書かれたのは、マクシミリアン・ド・ロベスピエール（一七五八—九四年）の恐怖政治を経て、ナポレオンの登場に至る、一七九三年から九六年にかけてである。フランス革命という「実践上の必要」だった「私」は、ニーチェが「生に対する歴史の利害について」を書いた一八七四年の時点では、自身の中で考えるエスを代弁して「命令することができる者」であるビスマルクとなって現れていた。「エスが私の中で考える」は、今やこう言い換えられたかのようだ——「命令することができる者が服従せざるをえない者の中で考える」と。

フロイトとハルトマン

ビスマルクからシュヴェニンガーを経てグロデックに流れ込む第二の「エスの系譜」。そこに見え隠れするハルトマンの『無意識の哲学』を、おそらくグロデックは手にしていた。(23) その影をフロイトが感知したとすれば、エスの淵源はグロデックではなく、ハルトマンを批判したニーチェにある、と主張したのも当然のように思える。だが、若かりし日のフロイトにとっても、ハルトマンは決して無縁の存在ではなかった。あの「ウィーン・ドイツ学生読書会」で出会った先輩で、のちに哲学者としてイエーナ大学やバーゼル大学で教鞭を執るヨハネス・フォルケルト（一八四八―一九三〇年）が自由主義の腐敗を糾弾する演説を行った際、フロイトは熱狂的な支持を示したが、のちに『夢解釈』で多くの夢の事例が引用されるフォルケルトの著書『夢空想』（一八七五年）は、ヘーゲル、ショーペンハウアー、そしてほかでもないハルトマンに依拠した著作だったのだ。[24]

ハルトマンに触れ、いくばくかの影響を受けた可能性すらあるフロイト[25]は、しかし著作の中で彼の名を挙げることはほとんどなかった。例外は三個所。うち二個所は『夢解釈』に見出される。その最初の個所である第四章では、「厭世主義の哲学者エドゥアルト・フォン・ハルトマンは欲望成就理論とまるで関わりがない」と断じ、夢には覚醒時の煩いが持ち込まれる、と説く『無意識の哲学』第二部の一節を引用している（Freud 1900 (1998), S. 139／(4)一八〇頁）。

問題は、もう一つの個所である。第七章の「一般に、目標表象のない思考は、私たちの心の生活に私たち自身が影響を与えることでは生まれえない。しかし、ふつうそれが心的崩壊のどの状態で作り出されるのかも私には分からない」（Ebd., S. 533／(5)三一五頁）という一文に一九一四年の第四版で新たに注を付したフロイトは、その注の冒頭に「Ed・v・ハルトマンがこの心理学的に重要な点で同じ見解を支持していることに私が気づいたのは、だいぶあとになってからである」（Ebd., Anm. 1／(5)三一七頁）と記しているのだ。

その上でフロイトは、マヤ創世神話「ポポル・ヴフ」のドイツ語訳（一九一三年）で知られるノア・エリーゼル・ポーリレス（一八八五―没年不明）が『医学的精神分析国際雑誌』第一巻に執筆した雑録記事「エドゥアルト・フォン・ハルトマンの無意識的目標表象に導かれる連合法則」（一九一三年）で『無意識の哲学』を引用しながら次のように述べた個所を引いている（Ebd., S. 533-534, Anm. 1／同頁）。

エドゥアルト・フォン・ハルトマンは、無意識的目標表象に導かれる観念連合の法則を明快に述べたが、この法則の効果をはっきり自覚していなかった。彼にとって問題は、「感性的表象のあらゆる結合は、純粋に偶然に委ねられておらず、特定の目標に至るべきものなら、無意識的なものの助けを必要とする」〔Hartmann 1869（1904）, Teil I, S. 245〕〔…〕のを証明することである。〔…〕それゆえ、純粋連合心理学の意味における「誘発する表象と誘発される表象に観念連合を限定することは支持できない。その限定は「人間があらゆる意識的な目的だけでなく、あらゆる無意識的関心、あらゆる気分の支配や作用から自由である状態が、人間の生に現れる時にのみ、実際に正当」〔Ebd., S. 246〕だろう。（Pohorilles 1913, S. 605）

フロイトの言う「自由連想法（freie Assoziation）」が可能なのは「観念連合（Ideenassoziation）」が生じるからだが、ある観念と別の観念を連合させる原因は観念や表象のみには求められず、「無意識的関心」や「気分」によっても連合は生じる。それゆえ、「目標表象のない思考」が「心的崩壊」に見られるにせよ、その思考をなす連合を生じさせたのは無意識的関心である以上、それを直に知ることはできない。自由連想法はその隠された無意識的関心を明らかにするものであり、だからこそフロイトが引いた個所の末尾にポーリレスはこう記した。「自由な観念連続に対する感情と気分の影響を強調することは、ハルトマンの心理学の観点からも、精神分析の方法的手続きを完全に正当なもののように思わせる」(Ebd. = Freud 1900 (1998), S. 534, Anm. 1／(5)三一九頁)。精神分析を正当化するものとしてハルトマンを引き合いに出すポーリレス。その記事を引用する注を付加した一九一四年のフロイトは、ここでハルトマンを肯定しているようにさえ見える。

しかし、フロイトが肯定するのは、連合に及ぼす無意識の影響を主張したハルトマンである。その肯定の陰に隠されたハルトマンがいる。そのことは、フロイトが引用しなかったポーリレスの記事の後半部を見れば明らかだ。そこでポーリレスは「ハルトマンは再び気分と関心を話題にして、次のように説明している」と確認した上で、ハルトマンの『現代の心理学』(一九〇一年)から「『無意識の哲学』〔…〕は、表象連合を物質的原因と心的原因の協力に帰着させる」(Hartmann 1901 (2009), S. 132) という一文を含む一節を引用している (Pohorilles 1913, S. 605)。「物質的原因」と「心的原因」の対立。それをフォイエルバッハは肉体と精神の対立として捉え、リヒテンベルクの言う「それが考える」の中でその対立は無効になる、と説いた。同様にリヒテンベルクの「それが考える」に言及し、エスを無意識と同一視したハルトマンは、しかし肉体と精神の対立を「協力」に転換する。

実際、続く個所でポーリレスは肉体を介して伝達される「関心」に触れて、『無意識の哲学』からこんな一節を引用している。「しかし、肉体的事象は、そのときただの媒介であるにもかかわらず、非肉体的なものの媒介でなければならない。それがまさに意志の関心である」（Ebd., S. 606 = Hartmann 1869 (1904), Teil III, S. 123）。肉体の「協力」によって伝達され、連合を引き起こすのは「意志の関心」だとされている。だとすれば、すでに見たように意志とは無意識としてのエスの属性である以上、個人の精神はエスの属性がもつ関心であり、肉体はそれを媒介する手段ということになる。そうして、精神と肉体はエスにおいて総合される。

それは、精神も肉体も、それらの区別も「エスが考える」という出来事のあとで事後的に仮構される、という結論を示唆している。そんな結論を導きかねないハルトマンの哲学が精神分析を正当化すると記したポーリレスは、この記事の最終段落にこう記した。

> ひとたび感覚、気分、関心の観念連合に対する影響が認められると、それを肯定的な意味でだけ受け取れないことは今や自明である。その上、無意識的な要因は、その性質に従って観念連合をある時は促進し、ある時は阻止して、例えば不快を強調された心的

内容は現れさせない。ハルトマンによって認識された法則がフロイトの「抑圧」という概念と合流する地点が、ここにある。(Pohorilles 1913, S. 606)

ハルトマンに従うなら、連合に影響を及ぼし、抑圧や抵抗を行うのは無意識としてのエス以外ではないが、むろんそんな見解にフロイトが同意するはずはない。だから、フロイトがポーリレスの記事の後半部を無視したのは当然だったとも言えるが、だとすれば、なぜ一九一四年のフロイト——グロデックを知る前のフロイト——は、わざわざこんな注を付加したのか。

そんな疑問を抱くとき、フロイトの著作にハルトマンが登場する、もう一つの個所がにわかに意味を帯びてくる。

「台無しにされたショーペンハウアー」

それは同じ一九一四年に報告されたエピソードで、一九一七年に出版された『日常生活の精神病理学に向けて』第五版で「言い間違い」の例に追加されたものである。

ジャーナリストにして出版人であり、一九二一年からは国際精神分析出版社に協力するフロイトの支持者アドルフ・ヨーゼフ・シュトルファー(一八八八—一九四四年)は、一九一〇年末にチューリヒの書店でエドゥアルト・ヒッチュマン(一八七一—一九五七年)の著作を見かけた。内科医ヒッチュマンは、一九〇五年にウィーン精神分析協会の前身である私的会合「心理学水曜会」に参加して以来、フロイトの忠実な弟子であり続けただけでなく、その著作『フロイトの神経症論』で精神分析を一般に流布させるのに貢献することになる。まさに刊行直後だったその本を目にしたシュトルファーは、数日後、同じ書店に赴いたが、本が見当たらない。店主に聞くと、著者の名を尋ねられる。すると、彼は「エドゥアルト・ハルトマンだ」と答えてしまったというのだ。

エドゥアルト・ヒッチュマンとエドゥアルト・ハルトマン——よりによって、この二人を言い間違えるとは、エピソードに接したフロイトは何を思っただろう。シュトルファーは言い間違いの理由を考えた末、ハルトマンが「台無しにされたショーペンハウアー」と評されるのを耳にしたことを思い出す。そうして、この言い間違いは「このヒッチュマンも、彼の要約的叙述も、おそらく大して重要ではないだろう。彼とフロイトの関係は、きっとハルトマンとショーペンハウアーの関係に等しい」という心理内容を示すものだった、という結論に達したという（Freud 1901 (2005), S. 130-131／一四五—一四六頁）。

ヒッチュマン

むろん、この言い間違いをしたのはフロイトではない。だが、「台無しにされたショーペンハウアー」であるハルトマンに擬せられたヒッチュマンは「台無しにされたフロイト」と言われているに等しい。にもかかわらず、この例は『国際精神分析雑誌』で報告され、それをほかでもないフロイトが自身の過去の著作に追加した、という事実は重い。

当時の状況を振り返れば、一九〇二年以来の弟子アルフレート・アドラー（一八七〇—一九三七年）の反目が表面化し、一九一〇年にウィーン精神分析協会会長の地位を譲ったのも虚しく、翌年には訣別が訪れていた。さらに、一九〇六年に知り合って以来、他のどの弟子よりも寵愛し、アドラーらの反撥を買いながら一九一〇年の国際精神分析協会創立に際しては初代会長の地位に据えたカール・グスタフ・ユング（一八七五—一九六一年）との関係も一九一二年には悪化の兆しを見せ始め、ハルトマンに言及する注をフロイトが『夢解釈』に付加し、シュトルファーのエピソードが公にされる前年の一九一三年には、やはり訣別を迎えていた。そんな苦しい境遇にあったフロイトを変わらず支援し、アドラーとの関係をとりもとうとさえしたのがヒッチュマンだった。(26)

にもかかわらず、その忠実な弟子を貶《おとし》めるエピソードを自身の著作に追加したフロイト。そんなふるまいをさせたのが何だったのかを探っていくとき、シュトルファーの例が報告される前年の一九一三年、精神分析の理論を他の領域に応用する試みのために創刊された雑誌『イマーゴ』でヒッチュマンが論文を発表していたことに気づく。

その論文は「ショーペンハウアー――哲学者の精神分析の試み」と言う。これは、表題のとおり、ショーペンハウアーを精神分析の知見に基づいて考察するものだった。[27]この種の試みをフロイトが評価していたことは、アドラーやユングとの違いを鮮明にすべく翌一九一四年に発表された「精神分析運動の歴史のために」で「ヒッチュマンとv・ヴィンタ ーシュタイン[28]は、『イマーゴ』において哲学体系と哲学の重要人物の精神分析的考察で口火を切り、その継続と深化が望まれる」(Freud 1914 (1991), S. 78／七九頁)と述べていることからも明らかだろう。そのヒッチュマンの論文を見ると、末尾でこんな一節と出会うことになる。

> ショーペンハウアーは、ニーチェが「それが私の中で考える〈Es denkt in mir〉」という言葉で表現したもの以上のことを認めようとしない。感覚と意志なしの思考などないということを彼は時折失念する。メービウスは的確に述べている。「ショーペンハウアーは、自分をカントと結びつけることで自分を惑わし、何よりもまず認識すること、表象すること、思考することを意志に属さない何かとして語った。実際は、思考することや表象することは意志なしでは考えられえない」。だが、根本においてショーペンハウアーは意志がすべてを行うという正しいことを教え、彼の学説は、過去のいかなる学説とも対照的に、私たちの意識的生は私たちにとって巨大な無意識的なものの一部でしかない、という洞察に直に導く。(Hitschmann 1913, S. 172)

ニーチェの名とともに持ち出される「それが私の中で考える」。それによって表現されるものより先にショーペンハウアーは進まず、「感覚と意志なしの思考などない」ことに気づかなかった、という評価。それは、ライプツィヒ大学やイエーナ大学で哲学を学んだ神経生理学者で、その著作『偏頭痛』（一八九四年）をフロイトが書評したこともあるパウル・ユリウス・メービウス（一八五三―一九〇七年）に帰されている。この評価に異を唱えるヒッチュマンは、ショーペンハウアーは「意志がすべてを行う」と説いたと主張して、そこから「意識的生は私たちにとって巨大な無意識的なものの一部でしかない、という洞察」を引き出す――注目すべきは、一九一三年の時点でヒッチュマンがニーチェの「それが考える」に言及していただけでなく、「私の中で」を付加し、「それ（エス）」をショーペンハウアーの意志、さらには無意識と同一視していることだ。これがハルトマン流に理解されたショーペンハウアーであることに疑問の余地はないだろう。

この論文が掲載された年の『イマーゴ』では、フロイトが「未開人と神経症患者の心の生活における若干の一致」という表題で連載し、同年中に『トーテムとタブー』として単行本にまとめられる論文を完結させている。翌年ヒッチュマンの試みを評価する言葉を記したことを考えても、フロイトがニーチェの名とともに「それが私の中で考える」という表現をヒッチュマンの論文で目にした可能性は高い(29)。

「精神分析運動の歴史のために」には先に見た「ニーチェの著作の大きな喜びも諦めた」という一文が記されていたが、その直前でフロイトはショーペンハウアーに言及し、直接の影響は否定しつつも、その見解は「私の抑圧概念の内容と完全に一致している」(Freud 1914 (1991), S. 53／五三頁）と断言している。この断定には驚かされるが、先に見たポーリレスの言葉「ハルトマンによって認識された法則がフロイトの「抑圧」という概念と合流する地点が、ここにある」を想起するなら、ここでフロイトが何をしようとしているのかは明らかだ——ハルトマンからショーペンハウアーを奪還すること。それは精神と肉体の対立を総合し、自我をエスが生み出した幻想と化さしめるハルトマンに抵抗することであり、第二の「エスの系譜」からエスを救出し、エスが語る言語に沈黙を課し続けることである。「それが考える」を「それが私の中で考える」と言い換えて憚《はばか》らない者は、「客観的な詩」には縁がない。「主観的な詩」を抱き続ける者は、そもそもエスが「私」という語をまったく必要としていないことなど露ほども理解できないのだ。

エスの淵源がグロデックにあるのか、ニーチェにあるのかなど、もはや大した問題ではない。問題なのは、エスに沈黙を課しながら語り続けること、つまり「絶対的に近代的」であることだ。そうしてフロイトはやがて「エス」という「語ならぬ語」を手にするが、しかし彼の前にはまだ敵が立ちはだかっていた。

注

（1）Vgl. Mitscherlich, Richards und Strachey 1975 (1997), S. 278.
（2）以下の記述は、グロデック&野間 二〇〇二、五頁以下、クナウプ 二〇〇八、五頁以下に拠る。
（3）Vgl. Nitzschke 1998, S. 161, グロデック&野間 二〇〇二、三〇二、三〇七頁。
（4）クナウプ 二〇〇八、一五頁参照。
（5）グロデック&野間 二〇〇二、三〇三頁参照。
（6）これはスイスの詩人ゲオルク・クリストフ・トーブラー（一七五七—一八一二年）が後期ヘレニズムの第十のオルフォイス賛歌をドイツ語に散文訳したものであることが判明している。
（7）永田 二〇〇〇、一九四五頁参照。
（8）服部 二〇〇七、七三頁以下参照。
（9）この草稿については、石澤 一九九六、一七二以下、二一六頁以下参照。
（10）以下の記述は、池内 一九九六、五頁以下に拠る。
（11）リヒテンベルクの言語観については、加納武 一九九九、三六頁以下参照。
（12）Vgl. Nitzschke 1998, S. 141.
（13）フロイトに与えたフォイエルバッハの影響については、Cf. Gay 1988 (1998), pp. 28-29／(1)三三頁。
（14）Cf. Gay 1988 (1998), p. 45／(1)五三頁、妙木 一九九五、三四頁。実際、フロイトは『夢解釈』などでリヒテンベルクの『雑記帳』から数多くの記述を例として引用している。
（15）この一節は、Libera 2007, p. 35, n. 1でも考察されている。
（16）Vgl. Gaede 2006, S. 29-30.
（17）ビスマルクのこうした側面については、加納邦光 二〇〇一、三六、一〇〇以下、一一八頁参照。
（18）佐藤千明 二〇〇七、一九三—一九五頁参照。

(19) Vgl. Safranski 1987 (2008), S. 504-505／五七九頁。

(20) ヴィルヘルム・ヴント（一八三二—一九二〇年）は、一八七五年からライプツィヒ大学教授を務め、実験心理学の祖として知られる。

(21) 上山 一九八九（二〇一四）、四〇二頁以下参照。

(22) 山本恵子 二〇〇九、一四三頁、注（5）参照。

(23) Vgl. Nitzschke 1998, S. 140.

(24) 上山 一九八九（二〇一四）、七七—七八頁参照。

(25) Vgl. Nitzschke 1998, S. 139.

(26) Cf. Gay 1988 (1998), p. 221／(1)二六二頁。

(27) ヒッチュマンにとってのショーペンハウアーについては、Vgl. Nitzschke 1998, S. 125, 156.

(28) アルフレート・フォン・ヴィンターシュタイン（一八八五—一九五八年）は、『夢解釈』に感銘を受けてフロイトの講義に出席するようになり、ウィーン精神分析協会に参加した。同じ号の『イマーゴ』に「哲学史への精神分析的注釈」を発表している。

(29) Vgl. Gasser 1997, S. 117.

第三章　変貌するエス

Steiner

Jerusalem

William James

Mach

「自然の精神化」と「自然の物質化」

グロデックが初めてフロイトに送った一九一七年五月二十七日付の手紙で明言されていたように、グロデックの言う「エス」に「魂と肉体の区別」はない。その主張は、三年後の草稿「エスについて」では「エスにとっては肉体も魂もない。というのも、両者ともこの未知の存在の現象形態にすぎないからで、その結果、自我や個人も疑わしくなる」（Groddeck 1966, S. 49-50／二四三頁）と表現されたが、さらに三年後の『エスの本』にも「私にとってはエスしかありません。私が肉体と魂という語を使う時は、エスの現象形態、あなたがお望みなら、エスの機能だと理解しています。私にとって、それらは独立していませんし、ましてや対立していません」（Groddeck 1923 (1979), S. 133／一六八―一六九頁）という一節を見出すことができる。

これらの記述を見れば、グロデックとフロイトの違いがどこにあったのかは明白だろう。フロイトにとってのエスはあくまで自我と対立するものだった。この見解の違いは、書簡のやり取りの中で当初から問題になっていたものである。右に引いた手紙に対する一九一七年六月五日付のフロイトの返事では、こう言われている。

なぜあなたは自分の立派な土台から神秘主義に身を投げて、霊的なものと肉体的なもの

の区別を帳消しにし、その出番ではない哲学的理論に自分の立場を決めてしまうのですか。〔…〕

自然を例外なしに精神化すること〔beseelen〕も、徹底的に物質化すること〔entgeistern〕も、私には同じくらい軽率に思えます。(*Briefwechsel Sigmund Freud - Georg Groddeck*, S. 61-62)

フロイトの言う自我は、何よりもまず知覚を通して外界から直接影響を受ける。というより、その外界の影響こそが、エスから自我を生み出す。したがって、身体がなければ外界の影響もなく、エスから自我が発生することもない。だから、肉体と精神の区別を霧消させてしまうグロデックのエスは、フロイトにとっては「自然を例外なしに精神化する」ものとしか思えなかっただろう。

しかし、逆にグロデックにとっては、肉体と精神の区別を後生大事に守ることのほうが理解できない。そうして一九二八年の「精神療法の原則」に「彼は生命あるもののさしあたり未知である部分の名称として「エス」という語を使い、そして――これは彼の使用法にとって本質的だ――エスを自我と対立させる」と記したグロデックが、その直後に「フロイトは〔…〕私がエスという語で意図したことの、まったく逆をしている」と記したのは、すでに見たとおりである。

それに対して、フロイトはさらに五年後、『続・精神分析入門講義』にこんな一節を記すことになる。「エスについて知っているわずかなことを私たちは夢の工作と神経症の症状形成の研究によって知りましたが、その大部分は否定的な性質をもち、自我に対立するものとしてしか説明できません。私たちは比喩を使ってエスに近づき、それを混沌、煮えたぎる興奮に満ちた罐《かま》と呼びます。エスは末端で身体的なもののほうに開いていて、そこで欲動欲求をみずからの中に受け入れ、欲動欲求はエスの中でその心的表現を見出すと私たちは考えていますが、どんな基体でなのかは分かりません」(Freud 1933 (1996), S. 80／九六頁)。

エスは自我と対立する。ところが、『自我とエス』では「自我はエスと明確に分かれておらず、下方に向かってエスと合流している」(Freud 1923 (1998), S. 251／一九頁)とも言われている。エスは自我と「合流している」からこそ、身体の表面に知覚系をもっている自我を通して「欲動欲求」を受け入れることができる。しかし、その欲動を「快原理」に従って満足させようとするエスの目的を現実の中で果たすのは自我である。

「自我はまた外界の影響をエスとエスの目的に向かって有効に働かせようと努力し、エスを絶対的に支配している快原理の代わりに現実原理を据えようと努める」(Ebd., S. 252／二〇頁)。そう言われるとおり、自我はエスの欲求と外界の調整を行い、その範囲内でエスの目的を果たそうとするが、エスは自我に快だけをもたらすわけではない。それゆえ、自我は抑圧を行い、その結果として「抑圧されたもの」が生じる。

その帰結は、次のようなものである。「抑圧されたものもエスと合流しており、エスの一部にすぎない。抑圧されたものは〔…〕エスを通じて自我と関わることができる」（Ebd.／一九頁）。したがって、精神分析は直に関わることのできない抑圧されたものに自由連想法を用いて間接的に近づく手法ということになるだろう。そこでは、抑圧されたものに合流するエスが語る。それが抑圧されたものを代弁しているなら、抑圧されたものは抑圧から解放されて自我に取り込まれる——そう考えるフロイトから見れば、「自然の精神化」を行うグロデックのエスはすべてを意のままにするものであり、そこには抑圧されたものを自我に取り込む可能性、つまり治療の可能性はない。

「精神分析とショーペンハウアーの哲学の大幅な一致——彼は情動性の優越と性的なものの卓越した重要性を主張したばかりか、抑圧のメカニズムすら知っていた——は、私が彼の学説を知っていたことによるものではありえない。私がショーペンハウアーを読んだのは、だいぶ遅い時期である」（Freud 1925 (1991), S. 86／一一二—一一三頁）。ニーチェを「避けてきた」と述べる先に見た『みずからを語る』の一節の直前でそう語ったフロイトは、抑圧のメカニズムを霧消させるハルトマン流の「台無しにされたショーペンハウアー」から、抑圧のメカニズムを「知っていた」ショーペンハウアーを奪還する企てを敢行する。

精神分析はショーペンハウアーにもニーチェにも依拠していない、と繰り返し主張してきながら、グロデックを退けるためにニーチェという淵源に固執したフロイト。そのふるまいは「主観的な詩」と「客観的な詩」の区別を、そして「それが私の中で考える」と「それが考える」の区別を護持するために強いられたものである。しかし、その先には、グロデック宛の手紙で「自然の精神化」に対置された「自然の物質化」が待ち構えていた。

ヘルムホルツからマッハへ

右で見た『みずからを語る』の一節の直前に、フロイトはこんなことを記している。「私は常にG・Th・フェヒナーの考えを受け入れ、重要な点でこの思想家を手本にもしてきた」(Freud 1925 (1991), S. 86／一二一頁)。

グスタフ・テオドール・フェヒナー(一八〇一―一八七年)。一八三四年からライプツィヒ大学教授を務め、後年には哲学的思索への傾向を深めたこの実験心理学者は『夢解釈』ですでに言及されているが、のちの『快原理の彼岸』でもフロイトはフェヒナーの『有機体の創造と発達の歴史のための若干の着想』(一八七三年)から「意識的な衝動が絶えず快または不快と関連づけられているかぎり、快または不快も安定および不安定の比率と精神物理的に関連づけられていると考えられうる」(Freud 1920 (1998), S. 4／五六頁)という一節を引用している。

ここに見られるように、フェヒナーは肉体的・物理的現象と精神的現象のあいだの量的関係を想定し、それを実験による測定で証明しようとした。その企ては、当時力をもっていた科学者ヘルマン・ルートヴィヒ・フォン・ヘルムホルツ（一八二一―九四年）に抗して打ち出されたものである。感覚で知覚できず、それゆえ物理的法則に従わない力である「生気」によって生理的現象も心的現象も説明しようとした生気論に対して、ヘルムホルツはそれらの現象はすべて感覚器官で知覚でき、物理的・機械的に測定できると主張した。まさに「自然の物質化」と呼ぶべきこの見解を支持する者は、フロイトの周囲にも数多く見られる。

とりわけウィーン大学医学部はヘルムホルツ派の支配が大きく[1]、入学してすぐに所属した研究室の教授エルンスト・ブリュッケ（一八一九―九二年）も、すでに見たようにパリ留学前のフロイトが勤務した研究室の長で、「ウィーン・ドイツ学生読書会」の顧問でもあったテオドール・マイナートも、ヘルムホルツ派を自任していた。そんな環境の中で過ごしたフロイト自身も読書会でヘルムホルツとフェヒナーの著作に接しており、生気論のごとき検証不能な仮説に訴える非科学的な立場には与《くみ》さなかった。

しかし、心的現象を物理的現象に還元するヘルムホルツも、それらの量的関係を測定するフェヒナーも、「自然の物質化」によって「それが考える」の「それ」を科学で解明可能な法則に従う「自然」と同一視し、人間から自由を奪っていることに違いはない。それはゲーテに象徴される「神なる自然」とエスを同一視し、「それが考える」を「それが私の中で考える」にすり替えることに等しい。だから、ヘルムホルツ派の影響圏内にあったフロイトがそこからの脱却を図ったのは当然と言えるが、その動きは十九世紀後半に一つの潮流をなし

マッハ

ていくものでもあった。ヘルムホルツを批判してその潮流の中心人物となったのが、ウィーン大学で教えていた物理学者エルンスト・マッハ（一八三八―一九一六年）である。

『その発展における力学』（一八八三年）で絶対空間と絶対時間を「経験の中では示されえない単なる思考物」（Mach 1883 (1912), S. 223／(上)三五六頁）と断じたマッハにとって、絶対空間や絶対時間の中に存在する事物などない。あるのは感覚に現れる感性的要素だけだが、それが人間の内部にあるのか外部にあるのかを言うことはできない。「感性的要素一元論」と称されるこの見解は、物理学と心理学の区別、ひいては肉体と精神の区別と無縁の次元を開く。そうして一八八六年に公刊された『感覚の分析』には、こんな一節が書かれた。

> 自我を現実の統一体とみなそうとしても、識別できない存在の世界を自我に対立させるか（完全に無益で無計画なことだろう）、他の人間の自我も含めた世界全体を私たちの自我に含むものとだけみなすか（真剣にそう決意するのは困難だろう）、というディレンマから脱け出せないだろう。

だが、一時的に関心を向ける観察のための実践上の統一体、比較的強く関係している要素の群、この種の他の群とは比較的弱く関係している要素の群としてだけ自我を理解するなら、この種の問題はまったく生じず、研究は自由な道を手にする。(Mach 1886 (1922), S. 23／二二頁)

最初に示されている対は「自然の物質化」と「自然の精神化」に対応している。それらのあいだに生じる「ディレンマ」を前にして、自我は「実践上の統一体」にすぎないと断じる言葉は、「私というものを想定していると前提することは実践上の必要である」と書いたリヒテンベルクを想起させるだろう。実際、この個所の直後でマッハは「その哲学的な覚え書きでリヒテンベルクは言う」(Ebd.／同頁)と記し、まさにこの言葉を含むリヒテンベルクの断章を引いている。

奇しくもニーチェの『善悪の彼岸』と同年に公刊された『感覚の分析』は、こうして人間の内部と外部の区別とも、肉体と精神の区別とも無縁のエスの領域を発見した(2)。そうして自我の存在を否定したマッハは、のちの個所の「自分を大地の上ではなく太陽の上に固定された観察者だと想定するという不当な要求は、〔…〕自分の自我を何とも思わず、変化する要素の一時的な結合に解消するという要求に比べれば些細なものにすぎない。この後者の見解は、とうの昔に異なる側面から準備されている」(Ebd., S. 290-291／二九〇頁)という一

イェルザレム

節でも、末尾の文に注を付し、リヒテンベルクを参照するよう求めている（Ebd., S. 291, Anm. 1／三〇三頁）。フォイエルバッハの論文「身体と魂、肉と精神の二元論に抗して」からちょうど四十年後に登場した『感覚の分析』は、まさに「自然の精神化」と「自然の物質化」のあわいに道を拓いた。

そのことは、のちに『感覚の分析』に追加された注の中でマッハが高く評価した（Ebd., S. 259, Anm. 2／二八六頁）オーストリアの心理学者ヴィルヘルム・イェルザレム（一八五四—一九二三年）の『判断機能』（一八九五年）にも見て取られる。この著作で「デカルトは〔…〕「私が考える、ゆえに私はある〔cogito, ergo sum〕」を第一の最も確実な真理とみなす権利をもっていなかった。というのも、「考える」および「ある」と同様に、「私」も、現実の事象が一方の要因を、判断機能が他方の要因をなす産物だからである」（Jerusalem 1895 (2005), S. 197）と断じたイェルザレムは、こう記している。

物体と活動の図式の中ですべての事象をもたらす判断機能自体は、心的事象の完全に基礎を欠いた本性に、決して存在ではなく常に出来事を提供しうるものであり、その本性を満たすことは絶対にできない。「私が考える〔Ich denke〕」と言うのではなく「それが私の中で考える〔Es denkt in mir〕」と言わなければならないとしたら、その点に真理の深遠な核心はある。(Ebd., S. 195-196)

「私の中で」が付されているとはいえ、「存在」ではなく「出来事」を与える「判断機能」を強調するイェルザレムが第一の「エスの系譜」に連なることは明らかだろう。マッハと同様、イェルザレムも一八九一年からウィーン大学で教鞭を執っていたが、同じ大学の教壇に立っていたフロイトが彼らと交流をもった様子はない。しかし、『ヒステリー研究』の共著者ブロイアーとマッハが共同研究を行っていたこと、(3)そして一九〇〇年六月十二日付のフリース宛書簡でフロイトが『感覚の分析』に触れていること (Freud 1986 (1999), S. 458／四四五頁) など、フロイトとマッハには、かすかな接点が見出される。

第一の「エスの系譜」を継ぐマッハやイェルザレムによって回避されたかに見えた「自然の精神化」と「自然の物質化」を行う第二の「エスの系譜」。しかし、それはこのあとも形を変えて生き続け、エスを変貌させていくことになる。

ルナンの二面性

ランボーの夢を打ち砕いたパリ・コミューンの失敗のあと、フランスは一八七七年の総選挙における共和政派の大勝利をもって第三共和政を確立した。幾度かの不況を越えて安定を迎えた体制は、やがて一八八九年にパリで開催される万国博覧会が象徴する繁栄の裏側に、深刻な問題を抱えてもいた。その問題のありかを示しているのが、一八八二年三月十一日にソルボンヌで行われた講演である。

『国民とは何か』という表題をもつその講演を行ったのは、エルネスト・ルナン（一八二三―九二年）である。すでにコレージュ・ド・フランス教授という最高の地位にあったルナンは、ドイツ帝国の樹立を許した敗北による挫折感を越えて繁栄に向かっていた時期のフランスにあって、なぜ「国民とは何か」と問いかけたのか。

その背景には、普仏戦争の結果としてドイツに割譲されたアルザス＝ロレーヌの問題があった。ドイツへの帰属が決定してから相次ぐ住民の移住と残留した人々の自治要求の叫び。それは、前日までフランス人だった者が翌日にはいとも容易にドイツ人になる現実を示していた。そこに看取される「国民」という存在の脆《もろ》さは、自身が自身の支配者であり被支配者であるという、あの近代的国民国家が抱え込んだ分裂を告げてくる。だからこそ、ルナンは「国民とは何か」という問いに、確かな答えを与える必要を感じたのだろう。そう考えると き、講演冒頭に見られる断定がもつ意味は大きい。「今日では、より重大な誤りが犯されています。人種が国民と混同され、民族誌的、より正確に言えば言語的な群に、実際に存在する人民に似た主権が付与されているのです」（Renan 1882 (1997), pp. 7-8／四二頁）。ルナンにとって、国民を定義するのは「人種」でも「言語的な群」でもなかった。

　では、何が国民の本質をなすのか。宗教、利害の共通性、地理的条件を挙げ、そのすべてを退けたルナンの答えはこうである。「国民とは魂、精神的原理です。実を言えば一つでしかない二つのものが、この魂、この精神的原理をなしています。一方は過去に、他方は現在にあります。一方は記憶の豊かな遺産の共有で、他方は現在の同意、ともに生きたいという願望、共同で受け取った遺産を活用し続ける意志です」(ibid., p. 31／六一頁)。

　共通の過去をもち、その過去の土台の上で共通の現在をもつことをみずからの意志で選択すること。ルナンは、それを「毎日の住民投票」と呼ぶ（ibid., p. 32／六二頁)。過去の記憶の共有は、現在における共有の選択がなされるたびに蓄積されて、厚みを増す。その選択は、共有される過去に厚みがあるほど容易になるだろう。そうして、二つの条件は補完し合う。と同時に明らかなのは、これらの条件は「自分がフランス人でないこと」を選択する方向に傾いた場合にも、その選択を促進するように補完し合うことである。その意味で、ルナンが提起したのは、危険を孕んではいるが、人間の自由意志を尊重した定義のように見える。

　だが、目の前の現実として認識された国民を国

ルナン

民たらしめる根拠の脆弱さと反比例するかのように、反ドイツ感情と裏表になったナショナリズムが高揚した時期、それがこの講演が行われた一八八〇年代のフランスである。その趨勢は、国外では植民地拡張政策によるフランスの拡大として、国内では「単一にして不可分なフランス」を確立する政策の実行として現れる。そのとき利用されたのが、フランス革命をめぐる記憶の共有だった。[4] 例えば、革命期の義勇兵によって歌われた「ラ・マルセイエーズ」の国歌制定は一八七九年、バスティーユ襲撃の日である七月十四日が建国記念の祝日とされたのが八〇年、革命研究の領域でも、学術誌『フランス革命』の創刊が八一年、ソルボンヌに「フランス革命史」講座が開設されたのが八六年といった具合いである。

そうやって政治的・制度的にフランスの内包を定めていく潮流を推進した中心人物が、ジュール・フェリー（一八三二―九三年）だった。一八七九年から八五年まで首相や公教育相を歴任したフェリーが、国内では「無償・義務・世俗化」の教育三原則を定めた「フェリー法」（一八八一―八二年）で知られる「共和国の学校」の創設者となった一方で、赤道アフリカやチュニジアをはじめとする植民地拡大戦略を指揮した人物でもあったことには無視できない意味が含まれている。「自由・平等・友愛」を標榜する共和国が、その原理と相反しかねない植民地支配を推進する、という二面性。それは一八八九年の万博で鮮明に可視化される。植民地の原住民を展示する「人間動物園」など、フランスの対外拡張を誇示する場となったこの万博は、革命百周年を記念するものでもあった。

一八六二年に就任したコレージュ・ド・フランスの役職が「ヘブライ・カルデア・シリア言語学」講座の教授だったように、ルナンは何よりもまずセム語学者として地位を築いた。その背景にあったのは、ドイツで創始された十九世紀の比較文法である。『一般史とセム諸語の比較体系』（一八五五年）の序文に、ルナンはこう記している。「ボップ氏がインド＝ヨーロッパ諸語のためにしたことを、私はセム諸語のために自分の力のかぎりするつもりだった」（Renan 1855（1928），p. IX）。名を挙げられているフランツ・ボップ（一七九一—一八六七年）は、比較文法の創設者の一人として知られる人物だが、この学問が十八世紀末のウィリアム・ジョーンズ（一七四六—九四年）によるサンスクリットの「発見」に端を発するものだったことは改めて注意してよい。

西欧諸語とサンスクリットのあいだに見出された無視できない類似は、言語の地理的な多様性と類似性の原因と変遷を歴史的に跡づけることへの欲求を刺激した。そうして始められた言語の歴史を遡行する試みは、言語の起源を探究する企てでもある。

西欧諸語の起源に最も近い言語としてサンスクリットを捉えた比較文法は、その言語を保存したインドを起源の地として憧憬する感情をも生み出した。ドイツ・ロマン主義を代表する思想家フリードリヒ・フォン・シュレーゲル（一七七二—一八二九年）の『インド人の言語と英知について』がフィヒテの『ドイツ国民に告ぐ』と同じ一八〇八年に出現したのは偶然ではない。十九世紀の言語学は、東洋に対する憧憬を生み出しながら、そのような感情とは無縁の科学性を装って諸言語の系図を描く。その装いによって、言語学は国家の正統性からすり替えられた言語の正統性を歴史的に証明する学問に転化し、フィヒテの言う「自然の力からの最初の流出まで遡る生き生きした言語」がドイツ語であることを科学的に証明する役割を担った。

ルナンは、その言語学をセム諸語について試みる、と表明した。その結果、インド＝ヨーロッパ語が時代とともに多様化と発展を遂げたのに対して、セム語は原初の状態のままで今日に至っている、と断じたルナンは、その対立を、インド＝ヨーロッパ語を語る者とは異なって、セム語を語る者は進化や発展と無縁のまま停滞している、という優劣関係を含んだ対立にすり替え、さらに「人種」の対立に読み替える。[5] 先に見た一節で言われていた「人種」と「言語的な群」は、そうしてルナンにおいては同じものになった。

セム語を語る者を「セム人種」と規定するその破天荒な接合を行うために、ルナンはジョフロワ・サン＝ティレール父子（父エティエンヌ（一七七二―一八四四年）、子イジドール（一八〇五―六一年））の博物学や動物学、奇形学の知見を取り入れ、「セム人種」は文明的成果を生み出す能力をもたずに狂信的な一神教を奉ずる異常な奇形の「人種」だ、と主張した。[6] ここから、非西洋の劣等性を根拠に西洋の優位性、ひいては西洋による非西洋の支配の正当性を導く論理が引き出されてくるのは、ほとんど必然でさえある。

しかし、その結果、ルナンは国内と国外で異なる論理を用いることを強いられる。西洋全、体を「インド＝ヨーロッパ」と規定する論理でドイツに対するフランスの優位を保証することはできないからだ。だからこそ『国民とは何か』では意志に基づく「国民」の定義が提起されたが、これを、かつての人種主義者が人権を重視する共和主義者に変化した、と見るのは安直にすぎるだろう。このルナンの二面性がもつ意味は、講演から十年あまりのちに勃発した大事件に至って、ようやく明らかになる。

ドレフュス事件とエス

パリ駐在ドイツ武官の屑籠の中にフランス軍の軍人からドイツ大使館に宛てた機密文書類の明細書が発見され、その筆跡から機密文書の主とされた陸軍参謀本部勤務のユダヤ系フランス人アルフレッド・ドレフュス大尉（一八五九―一九三五年）が逮捕されたのは、一八九四年十月十五日のことである。スパイ容疑で軍法会議にかけられたドレフュスは、軍籍剥奪の上、終身刑に処せられるが、軍の上層部は真犯人が別にいることを知りながら、威信が揺らぐのを恐れて冤罪を認めなかった。

ドレフュス

以降、一九〇六年七月に無罪が確定するまで、十年以上にわたって世間を騒がせた「ドレフュス事件」は、フランスをドレフュス派と反ドレフュス派に二分することになる。

ただの冤罪事件がそんな大騒動に発展したのは、犯人扱いされたのが「セム系」に分類されるユダヤ人だったからにほかならない。作家として、あるいはジャーナリストとして活動したエドゥアール・ドリュモン（一八四四―一九一七年）が一八八六年に刊行した反ユダヤ的な書物『ユダヤ人のフランス』が大ベストセラーとなったように、十九世紀末のフランスには反ユダヤ主義的風潮が色濃かった。事実、ドレフュス事件を最初に報じて呼び水を打ったのは、ドリュモンが一八九二年に創刊した反ユダヤ主義を前面に打ち出す日刊紙『ラ・リーブル・パロール』である。反ユダヤを謳う勢力にとっては、ドレフュスが真犯人かどうかなど、さして問題ではない。スパイの嫌疑をかけられているのがユダヤ人であるという事実そのものが、フランスに害悪をなすと主張する恰好の材料だったからである。

逆に、ドレフュス派の人々、例えば一八九八年一月十三日に「私は弾劾する！」と題した告発文を発表した作家エミール・ゾラ（一八四〇―一九〇二年）がドレフュスを擁護したのは、不当な差別に反撥しただけでなく、そこで踏みにじられているのが人権だったからである。[7] 彼らを戦慄させたのは、陰謀を仕立てたのはフランス軍で、その軍の虚偽の主張を認めたのはフランス国家ではないかという疑い、すなわち、れっきとしたフランス人であるドレフュスの人権を踏みにじったのはほかでもないフランス国家ではないかという疑いだった。実際、反ドレフュス派はユダヤ人のために国家の栄光を傷つけるべきではないと主張し、一方のゾラは名誉毀損で陸軍大臣から告訴され、国家の裁判で罰金と禁固一年の刑を宣告されている。

ドレフュス派の疑いが事実なら、近代国家フランスの理念は否定され、フランス人がフランス人である根拠は消え失せるだろう。ルナンが言うように、みずからの意志でフランス人であることを日々選び続ける者がフランス人であり、その「毎日の住民投票」が過去の遺産である「自由・平等・友愛」の理念を前提にしてなされるかぎり、ドレフュス事件はフランス人にとって、自身がこれまでしてきた選択、そして現に今している選択が間違っている可能性を突きつけてくるものだったと言える。

したがって、ドレフュス派から見れば、この事件が冤罪なら、フランス国家は何があってもドレフュスの無実を認めなければならない。その根拠は、ルナンが示した「国民」の定義にある。だが、反ドレフュス派の主張を見れば、彼らが守ろうとしたものとドレフュス派が守ろうとしたものは同じものの裏表である、という驚くべき事実に気づかされる。

そのことを示しているのが、この時期に反ユダヤを標榜した知識人を代表する作家で、政界にも進出したモーリス・バレス（一八六二―一九二三年）である。二十代後半に「自我崇拝」三部作と呼ばれる『蛮族の眼の下に』（一八八八年）、『自由人』（一八八九年）、『ベレニスの園』（一八九一年）という内省的な作品を発表したバレスは、やがて伝統主義と国家主義に転じるが、その際に大きな影響を受けたのが、ほかならぬルナンだった。

ドレフュス事件を取り上げたバレスの文章をまとめた『ナショナリズムの舞台と教義』（一九〇二年）には、こんな記述が見られる。「なぜドレフュスが裏切ったのかを言ってもらう必要は私にはない。心理学において、彼が裏切りかねないことを知れば私には十分であり、裏切ったことを知れば私には十分である。〔…〕ドレフュスは裏切りかねない、私はそれを彼の人種から結論する」（Barrès 1902 (1987), pp. 111-112／二〇八頁）。ここで主張の荒唐無稽さ以上に注目すべきなのは、ユダヤ人が「人種」とされていることだろう。ルナンの言語学の成果は、無前提に認められる事実として、バレスに引き継がれている。実際、バレスの日記には、彼が思想上の師と仰ぐ人物から一八九九年に聞いた言葉が見られる。「ルナンの『セム諸語』を読む必要がある。彼は、この種に対する自分の軽蔑を立派に表明した。ユダヤ人は人間の種の下等な結合を表す、と彼は言った」（Barrès 1930, p. 119）。言葉の主は、ジュール・スーリー（一八四二―一九一五年）と言う(8)。ドレフュス事件の渦中で過激な反ユダヤの論調を張ったスーリーは、『ナショナリズム運動 一八九九―一九〇一年』（一九〇二年）に「ところで、私はどうして聖書の注解とヘブライ語について書くことができるようになったのか。私はこれらの重要な研究の手ほどきをルナン自身

バレス

から受けたのだ」(Soury 1902, p. 26) と記しているとおり、ヘブライ語研究で高く評価され、一時はルナンの後継者とまで目された人物だった。

しかし、一八九九年二月にドレフュス派のエミール・フランソワ・ルーベ（在任一八九九―一九〇六年）が大統領に選ばれ、同年八月にレンヌで再審が始まった頃から、スーリーは反ドレフュス派の理論的支柱の役割を果たすようになる。一八九六年五月三日にスーリーと会ったバレスは、彼が口にした言葉を日記に記録している。

> 私はどこから来て、どこに行くのか。それは決して分からないだろう。ほんのわずかな光すら手にすることはない。私が存在する。それが私の知っているすべてだ。だが、自己とは何か。〔…〕ドイツ人は、私が考える〔je pense〕ではなく、それが私の中で考える〔il pense en moi〕と言う。(Barrès 1929, pp. 72-73)

「それが私の中で考える」がドイツ語の „Es denkt in mir“ の翻訳であることは言うまでもない。スーリーからこの表現を教えられたバレスは、翌一八九七年に出版された代表作『根こぎにされた人々』に、こんな一節を記すことになる。

> 知性というのは、私たちの表面にあって、何と取るに足らないものか！「私が考える

〔je pense〕」ではなく「それが私の中で考える〔il pense en moi〕」と言うドイツ人がいる。私たちは根底的に感情の生き物なのだ。(Barrès 1897 (1994), p. 660/(下)三九三―三九四頁)

バレスは「それが私の中で考える」という表現をスーリーから借用した上で、「感情が私の知性の中で考える」と読み替えている。意志によっては統御できない感情に依拠する「人種」としてのエスが考え、その結果として各人の行動が現れる。だから、いくら知性を駆使しても、意志で行動を統御することはできない。つまり、ドレフュスの行動を生み出したのは「人間の種の下等な結合」であるユダヤ人というエスであり、そうである以上、ドレフュスの意志がどうあれ、有罪であることは間違いない――これはニーチェが批判したハルトマンの「世界過程への人格の完全な帰依」の論理以外の何ものでもない。「歴史病」に冒されたスーリーとバレスは「時流にかなった教養の屑ども」の典型のようなものだ。

思えば、彼らに影響を与えたルナンは、ニーチェが罵倒したダーフィト・シュトラウスと同じ表題の著作『イエスの生涯』(一八六三年)を著し、シュトラウス本人と親交をもっていた。ルナンの言語学が仮構した科学的に証明される正統な起源への遡行を保証する歴史とは、「歴史病」を発症させる下地をなし、ついには「世界過程への人格の完全な帰依」を自発的に受け入れる人々を生み出す近代的国民国家の産物だった。

バレスが見たエスの背景に、もう一人の人物が浮かび上がるのは、その時である。一八九二年に、バレスはこう記している。「自己は大いに広がれば無意識と溶け合うだろう。そこに消滅するのではなく、人類の、普遍的生の無尽蔵な力で大きくなるだろう。そうして書かれたのが愛の理論である三冊目の『ベレニスの園』で、ショーペンハウアーに反対して騒ぎ立てて、私たちの十八世紀の精神を彼の中に認められなかったフランスの製作者たちは、ここでハルトマンが実践されているのが分かれば、自分の進展を変えられるだろう」（Barrès 1892 (1994), p. 21)。

一八七七年にフランス語訳が刊行されたハルトマンの『無意識の哲学』を手にしたバレス(9)は、すでに「自我崇拝」三部作で「台無しにされたショーペンハウアー」の論理を取り入れていた。その恰好の適用例となったのがドレフュス事件であり、スーリーに教えられた「それが私の中で考える」という表現は、そこでハルトマンと交錯した。

ならば、「ドイツ人は、私が考えるではなく、それが私の中で考えると言う」と口にしたとき、スーリーはその「ドイツ人」として誰を想定していたのか。つまり、スーリーはこのドイツ語の表現をどこで知ったのか。

スーリー、そしてエクスナー

その答えは、レンヌでの再審が有罪判決で終わったあと、大統領令による特赦という政治的措置がとられた一八九九年にスーリーが刊行した大著『中枢神経系』に記されている。

> 私が考える、私が感じる〔Je pense, Je sens〕（ich denke, ich fühle）という表現は、自分を表現するための優れた方法ではない。真実であると同時に深遠な指摘を行ったエクスナーに従って、それが私の中で考える〔Il pense en moi〕（es denkt in mir）、それが私の中で感じる〔Il sent en moi〕（es fühlt in mir）と言わなければならないだろう。〔…〕いずれにせよ、私たちは自分の感情や行動ほどには自分の思考を支配していない。（Soury 1899, p. 1073）

ジークムント・エクスナー（一八四六―一九二六年）は、フロイトが所属したブリュッケの研究室で助手を務め、一八九一年にはそのあとを継いだ生理学者である。フロイトは『失語症の理解に向けて』（一八九一年）の中で彼の名を挙げて刺激を受けたことを述べたほか（Freud 1891 (1992), S. 110, Anm. 2／八二頁）、一九〇一年には大学での昇進を後押ししてもらえるよう相談し[10]、自伝的著作『みずからを語る』を改訂した際には「私が尊敬し、手本にできる人」（Freud 1925 (1991), S. 35／六七頁）に加えている（Freud 1935 (1987), S. 764／一三五頁）。

そのエクスナーの著作の中にスーリーは「それが私の中で考える」という表現を見つけた

と言う。それが一八八九年の論文「一般的な推論の誤りについて」である。スーリーは個所を示していないが、この論文には次のような一節が見出される。

> 次の疑問は、もっともである。なぜ私たちは十分な時間を割いて熟慮しても、自分の思考を好き勝手な方向に誘導して誤りに導きかねない自由さで考えるのか。
>
> これに対する答えは、その思考の自由は必ずしも私たちがふつうに思い描くほど単純ではない、というものである。私たちは、この点により詳しく関わり合うことはせず、「私が考える〔ich denke〕」、「私が感じる〔ich fühle〕」という表現は私にはよりよいとは思えない、という点だけを強調しておきたい。私たちの心的生の通常の状態にとっては、「それが私の中で考える〔es denkt in mir〕」、「それが私の中で感じる〔es fühlt in mir〕」と言われねばならない。私たちは必ずしも自分の連合の絶対的な主人ではないし、そもそも自分の感覚の主人であることはほとんどない。（Exner 1889, S. 109）

エクスナー

人間は「必ずしも自分の連合の絶対的な主人ではない」。その表現としてエクスナーは「それが私の中で考える」を掲げた。[11] 同様の記述は、五年後の『心的現象の生理学的説明への構想』（一八九四年）にも見られる。

興奮状態は現にある類似性に従って第二の興奮過程を生み、その経過に私たちが任意に決定的な影響を及ぼすのを常とするようなことがないまま先に進む。同様に、多くの表象が一方では快の、他方では不快の感覚に結びつけられるが、私たちはこの結びつきには無力である。「私が考える〔ich denke〕」という表現の代わりに「それが私の中で考える〔es denkt in mir〕」という表現を許していたら、私たちの言語はよりよく真相を顧慮していたところなのだが。（Exner 1894（1999）, S. 331-332）

連合に影響を及ぼして抑圧や抵抗を行うのは、無意識としての「それ（エス）」以外ではない――フロイトが無視したノア・エリーゼル・ポーリレスの記事の後半部で主張された見解が、すでにここに見られる。この一八九四年の著作は、翌年刊行の『ヒステリー研究』でブロイアーが言及しているように（Breuer 1895（1987）, S. 252, 254／二四五、二四七頁ほか）、フロイトも知っていたものだろう。むろん、エクスナーはスーリーやバレスのようにエスを「人種」に読み替えたりはしないが、そんな読み替えを許す論理を彼は用意してしまっている。

ゾラが告発文を発表した翌月にあたる一八九八年二月九日、フロイトはフリース宛の手紙で「ゾラは私たちに息つく暇を与えません。勇敢なやつだし、話の通じる人です」(Freud 1986 (1999), S. 326／三二六頁) と記し、レンヌでの再審が有罪判決で終わった直後の翌年九月十一日には「フランスでの結末も、私を悲しませ、不快にさせました」(Ebd., S. 408／三九六頁) と吐露している。

たぶんフロイトはスーリーを知らなかっただろう。しかし、ハルトマンからグロデックに流れ込む第二の「エスの系譜」は、その途上で反ドレフュス派による「人種」という名の下での「自然の物質化」を経ていた。そこで利用されたエクスナーは、ブリュッケのあとを継いだことが示しているように、「自然の物質化」を行うヘルムホルツ派の影響下にあった。だからこそ、「自然の精神化」と「自然の物質化」のあわいに道を拓いたマッハは『感覚の分析』でエクスナーを名指し、「中枢器官の神経結合の研究と興奮の量的段階づけの顧慮だけ」で心理現象を解明できる、とする彼の姿勢に苦言を呈したのだ (Mach 1886 (1922), S. 301／三〇一頁)。

にもかかわらず、と言うべきだろう、スーリーは先に見たエクスナーに言及する一節に注を付し、リヒテンベルクの「稲妻が走ると言うのと同じように、それが考えると言わなければならない」という一文をドイツ語のまま引用している (Soury 1899, p. 1073, n. 1)。そうして換骨奪胎されたリヒテンベルクは、三年後の一九〇二年には、こんなふうに言及されることになる。[12]

> 生理学者エクスナーが、哲学者リヒテンベルクを受けて「それが私の中で考える〔Es denkt in mir〕」という文における不定代名詞「それ〔il〕」で示している、このいわば非人称であるもう一つの自己から見ると、意識的な自己とは何か。私たちの感情と思考の本性を決定し、資質を運命づけるのは、「私が考える〔Je pense〕」にとっては未知である、この「それが考える〔Il pense〕」である。(Soury 1902, p. 60)

エスは「私たちの感情と思考の本性を決定し、資質を運命づける」ものとみなされ、やがて「人種」と同一視される。そうして、ついにバレスがこう書くとき、そこにはもう第一の「エスの系譜」は影も形もない。「祖先たちが考え、私たちの中で語る。子孫たちの系列全体は、同じ一つの存在しかなさない」(Barrès 1902 (1987), p. 18／一三頁)。むろん、こんな論理は馬鹿げている。だが、そんな論理をひねり出させる源にあったものを考えれば、馬鹿げている、という一言でそれを切り捨てられないことに気づくだろう。

ユダヤ人とは誰なのか

スーリーやバレスは、ドレフュスがスパイであることを確信していた。だが、ドレフュスはユダヤ人であると同時に紛れもないフランス人でもある以上、その確信は「反フランス的なもの」として現れうるユダヤ人がフランス人の内部にいることを告げてくる。それは「自由・平等・友愛」に依拠するフランス人の根拠を否定するだろう。それゆえ、ドレフュス派は、フランス人がフランス人であるために、みずからの意志で選んだ国家の過ちを是正させようとしたが、反ドレフュス派は、フランス人がフランス人であるために、ユダヤ人をフランス人から排除しようとした。

そうであればこそ、先に見た「ドレフュスは裏切りかねない、私はそれを彼の人種から結論する」という一文の直後に、バレスはこう書くのを忘れなかった。「ドレフュスは裏切り者ではない、と言っている人々に関して言えば、大切なのは分かり合うことだ。よろしい！彼らは正しいのだ。ドレフュスは私たちの国民に属さない。そうである以上、どうやって彼は私たち国民を裏切るのだろうか」(Barrès 1902 (1987), p. 112／二〇八頁)。「裏切り」が同胞に対してなされるものなら、「私たちの国民に属さない」ユダヤ人がフランス人を裏切ることは定義上ありえず、したがってドレフュスの行為はフランス人の外部の敵による陰謀でしかない(13)――こんな詭弁を弄してまで、反ドレフュス派はドレフュス派と同様にフランス人を擁護した。

ここでルナンの二面性は交錯し、『国民とは何か』の一節がもつ意味は悟られるだろう。「忘却、そして歴史的誤りとさえ私は言うでしょうが、それが国民の創造の本質的要因であり、かくして歴史研究の進歩は概して国民性にとって危険です。実際、歴史探究は、あらゆる政治組織、その影響がきわめて有益だった政治組織でさえ、その起源で起きた暴力的な出来事を再び明るみに出します。統一は常に乱暴に行われるものです」(Renan 1882 (1997), pp. 13-14／四七頁)。国民の本質をなす過去の記憶の共有には「忘却」が含まれている。では、ルナンにとって、そしてスーリーやバレスにとって、何が忘却されなければならなかったのか。

第一条に「万人は生まれつき自由で、法の下で平等であること」を定めた人権宣言が一七八九年八月に採択されたとき、フランスには多くのユダヤ人が暮らしていた。居住地や職業選択の制限、不平等な人頭税などの差別からユダヤ人を初めて解放したのがフランス革命だったことは間違いない。しかし、そのわずか十数年後、なぜ過去に例のない一元的なユダヤ教徒組織「長老会」が成立したのかを考えれば、革命が何をもたらしたのかが明らかになるだろう。

ユダヤ人の解放が実現されるには、ユダヤ教の戒律に従う共同体の解体が必要だった。困難な二者択一を突きつけられたユダヤ人は、一八〇六年八月にイェルサレムで行われた最高法院で、ユダヤ教徒がフランスを祖国と認め、それに奉仕するのは宗教的義務であることを定め、ユダヤ人の兵役義務を明言する、という決断を下した[14]。そうして長老会はフランス国家がユダヤ人を国民として受容するための受け皿の役割を果たすことになる。

フランス革命において、フランス人はみずからがフランス人であることを宣言した。それは「フランス人はフランス人である」という「事行」として革命が機能したということである。「A＝A」を「A」自体とする事行は「考える私」と「考えられる私」を一挙に成立させる。しかし、その一方でフィヒテは「自我（A）」が定立される時には「非‐我（非A）」も同時に反立される、と述べた（Fichte 1794（1984), S. 24／(上)一二五頁）。事行は「A＝A」としての「A」を定立すると同時に、その「A」の内部に「非A」を反立しもする。だが、フィヒテは「自我も非‐我も可分的に定立される」（Ebd., S. 29／(上)一三二頁）と記した。「非A」の反立が「A」の排除を意味するなら、そもそも「非A」は成立しない。だから、「A」が自身を定立することと「非A」を自身のうちに反立することは同じ出来事でなければならない。「可分的に定立される」というのは、そういう意味である。

この「A＝A」であると同時に「非A＝A」であることがすなわち「A」である、という説明を、「フランス人はフランス人である」と同時に「ユダヤ人はフランス人である」ことがすなわちフランス人である、と読み替えれば、国民がみずからの意志で「国民」であることを選択する近代的国民国家の困難が現れてくるだろう。

確かに、ルナンが指摘したとおり、国家の成立には暴力がともなうが、近代的国民国家では、その暴力をこうむった者が国家の内部にとどまり続ける。その帰結は、ユダヤ人にとって「フランス人に同化すること」と「ユダヤ人であり続けること」が同義になる、という逆説として現れたが、その一方でフランス人は、みずからの内部に見出された非フランス人としてのユダヤ人がフランス人であるという逆説だけでなく、その逆説を生み出したのはフランス人自身であり、しかもそれはフランス人をフランス人たらしめる「自由」という原理の必然的な結果であるという、あまりに皮肉な事実に直面した。その事実こそ「忘却」されなければならなかったものだろう。

それを忘却するために、バレスやスーリーは、みずからが内部に生み出したものを外部に排除する。その結果、エスは複数化された――フランス人にはフランス人のエスがあり、ユダヤ人にはユダヤ人のエスがある、というように。

大統領令による特赦を経たドレフュス事件は、七年後の一九〇六年七月、破棄院による無罪宣告で完全に終結する。ドレフュスは軍籍に戻って少佐に昇進したが、それで何かが解決されたわけではない。決して複数ではありえないエスは残り続け、そのことを語ろうとする者は、また複数化を行うだろう。

ナチスの躍進ぶりを前にした晩年のグロデックは、アドルフ・ヒトラー(一八八九―一九四五年)に「民族の身体の治療」を施す人類の医師の姿を見たと考え、一九三三年には自身のサナトリウムにナチスの党員を招待している(15)。五年後にはオーストリアに侵攻して国際精神分析出版社を接収し、フロイトの自宅を家宅捜索して亡命にまで追い込むことになるナチスは、ユダヤ人の「排除」どころか「絶滅」を目指して突き進んでいた。そんな現実を出現させる論理を編み出したのが第二の「エスの系譜」なら、確かにグロデックはその系譜に立つ者である。

遺伝する「エスの経験」

エスを何ものにもすり替えず、それ自体として語ること。その夢は破れる宿命にある。それは、ランボーが示したように、人間が言葉を語ることとひきかえに手にした宿命だが、かといって語ることを放棄しても、「自然の物質化」や「自然の精神化」を行う者がいなくなるわけではない。「自然の物質化」から出現したナチスによって亡命を余儀なくされたユダヤ人フロイトがグロデックを退けたのは、その現実を予期した抵抗のようにも見える。

だが、その抵抗は誰でもないフロイト自身によって裏切られているのではないか――そんな疑問を禁じえなくなるのは、『自我とエス』に次のような一節を見つける時である。

自我の経験は遺産としては失われるように当初は見えるが、その経験は多くの世代で次々に続く個人において頻繁かつ十分な強さで繰り返されると、いわばエスの経験に変わり、その印象が遺伝によって記録される。それゆえ、遺伝的なエスはみずからの中に数えきれないほど多くの自我‐存在の残渣を宿し、自我がエスから自分の超自我を得る時には、ことによると、より古い自我の形姿を再出現させ、復活させているだけかもし

れない。(Freud 1923 (1998), S. 267／三六頁)

「自我の経験」は複数の世代で反復されると「エスの経験」になって遺伝される——この主張は、先に見たバレスの言葉「祖先たちが考え、私たちの中で語る」を正当化しかねない。その危険に気づかなかったはずはないにもかかわらず、フロイトはこの主張を晩年に至るまで保持した。そこに潜む動機に近づく鍵が、この一節で示唆されている「超自我」にほかならない。

『自我とエス』で提示された「第二局所論」において、自我は知覚系を通して触れる現実を代表してエスに対峙し、快原理に従うエスの意志を現実原理と折り合いをつけながら行動に移していく、とされた。その一方でフロイトは、母に恋をして父に嫉妬する近親相姦の欲望をもち、それゆえに罰せられるのではないかと不安を抱く「エディプス・コンプレクス」を幼児期の普遍的な経験として想定した。これを克服すべく人間が手に入れた「より高尚な存在」が「自我理想」や「超自我」と呼ばれるものである(Ebd., S. 264／三三頁)。

自我に対して「父のようにふるまわなければならない」と同時に「父のようにふるまってはならない」というダブル・バインドを課す超自我は、エスから形成され、のちに良心や道徳意識の基礎をなして自我を監視するようになる、と言われる。だが、自我もまたエスから形成され、深層でエスと合流しているとされていたのを忘れてはならない。つまり、自我にとってのエスは内部でも外部でもあり、エスから形成される超自我も、自我にとっては内部でも外部でもある。フロイトが新たに提示したのは、内部と外部の区別が無効にされた、対立というもののない構造だったということだ。

むろん、その原因はエスの導入にある。『続・精神分析入門講義』で明言される精神分析の目的も、エスの奔流の前では何ほどでもないだろう。「精神分析の治療の目的は、自我を強化し、〔…〕その結果、自我がエスの新たな部分を自分のものにできるようにすることです。エスがあったところに自我が生まれなければなりません」(Freud 1933 (1996), S. 86／一〇四頁)。「エスがあったところ」を自我にしたところで、自我が深層で合流するエスに翻弄され、エスから力を得る超自我に脅かされることに変わりはない。結局、すべてはエスがあって初めて成り立っているのだ。

だが、フロイトは自我に失望しなかった。それは、自我をエスが生み出した幻想と断じたグロデックと対照をなしている。そのとき、こんな疑念を否定できるだろうか——決して成就することはないとしても、自我を超自我に一致させることこそがフロイトの夢であり、その夢に近づくために、彼は「自然の物質化」にも、さらには「自然の精神化」にも屈することなくエスを保持しようとしたのではないか、と。そうでなければ、先に見た一節で「自我がエスから自分の超自我を得る時には、ことによると、より古い自我の形姿を再出現させ、復活させているだけかもしれない」と言われていたように、なぜフロイトが「エスの経験」

の遺伝という科学的に証明できない想定をし、それに基づいて超自我の発生の説明に歴史を持ち込んだのかは理解できないのではないか、と。

そんな疑念を抱きながら振り返るとき、エディプス・コンプレクスの仮説を初めて提示したのが、あのヒッチュマンの論文と同じ一九一三年の『イマーゴ』で完結した『トーテムとタブー』だった、という事実は意味深く思える。

ダーウィンの『人間の由来』（一八七一年）や、ジェイムズ・フレイザー（一八五四―一九四一年）の『金枝篇』（一八九〇年）などを典拠にして精神分析の理論で人間集団の形成過程を説明するこの著作で注目されたのは「トーテム饗」の儀式である。ダーウィンの言う「原始群族（原始ホルド）」の時代に生じた出来事として、集団を支配する父の殺害と、その罪悪感ゆえの抑圧を指摘したフロイトは、そこにエディプス・コンプレクスと同型のメカニズムがあることに気づき、個人心理学と集団心理学をつなぐ架け橋を遠く歴史を遡ったところに見出したと考えた。

だが、その橋を完成させるには、導入しなければならない仮説がある。それが「エスの経験」の遺伝――進化論で「獲得形質の遺伝」と呼ばれる仮説にほかならない。原始集団で経験された父殺しと、それゆえに獲得された集団の心的構造は「エスの経験」となって遺伝され、現在の個人の心的形成にまで影響を及ぼしている。この仮説は十年後の『自我とエス』でも繰り返される。「ヒト科の動物の生物学と運命がエスの中にもたらして残したものは、理想形成を通して自我に受け継がれ、自我において個別に再体験される。自我理想は、その形成史の結果、諸個人の系統発生の獲得物、太古の遺産とのきわめて実り多い結びつきをもつ」(Freud 1923 (1998), S. 264-265／三三頁)。

この「自然の物質化」と見紛うばかりの仮説をフロイトが採用したのはなぜか――その問いに答えるには、まさに『トーテムとタブー』が刊行された一九一三年に決裂に至ったユングとの関係に目を向ける必要がある。

「世界霊」としてのエス

グロデックの『エスの本』の末尾近くには、こんな告白が現れる。

> 私は完全に人間だけ、個々の人間だけを相手にしていますし、死ぬまでそうするでしょうから、あたかも神なる自然の全体から引き離された、人間と呼ばれる個体があるかのようにふるまわなければなりません。〔…〕それが間違いであるのは知っていますが、それでも私は、あらゆる人間は明確な境界をもち、始まりと終わりをもつ固有のエスである、という想定を頑固に固持するでしょう。私がそのことを強調するのは、尊敬する友よ、あなたがすでに何度も私を唆《そそのか》して世界霊や汎神論や神なる自然についておしゃべりさせようと試みたからです。(Groddeck 1923 (1979), S. 235／三三六―三三七頁)

ゲーテに象徴される「神なる自然」としてのエス。それは人間以外の生物にも遍在するエスであり、グロデックが「優先権」を主張したエスだった。グロデックは、医師としてふるまう以上、自分は人間に見出されるエスだけを対象にするが、個体と呼ばれるものなど本当は幻想にすぎない、と言う。それは単一の普遍的原理のごとき「汎神論」的なエスの産物であり、個体が行い、語っているように見えることは、すべてエスが行い、語っている、と。

そんな本心をグロデックが吐露した一節で、エスが「世界霊」と結びつけられているのを見逃すことはできない。この語は、フィヒテからハルトマンに至る第二の「エスの系譜」を生んだ「自然の物質化」と対をなす「自然の精神化」を告げているからだ。近代科学の名の下にエスを「人種」と同一視することで個人の意志を無化した「自然の物質化」と光と影の関係をなすように、「自然の精神化」はまさにその近代科学にアンチテーゼを突きつけるべく、十九世紀に隆盛を見せた。やがてフロイトとユングを決裂させる原因となる「自然の精神化」は「心霊主義」と呼ばれる。

近代の心霊主義を振り返るとき、その始点に位置するのは、フランツ・アントン・メスメル（一七三四―一八一五年）である。ゲーテやリヒテンベルクと同じ時代を生きたメスメルは、ウィーン大学医学部で学位を取得して開業したが、一七七四年、鉄を含んだ薬を飲み、身体に磁石を貼った女性患者が数時間で全快するのを目にしたことで転機を迎える。ここから独自の仮説を立てたメスメルは、宇宙は「動物磁気」という流体に満たされ、人間を含めたあらゆる有機的組織がもつ力であるその流体の配置が乱れた状態が病気であり、磁石で流体の自然な干満のリズムを促進すれば健康状態は回復される、と主張した。

この説に基づく治療で有名になり、やがてパリで開業したメスメルのもとには数多くの患者が殺到する。個別に診察できなくなったメスメルは、側面にあいた二十個ほどの小穴に鉄棒が通された大きな丸い容器に「磁気化」された水やガラス、石、鉄を入れた「磁気桶」の周囲に患者を集めて鉄棒に患部をあてさせ、桶から伸びる紐で全員を結び合わせて動物磁気を通す装置を開発した。その治療で目にされたのが、痙攣発作を起こした患者が催眠状態に入っていく光景だった。つまり、メスメルは暗示にかかりやすい環境を作って催眠療法を行っていたわけである。

その技法を弟子のシャストゥネ・ド・ピュイゼギュール侯爵（一七五一―一八二五年）が自覚的に利用し始めると、催眠状態への関心が広まり、十九世紀前半にはフランスのみならず、プロイセンでもメスメリズムが大流行する。創始者から離れて発展するメスメリズムには、やがて心霊主義が持ち込まれ、催眠術は交霊術と渾然一体になっていくが、プロイセン王フリードリヒ・ヴィルヘルム二世（在位一七八六―九七年）が動物磁気に関心を寄せたのを機に、一八一六年にはベルリン大学に「メスメリズム」講座が設立されるに至った。[16]その初代教授に就任したカール・クリスティアン・ヴォルファルト（一七七八―一八三二年）の医院を訪れた者の中には、フィヒテの名も見られる。

ここで注意しなければならないのは、交霊術と一体になった催眠術が当時の精神医学と密接な関係にあったこと、そしてその発展の末に精神分析が出現したことだろう。実際、フロイトが留学先のパリで師事したシャルコーは、一八七八年に催眠術を取り入れて以来、サルペトリエール病院の公開診察で女性のヒステリー患者を催眠状態に導く即興を行っていた。催眠状態と「狂気」と呼ばれる状態は、ほとんど区別のないまま、治療とも見世物ともつかぬものの対象になっていたということだ。器質性疾患では説明できない現象は、個人の意志には制御できない何かによって「生きられている」状態として捉えられた。そこに「自然の精神化」に通じる道が開けていることは言うまでもない。

それを示しているのが、シャルコーと同じ時期にサルペトリエール病院に勤務して、麻薬が中枢神経系に与える影響について初めて体系的な研究を行ったジャック゠ジョゼフ・モローー（一八〇四—八四年）が残した記録である。「狂気の前兆についての覚え書き」（一八五二年）と題された論文で数多くの症例を挙げたモローは、一八四七年三月十五日にパリのテュイルリー宮殿に侵入しようとして逮捕され、彼のもとに連れてこられた男との質疑応答の様子を紹介している。そこに見られるのは、こんな対話である。

——六年ほど前のある晩、私はひざまずいて祈っていました。椅子の背で肘を支え、両手のあいだに頭をもたせて深い黙想に耽《ふけ》っていました。突然、何か異様なことが私の存在全体の中で起き、私はひどく取り乱しました。私はもう私ではないように思え、まだ私であることを確かめようとして、右手で左腕をつかみました。実際、確かに自分を認めたのですが、その時以来、霊が私の中にいること、私の中で行動しているのは霊であることを理解しました。

——それ以来、霊は他のやり方であなたに現れませんでしたか。

——はい、寝室を横切っていく青い炎の姿で、何度か目にしました。霊の声は一度も聞いたことがありません。それが私自身の中だけで私に語り、それが私の中で考え〔il pense en moi〕、そうして私は霊の考えや意志を理解するのです……。(Moreau 1852, pp. 193-194)

モロー

むろん、ここで言われる「それが私の中で考える」の「それ」は「霊」を指す代名詞である。しかし、重要なのは、リヒテンベルクに端を発する「それ（エス）」がメスメリズムを飲み込みながら「自然の精神化」を果たすとき、この対話に見られる「それ」が「エスの系譜」に取り込まれることであり、それを可能にする催眠術と交霊術の結託が一八四七年の時点ですでに見られることだろう。そのことは、近代科学の発展とは裏腹に、市民革命が成功せず、近代的国民国家が実現しない現実への苛立ちと結びついていたはずだ。そうして、「絶対的に近代的でなければならない」という課題を示していたリヒテンベルクのエスを「霊」のごときものにすり替えることで、「A＝A」は確固たる自己同一性を帯びた同一律であることを保証される。すなわち、物質の世界を統括する単一の絶対的な精神が個々の人間の精神を出来させる、という想定によって、支配者と被支配者の同一性が保証される。むろん、それは肉体と精神の同一性を保証することでもあった。

　そのすり替えを正当化するために利用されたのが「世界霊（Weltseele）」にほかならない。この概念は、プラトンの『ティマイオス』で初めて明確に語られたように、古代ギリシアまで遡る。「イデア」の世界と質料的世界を媒介する「世界霊（anima mundi）」は、のちのストア派や新プラトン主義に継承され、ルネサンス期の大流行を経て、近代まで流れ込んでいった。

　事実、シェリングが自然界を統括する最終原理を考察すべく一七九八年に公刊した『世界霊について』の序文には、こんな言葉が見られる。「その原理はあらゆるところにあるがゆえにどこにもなく、すべてであるがゆえに特定のものや個別のものではありえず、言語はまさにそれゆえにその真の名称をもたず、最古の哲学〔…〕はその理念を詩的表象でのみ私たちに伝えた」(Schelling 1798 (1965), S. 415／七四頁)。「すべて」である最終原理は、あらゆる「個別のもの」の究極の根拠をなす。だから、それは「あらゆるところにある」と同時に「どこにもない」と言わなければならないが、その矛盾した本質ゆえに、あの分裂を総合する原理になりうる。その原理は、言葉では表現できない。というより、言葉で表した途端、別の何かに変わってしまう。だからこそ、シェリングは書いた。古代の哲学者はそれを「詩的表象」として伝えた、それ以外に方法がなかったのだ、と。

もう明らかだろう。それこそが「ここには誰もいない、そして誰かがいる」と記したランボーの詩人が語るべき「客観的な詩」としてのエスなのだ。思えば「見者の手紙」には、詩人によって創造されるべき新たな言語について、こんなふうに述べる一節があった。「この言語は魂から魂に向かい、香り、音、色、すべてを凝縮して、思考を捕えたり引き出したりする思考でできているでしょう。詩人は世界霊〔âme universelle〕の中でしかるべき時に目覚める未知のものの量を明確にするでしょう」(Rimbaud 2009, p. 346／四三七頁)。

しかし、「主観的な詩」を語る者は、エスとしての「世界霊」を現実の中に見出そうとする。その端的な例が、一八〇六年十月十三日、イエーナの会戦でプロイセン軍を撃破した直後のナポレオンを見たヘーゲルがその感想を友人に宛てて書いた「私は皇帝が――世界霊[17]が――馬に乗って街を通り抜け、偵察に出ていくのを見ました」(*Briefe von und an Hegel*, S. 120／七四頁)という言葉だろう。この見方が心霊主義と結合したメスメリズムに合流するとき、「世界霊」は霊媒が交信してみせる「霊」と同一視されるようになる。

ジェイムズと心霊主義

メスメリズムは十九世紀半ばにはアメリカに伝播して、心霊主義の大流行を導いた。これが逆流してヨーロッパに伝わり、一八五〇年代以降は客間やサロンを会場にした交霊会サークルが次々に作られて学者や知識人を含めた多くの者が魅了された[18]。そこから心霊現象を科学的に解明しようとする動きが生まれ、一八八二年にはロンドンでフレデリック・ウィリアム・ヘンリー・マイヤーズ（一八四三―一九〇一年）を中心に心霊研究協会が設立される。この組織は三年後にはアメリカ心霊研究協会を創設することになるが、その中心を担ったのが、プラグマティズムの創始者とされる心理学者ウィリアム・ジェイムズ（一八四二―一九一〇年）だった。

神学者の父のもとに生まれ、小説家ヘンリー・ジェイムズ（一八四三―一九一六年）を弟にもつジェイムズは、ハーヴァード大学で化学と医学を修め、一八七三年からは母校の教壇に立った。そのジェイムズの名を高からしめたのが、ヨーロッパでも大きな反響を呼んだ著作『心理学原理』（一八九〇年）である。実験心理学の成果だけでなく、催眠術や心霊研究をも扱うこの大著の縮約版（一八九二年）には、こんな記述が見られる。

誰もが自分の内的経験に属すると認める第一の主要な具体的事実は、意識のようなものが進行しているという事実である。「精神の状態」がその人の中で次々と続いていく。私たちが英語で「雨が降る〔it rains〕」や「風が吹く〔it blows〕」と言うように「それが考える〔it thinks〕」と言うことができるなら、事実を最も簡単に、最小限の前提で言明することになるはずである。(James 1892 (2001), p. 19／(上)二一二頁)

説かれているのは、のちのジェイムズが論じる主観と客観の対立以前にある「純粋経験」の原型とも言える「意識の流れ」である。そこに心霊主義の気配は感じられないが、『心理学原理』の第九章で「あらゆる思考は、人称的意識の一部になる傾向をもつ」(James 1890 (2007), Vol. 1, p. 225) と言われた「意識の流れ」の人称性が、この一節ではほとんど否定されていることもまた確かだろう[19]。

ウィリアム・ジェイムズ

事実、ジェイムズは、十年あまりのちに発表した論文「「意識」は存在するか」(一九〇四年)で「常に現在という瞬間的な領域は、私が「純粋」経験と呼ぶものである。まだそれは実質的に、または潜在的にのみ対象または主体である。それは〔…〕純然たるあれである」(James 1904 (2009),

p. 8／三〇頁）と記し、右の一節で「それ（it）」と言われていたものを「あれ（that）」と呼んだ上で、概念や記憶や空想は「純粋経験のわずかな破片であり、それ自体としては、一方の文脈では対象として、他方の文脈では精神状態として現れる、ただ一つのあれである」（ibid., p. 6／二三頁）と主張している。ジェイムズの言う「それ」や「あれ」が肉体と精神の対立の前あるいは外にあるエスであることは明らかだろう。

『心理学原理』と「「意識」は存在するか」のあいだに位置する一九〇〇年八月には第四回国際心理学会がパリで開催され、ジェイムズもアメリカから参加している[20]。その第三部の全体会議でマイヤーズが演壇に立ち、知り合いの霊と交信する霊媒の事例を報告したように、『夢解釈』が公刊された一九〇〇年当時、交霊術の研究は心理学として公認されていた。死者との交信やテレパシーは可能か——霊の実在を認めるか否か、という二者択一を突きつけるその問いは、器質性疾患には還元されない心的領域があり、それが霊の実在を証すような現象をもたらすのではないか、という問いでもあった。それを示しているのが、同じ全体会議で行われた報告の一節である。

いわゆる交霊現象では、かなりの部分が閾値下想像力に帰着することを特に指摘したいと思います。私たちの夢と（私たちが交霊術の実践に没頭すると）肉体を離れたものとの見せかけの連絡を養う余地のあるたくさんの材料をはからずも絶えず感覚を通して私たちに記憶させる無意識的知覚の役割に関して、多くの資料が手にされています。同様に、潜在記憶の重要性も実によく知られており、そこには私たちの日常の自己に忘れられた多くの記憶があまりに驚嘆すべき仕方で保存されるので、もはや私たちはその記憶を識別せず、それが不意に甦る時には、原初の観念や彼岸からの真の伝言を見る気がするほどです。(Flournoy 1901 (1974), p. 107)

この報告を行ったのは、ジュネーヴ大学で教鞭を執っていた心理学者テオドール・フルールノワ（一八五四—一九二〇年）である。幼少期から幻視に悩まされ、一八九二年頃から霊媒の能力を発揮して交霊会を主催するようになったジュネーヴ在住の女性カトリーヌ＝エリーズ・ミュラー（一八六一—一九二九年）、通称エレーヌ・スミスを知って以来、フルールノワは、トランス状態でインドや火星を舞台にした物語を語り、学んだことのないサンスクリットに類似した「インド語」や、さらには「火星語」を語ってみせるエレーヌに魅了されて、観察を続けた。その成果は『夢解釈』と同じ一九〇〇年に『インドから火星へ』という著作にまとめられて話題を呼んだが、そのフルールノワは、この一節で交霊現象を「潜在記憶」がもつ「閾値下想像力」の産物とみなしている。潜在記憶の想定は肉体と精神の対立を回避し、その潜在記憶から素材を得て働く閾値下想像力の想定は霊の実在を不要にするだろう。それらが想定される心的領域を切り拓いていくのは、誰でもないフロイトである。

シャルコーのもとから戻った一八八六年のフロイトが開業して催眠術を試みたこと、医学界で嘲笑されてもなお一八八九年にはフランス北東部のナンシーに赴き、第一級の催眠術の使い手として知られていたアンブロワーズ＝オーギュスト・リエボー（一八二三―一九〇四年）とイポリット・ベルネーム（一八四〇―一九一九年）を訪ねたこと、そしてナンシーから戻った直後には、患者に初めて症状が現れた時の感情を催眠状態で再体験させる「催眠カタルシス療法」を採用し、その方法を確立したブロイアーと『ヒステリー研究』を刊行したこと――これらの事実は、精神分析が催眠術の延長線上に生まれたことを示唆している。[21]だが、心霊研究協会のフランス支部会員にリエボーとベルネームが名を連ねていることからも明らかなように、そこには精神分析と心霊主義の微妙な関係もまた見え隠れしている。

その意味で、精神分析と心霊主義のあいだに立っていたフルールノワがジェイムズの親友だった、というのは無視できない事実である。そして、そのフルールノワを自伝の中で「私の尊敬する、父親のような友人」（Jung 1962 (2005), S. 166／(1)二三四頁）と回想するほど敬愛したのが、ほかならぬユングだった。

バーゼル大学で医学を修めたユングは、一九〇〇年十二月、チューリヒ大学の精神科付属病院であるブルクヘルツリ病院の助手になった。当時の院長は、オイゲン・ブロイラー（一八五七―一九三九年）。これは師オーギュスト・フォレル（一八四八―一九三一年）のあとを継いでの職務だったが、そのフォレルが一八八六年にリエボーを訪ねているように、この病院の名を知らしめたのは催眠術を用いた治療法にほかならなかった[22]。

　そこに職を得たユングは、着任早々、刊行されたばかりの『夢解釈』を読んで他の医師に解説するようブロイラーから命じられる[23]。これが重要な出会いだったことは疑いないが、それを上回る衝撃をユングに与えたのが、同年に刊行されたフルールノワの『インドから火星へ』だった。すぐ著者本人にドイツ語訳を申し出たユングは、やがてジュネーヴにフルールノワを訪ねる。二人は親交を結び、二年後にユングの博士論文が出ると、フルールノワは賛辞に満ちた書評を書いた[24]。その論文『いわゆる心霊現象の心理と病理に向けて』（一九〇二年）は、女性の霊媒が交霊術の中で見せる症状を主題にしたものである。

ユングとの葛藤

　ユングが出版されたばかりの自著『診断学的連想研究』をフロイトに献本して、書簡のやり取りが始まるのは一九〇六年である。一年間の文通を経て面会したユングをフロイトはきわめて高く評価し、「精神分析界のプリンス」とさえ呼んだ。ユダヤ人の信奉者が多く、精神分析をユダヤ性に結びつける風潮に悩まされていたフロイトにとってドイツ系スイス人であるユングは貴重な存在だった、という事情はあるにせよ、以降も親密な書簡のやり取りを続け、一九一〇年に国際精神分析協会を創設した折にはウィーンの弟子たちの反撥を承知で初代会長に任命したユングにフロイトが寄せた評価と信頼を疑う理由はない。

ユング

だが、その蜜月の中にも二人を隔てる問題が伏在していた。それが心霊主義である。国際精神分析協会創設の年、フロイトはユングにこんなことを語っている。「わが親愛なるユングよ、決して性理論を捨てない、と私に約束してください。それは最も重要なことです。あなたも理解しているとおり、私たちはそのことから教義を、確固たる防波堤を作らなければなりません」(Jung 1962 (2005), S. 154-155／⑴一二七頁)。ユングは何に対する「防波堤」を作る必要があるのか、と尋ねた。フロイトの返答はこうだ。「「邪悪な泥の洪水——」、彼はここで一瞬躊躇してから付け加えた、「心霊主義に対してです」」(Ebd., S. 155／同頁)。精神分析を科学として確立しようとしていたフロイトが実証科学へのアンチテーゼでもある心霊主義を警戒したのは、当然と言えば当然である。

しかし、ユングはそうではなかった。「私の主要な課題は、性的なものの個人に関わる意義と生物学的機能を越えて、その霊的側面とヌミノース的意味を研究し、説明すること、それゆえフロイトが魅了されていたのに把握できなかったものを表現することだった」(Ebd., S. 172／⑴二四一頁)。実際、ユングは翌一九一一年から一二年にかけて大著『リビードーの変容と象徴』を発表するが、そこで分析されたのはアメリカの女子学生フランク・ミラーが白昼夢の中で思い浮かべた詩や戯曲であり、その記録を残したのはフルールノワだった。

　この書の四度目の改訂版にあたる『変容の象徴』（一九五二年）には、ミラーが見た夢幻境的な戯曲で中心的な役を演じる英雄チワントペルについて次のように述べる一節がある。「ミラー嬢はチワントペルによって、ヴァーグナーのジークフリートの姿で舞台に出る別の英雄を想起する。〔…〕ヴァルキューレであるブリュンヒルデが兄妹相姦に由来するジークフリートの誕生を助けることは知られている。ジークリンデは人間の母だが、ブリュンヒルデは象徴的な母、「霊的母」（母の像）の役割を演じる」（Jung 1952 (2001), S. 456-457／㊦一五三頁）。

　ジークフリートは、十三世紀初頭に成立し、ドイツ語で書かれた最初期の傑作とされる英雄叙事詩『ニーベルンゲンの歌』の主人公であり、リヒャルト・ヴァーグナー（一八一三—八三年）の全四夜に及ぶ楽劇『ニーベルングの指環』（一八七六年全曲初演）では、主神ヴォータンの息子ジークムントとその双子の妹ジークリンデのあいだの子とされている。ジークフリートが結婚するブリュンヒルデは、知の女神エルダとヴォータンのあいだに生まれたヴァルキューレ（戦乙女）で、ジークムント兄妹とは異母兄弟の関係になる。「ブリュンヒルデが兄妹相姦に由来するジークフリートの誕生を助ける」というのは、正妻フリッカに責められてジークムント殺害を誓わされたヴォータンが娘ブリュンヒルデに実行を命じたものの、兄妹の愛に感動したブリュンヒルデがジークムントを救い、その結果としてジークフリートが誕生したことを指している。

「霊的母」であるブリュンヒルデに助けられて「兄妹相姦」によって生まれたジークフリートの出自からユングが導いた結論は、次のようなものである。「ジークフリートが妹である妻から生まれたことは、〔…〕再生した太陽、老いた太陽神の再受肉という特徴を彼に与える」(Ebd., S. 457／同頁)。ここに姿を見せる「太陽神」こそ、十九世紀末以降のドイツでゲルマン民族の優越を説き、その拡大を目指した「汎ゲルマン主義」にとって「アーリア人種」を示す特権的な象徴だった。

事実、一八九〇年代以降、汎ゲルマン主義を掲げるドイツの民族主義運動には、ゲルマン民族の唯一にして真なる神として太陽を崇めて、太陽崇拝の儀式を行う秘教的集団が登場した(25)。その潮流の中で、一九〇八年には古代インドの太陽の象徴とされる「鉤十字」が描かれた旗が出現するが、それは反転させられた図柄でナチスの紋章に採用される。そうして一九三〇年には、古代ゲルマン民族が太陽をとどめておくことを祈って祝祭を行った夏至の日をナチスが国民の祝日に定めるだろう。

女子学生ミラーがトランス状態の中で生み出したチワントペルは、ユングによって太陽神としてのジークフリートと同一視された。そのジークフリートを主人公とする『ニーベルングの指環』を作曲し、バイエルン国王の支援を受けて建設されたバイロイト祝祭歌劇場で全曲初演を実現したヴァーグナーは、作曲中の一八五四年にショーペンハウアーの『意志と表象としての世界』を読んで影響を受けたことが知られている(26)。ヴァーグナーの死後、熱狂的な弟子たちによって創設された「バイロイト・サークル」ではヴァーグナーの作品を愛好するだけの者と、作品の哲学的および社会的な意義を理解する者が峻別されたように、ヴァーグナーとジークフリートは優越した「アーリア人種」だけが理解する「ドイツ的なもの」の象徴となった。

実際、ナチスは英雄ジークフリートのイメージを賞揚した。フリッツ・ラング（一八九〇―一九七六年）監督の映画『ニーベルンゲン』の第一部『ジークフリート』（一九二四年）は、ナチスの国民啓発宣伝省大臣として反ユダヤ主義を宣伝したヨーゼフ・パウル・ゲッベルス（一八九七―一九四五年）に絶賛されている(27)。そのゲッベルスと一九三三年七月に会見し、同年九月にナチスの思想に即したドイツ一般医学精神療法学会が創設された際には副会長の座についたのが、ほかならぬユングだった。その創設を受けてナチスに接収されたベルリン精神分析研究所がフロイトの創設したウィーン精神分析研究所に次ぐ組織だったことを考えても、ユングがナチスによる精神分析の排斥に加担したことは否定できない(28)。その源にあるヴァーグナー崇拝と汎ゲルマン主義の結託を助けたのが心霊主義だった以上、ユダヤ人フロイトが警戒を覚えたとしても不思議はないだろう。

ユングは、フロイトと初めて面会した一九〇七年、心霊主義への貢献を認められてアメリカ心霊研究協会の名誉会員に選出されている。その二年後にアメリカで講演を行ったフロイトとユングはジェイムズと面会したが、すれ違いに終わったフロイトとは異なり、ユングはこの三十歳以上年長の心理学者と意気投合して、心霊現象について語り合ったりした(29)。ところが、フロイトは一九一一年にロンドンの心霊研究協会の通信会員になり、一五年にはアメリカの同協会の名誉会員になっている(30)。二年前の一九一三年には、心霊主義が原因でユングとの訣別が訪れていたのに、である。

この事実にうかがえるフロイトの揺れは、ナチスが政権を奪取した一九三三年に公刊された『続・精神分析入門講義』に至っても、なお見て取ることができる。そこには、こんな一節があるのだ。「テレパシーの過程は、ある人の心の行為が別の人において同じ心の行為を惹起することにあるのだそうです。両者の心の行為のあいだにあるのは、ひょっとすると、心的なものが一方の端でそれに変換され、もう一方の端で再び同じ心的なものに変換される物理的な過程かもしれません」(Freud 1933 (1996), S. 59／七〇—七一頁)。

テレパシーの実在を認めているかに見えるこの一節で注目すべきは、二人の人物の「心の行為」を呼応させるテレパシーが実在するなら、そこには「物理的な過程」がある、と言われていることだろう。むろん、その過程は人格や人称には帰属しない。だとすれば、それは非人称のエスが語ることでなくて何だろうか。いかなる「私」にも還元されず、したがって決して個体の精神には還元されないエスが語ることは、だからこそ「物理的」と呼ばれる。ここでフロイトは「自然の精神化」を退け、心霊現象に「自然の物質化」を見ているようにすら思える。この一節に続いて次のように述べられるのを見れば、その疑念はいや増すばかりである。

これは個体間の意思疎通の起源的な太古の方法であり、それは系統発生的な発達の経過において、感覚器官で受容される記号を使った、より優れた伝達方法によって制限される、という推測に導かれます。しかし、その古い方法は背後に保存されていて、例えば激しく興奮した民衆においてもそうですが、ある条件の下では、まだ認められるのかもしれません。(Ebd., S. 59-60／七一頁)

「起源的な太古の方法」に基づく「エスが語る」に対置されるのは、「感覚器官」を用いた「より優れた伝達方法」による「私が語る」である。だが、その「起源的な太古の方法」は「系統発生的な発達」の中に位置づけられている。「系統発生」の語は、すでに見た『自我とエス』の一節を想起させるだろう。「自我の経験は遺産としては失われるように当初は見えるが、その経験は多くの世代で次々に続く個人において頻繁かつ十分な強さで繰り返されると、いわばエスの経験に変わり、その印象が遺伝によって記録される」。心霊現象に対する肯定的な姿勢。そして、その裏側にほの見える獲得形質の遺伝を是認する態度。そこにどんな危険が秘められているのかをフロイトが承知していないはずはなかった。

獲得形質の遺伝

ブルクヘルツリ病院の名を高からしめたフォレルは、進化論の信奉者でもあった。進化論を取り入れることでフォレルが目指したのは心身の一元論だが、それは二十世紀初頭のドイツに生じた潮流でもある。その象徴が一九〇六年に発足した「一元論同盟」(31)であり、フォレルがスイス支部長を務めたこの組織の創設に際して名誉会長に就任したのが、ドイツに進化論を普及させた立役者エルンスト・ヘッケル(一八三四—一九一九年)である。

ベルリン大学で医学を修めてイエーナ大学の私講師になったヘッケルは、一八六六年に大著『一般形態学』を刊行した。そこで企てられたのは自然淘汰以外の要因に基づく進化論であるが、そのときダーウィンに劣らず重視されたのが、『動物哲学』(一八〇九年)を残した最初期の進化論者で、獲得形質の遺伝を唱えたジャン・シュヴァリエ・ド・ラマルク(一七四四—一八二九年)だった。

生命は内在的な能力によって時間と環境に応じて成長と複雑化を遂げると考えたラマルクに従うなら、あらゆる動物は一つの連続的な「自然の階段」の中に位置づけられる。ラマルクの真意は、この「自然の階段」を形成する原理が生命には生得的にそなわっており、したがって「下等生物」から「高等生物」に向かう方向はその原理によって前もって決定されている、とする「前進的発達」の着想にあった(32)。

自然淘汰に依拠するかぎり、生物の進化は偶然の産物でしかない。しかし、十九世紀後半にヘッケルがラマルクを甦らせ、ダーウィンの進化論に忍び込ませたとき、生命の進化は前もって定められたものとなる(33)。その決定論的な一元論を信奉する者たちが汎ゲルマン主義に合流したのは、当時にあっては自然な成り行きだった。実際、一元論同盟は夏至と冬至に古代ゲルマン民族の太陽崇拝の祭典を行い、一九一〇年には機関誌『一元論』に太陽崇拝者の典礼式文と称する文章を掲載するなど、汎ゲルマン主義と太陽崇拝を吸収しながら、やがて人種的純血主義に傾いてナチス台頭の基盤をなすことになる。

その一元論同盟のメンバーがウィーン精神分析協会の前身である「心理学水曜会」に参加していた、という事実(34)は驚くべきものだろうか。しかし、あの「ウィーン・ドイツ学生読書会」でヘッケルの著作を知ったフロイトは、一九一七年にラマルクの『動物哲学』を読んで(35)以来、その影響をついぞ否定することがなかった。『一般形態学』でゲーテを進化論の先駆者とみなしたヘッケルが「自然の物質化」を行う第二の「エスの系譜」に属することは明らかだったはずなのに、である。

一方のユングは、ミラーの物語に見出された太陽神のごとき無意識の普遍的な層とされる「原型」を獲得形質の遺伝の産物と考えることはなかった。事実、「原型」概念にはハルトマンが引用したアドルフ・バスティアンの「原初思考（Elementargedanke）」という概念の影響が見られるが、バスティアンは進化論に反対してヘッケルと論争したことでも知られている。[36]

フロイトが傾きを見せる「自然の物質化」は、ヘッケルの進化論を通して反ユダヤ主義を正当化する役割を担い始めている。それはドレフュス事件の最中に生み出された論理に科学の装いを与えた。[37]だが、ユングが共鳴した心霊主義が行う「自然の精神化」もまた反ユダヤ主義を補強していたのは、すでに見たとおりである。つまり、「自然の物質化」と「自然の精神化」は、二つの極をなしながら、その実、手を携えていたのだ。ハルトマンに見られたその結託ゆえに、グロデックは一方で「世界霊」と同一視したエスについて、こんなふうに述べることもできた。「〔エスにとっては〕年齢の規定は働かない。というのも、受胎からばかりか祖先の時代から数えられるすべての経験された年齢段階の要素がエスの中にあるからだ。とはいえ、結局、私の考察にとって何より重要なのは、人間の意識がその中心的地位を失って無意識に譲り渡すことである」(Groddeck 1966, S. 50／二四三頁)。だとすれば、獲得形質の遺伝を支持するとともに、心霊現象を決して否定しなかったフロイトもまた「自然の物質化」と「自然の精神化」の結託に与していたということなのか。

シュタイナーとゲーテの出会い

太陽崇拝を媒介にしてヴァーグナー崇拝と汎ゲルマン主義を結合させた心霊主義は、一八七五年にはロシア人ヘレナ・ペトロヴナ・ブラヴァツキー（一八三一—九一年）を中心にしてニューヨークで設立された神智学協会を生む。神秘的直観や哲学的探究によって神と宇宙の直接的な認識を得られると主張した「神智学（Theosophy）」は、宇宙の根底に人知を超えた神霊があると考えた。その普遍的な原理が物質と精神の源泉であり、物質は循環運動を繰り返すことで精神に上昇する。したがって、複数の精神を隔てているのは発展段階の違いだけであり、各人は心的な力を開発することで発展段階を高め、神霊を目指していける、とされた。

以降、世界各地で発展する神智学協会のオーストリア支部がウィーンに創設されたのは、一八八七年である。その初代支部長に就任したのが、神秘思想家としてのみならず、文学者として、あるいは文化人のパトロンとして知られるフリードリヒ・エックシュタイン（一八六一―一九三九年）だった。(38) 作曲家アントン・ブルックナー（一八二四―九六年）の秘書を務めたこともある熱烈なヴァーグナー崇拝者として汎ゲルマン主義とヴァーグナー崇拝の結託を支えたエックシュタイン。彼はフロイトに協力した友人でもあった――ここにも見え隠れするフロイトと心霊主義のかすかな関係。その接点に立つエックシュタインからブラヴァツキーを紹介されたのが、ルドルフ・シュタイナー（一八六一―一九二五年）だった。

ハンガリーで生まれ育ったシュタイナーは、フロイトがウィーン大学に所属していた一八七九年、ウィーン工科大学に入学している。最初にウィーンを訪れた際、彼は哲学書を買い込んだが、最も惹かれたのがフィヒテだった。後年の自伝で「活動する自我があって、その活動に注視するとき、人は精神的なものをまったく直接的に意識の中にもつ、と私は想像した。今や、人はそのように注視するものを一目で見渡せる明快な概念で表現しさえすればよい、と私は思った。そこに至る道を見出すために、私はフィヒテの『知識学』に依拠した」(Steiner 1925 (1967), S. 51-52/(上)四一頁)と記しているとおり、「A＝A」が確かに同一律であることを保証する「精神的なもの」にいかにして到達するか、それがシュタイナーの問題だった。

数学や化学の講義に出席するかたわら、シュタイナーはウィーン大学で行われていたフランツ・ブレンターノ(一八三八—一九一七年)の公開講義に通っている。これは現象学の創始者エトムント・フッサール(一八五九—一九三八年)に影響を与え、フロイトが唯一聴講した哲学の講義でもあった[39]が、教師の思想が現実に触れていないと感じたシュタイナーは、精神的なものを現実として捉え、それが肉体を含めた物質的なものに現れているのを見ようとする。その課題を前進させる上で決定的だったのが、ウィーン工科大学の講義で触れたゲーテとの出会いである[40]。ゲーテの自然科学に関する論文に取り組んだシュタイナーは、世間で認められている科学では無機物しか理解できないことを悟り、有機物、わけても精神をもつ存在を説明する可能性がゲーテにあると感じた。

これが契機となって、シュタイナーは一八八二年にはヨーゼフ・キュルシュナー(一八五三—一九〇二年)の編集による『ドイツ国民文学叢書』の『ゲーテ自然科学論文集』(全五巻、一八八三―九七年）の編纂を任される。翌年に大学を中退したあとは不安定な生活を送ったが、生計を立てるために家庭教師をしたウィーンの財閥シュペヒト家の四人息子の母親パウリーネの友人がブロイアーだったこと、一八八九年にはエックシュタインとの出会いが訪れることなど、フロイトとの微妙な交錯が見て取られる。(41) そうして一八九〇年にヴァイマールのゲーテ＝シラー文書館で勤務し始めたシュタイナーは、一八九七年の著作『ゲーテの世界観』で、当時はまだゲーテの著作とみなされていた、あの「自然――断章」を引用して「ゲーテはこれらの文を書き記したとき、いかにして自然が人間を通してその理念的本質を表明するのかをまだ見通していなかった。しかし、彼はそれが人間の精神の中で鳴り響く自然の精神の声だと感じていた」（Steiner 1897 (1979), S. 51／五〇頁）と評し、次のように記している。

シュタイナー

人間は自分の内側でいかにして理念が生き、活動しているのかを感じるや否や、自分と自然を一つの全体とみなし、人間の内側に主観的なものとして現れるものは同時に客観的なものとみなされる。人間はよそ者として自然に相対することはもはやなく、自分は同じ全体と合一していると感じる。主観的なものは客観的になり、客観的なものには精神が完全にしみ通る。（Ebd., S. 55／五四頁）

ゲーテからさらに歩を進め、みずからの内に「理念」を感じ取ることで自然との合一に至って「主観的なもの」と「客観的なもの」を、ひいては精神と肉体を総合すること。その総合が「客観的なもの」に「精神が完全にしみ通る」という仕方でなされる以上、これは「自然の精神化」と言うほかはない。事実、学生時代に『一般形態学』を熟読し、ヴァイマール時代にはヘッケルと直接知り合いになったシュタイナーは、その進化論に反対し、後年の自伝に「ヘッケルが主張したような自然科学的な発達の順序は機械的あるいは単に有機的な法則が働いているものでは決してなく、生物を単純なものから複雑なものを経て人間に導くものとしての精神が私の前にはあった。私はダーウィニズムの中に、ゲーテの思考法に向かっているが、そこに達してはいない思考法を見て取った」（Steiner 1925 (1967), S. 403／(下)一三四頁）と記している。(42)

シュタイナーとハルトマン

その意味で、「自然の物質化」と「自然の精神化」をともに取り入れたハルトマンとシュタイナーが交流をもった、という事実は注目に値する。シュペヒト家で家庭教師をしていた時期に『無意識の哲学』を読んだシュタイナーは、その時の感想を「彼の『認識論』を研究したが、私の中には絶えず反論が生じた。真の現実は無意識的なものとして意識の経験の彼岸にあり、意識の経験は現実の非現実的で具体的な反映にほかならないという意見は、私にはひどく嫌だった。私はその意見に対抗して、意識の経験は心の生活の内的な強化によって真の現実に沈潜しうる、と考えた」(Steiner 1925 (1967), S. 108／(上)八二頁)と回想している。ゲーテを拠り所にして到達しようとしていた「精神的なもの」を到達不可能な「無意識」とするハルトマンは、彼には容認できなかったわけである。

その感想は、のちのヴァイマール時代にベルリンでハルトマンと面会する機会を得ても変わることはなかった。顔を覆うほどの髭をそなえ、膝の持病のため脚をソファーの上に伸ばして座っていたハルトマンは、哲学的な問題をめぐって文通を続けた末に対面した二十歳近く年下の若者に激しい批判を浴びせた。事物の本質は無意識の中にあり、人間の意識には隠されたままだ、と。まさに「それが私の中で考える」という第二の「エスの系譜」を示すこの主張に、シュタイナーは反論を試みる。人間が経験する表象は非現実的なものではなく、ハルトマンが「無意識」と呼ぶものも努力によって意識にのぼらせることができる、と。

ハルトマンは何と答えたか――「「それについて論争するのはいいかげんやめよう。表象の中に現実のものが何もないことは『表象』の語釈にもう含まれているじゃないか」。この返答を耳にしたとき、魂に寒気を感じた。「語釈」が人生観の真剣な出発点とは！〔…〕鉄道で旅を続けると、私にはそれでも非常に意味のあった訪問に思考や記憶が没入し、繰り返し魂に寒気を覚えた。それは私の中に長く影響を残すものだった」(Ebd., S. 155-156／(上)一一七頁)。

この「寒気」を克服すべく書き上げられたのが『自由の哲学』(一八九四年)である。その内容をシュタイナーは次のように回想している。「人間は感覚から自由なこの思考の中で生きることで、存在するものの精神的根源の中に自分がいることをも現実に意識する、ということも私は強く主張した。認識の限界に関する話は、私には無駄だった。私にとって、認識することとは、魂によって経験された精神内容を知覚される世界の中に再び見つけることだった」(Ebd., S. 162-163／(上)一二二頁)。重要なのは「魂によって経験された精神内容」であって、感覚を通して経験される物質や肉体はその現れでしかなく、感覚に翻弄されて行動するかぎり、行動しているのは精神的なものではない。だから、人間がみずから自由に行動するためには、ハルトマンなら「無意識」と呼ぶ精神に到達することが必要である――そう主張するシュタイナーにとっては、デカルトの言う「私が考える」も真理とはかけ離れて見えた。

実際、『自由の哲学』には次のような一節がある。「近代哲学の創始者レナトゥス・カルテシウス〔デカルト〕は、それほどに確固たる点を得たという感覚に促され、私が考える、ゆえに私はある〔Ich denke, also bin ich〕という命題に人間の知識全体の基礎を置こうとした。〔…〕彼に主張できたのは、私はまったく自分自身の活動である私の思考の中の世界内容の内で自分を理解する、ということだけである」(Steiner 1894 (1967), S. 46／五九―六〇頁)。「私が考える」は「世界内容(Weltinhalt)」の表れにすぎない。世界内容とは、デカルトがかいま見た、あの非人称の「思われること」に該当するものだろう。それは「私が考える」が現れて初めて事後的に見出される。「私」に先立って存在し、「私」が「生きられている」ようにさせるものでは決してない。

シュタイナーは『自由の哲学』が刊行されると、すぐハルトマンに献本した。しばらくして、余白に論評が書き込まれた本が返送されてくる。それを見たシュタイナーは、面会の折に味わった失望を再び感じた。自伝にはこうある。「彼はこの世界を本質的なものが感覚を通して魂に及ぼす効果とみなしていた。彼の意見によれば、この本質的なものは、魂が意識して包含する直観の領域には決して入れない。それは意識の彼岸にあり続けるに違いない。〔…〕私は自分の著作で、感覚世界の後ろに、未知のものがあるのではなく、感覚世界の中に、精神世界があるということを説明しようと努めた」(Steiner 1925 (1967), S. 244-245／(下)一三頁)。こうしてシュタイナーは、ハルトマンと訣別する。

振り返れば、『自由の哲学』刊行の翌年には、シュタイナーの知己でもあったブロイアーとともにフロイトが『ヒステリー研究』を出版している。そのフロイトとグロデックにとって因縁浅からぬニーチェは、シュタイナーにとっても重要な存在だった。一八八九年に初めてニーチェの著作を読んだ際、シュタイナーが手にしたのはほかでもない『善悪の彼岸』であり、一八九四年にはニーチェの妹エリーザベトの計らいで、すでに精神錯乱に陥っていたニーチェが横たわる部屋に通されてさえいる。

そのニーチェについて、後年のシュタイナーはこんなふうに記した。

> ニーチェは神話的形式での精神の直観から始めた。彼が経験した精神の姿がアポロンとディオニュソスだった。〔…〕だが、彼はそのような精神の姿を神話的に表象しただけだった。現実の精神的本質の直観には突き進まなかった。彼は精神神話から自然に突き進んだ。ニーチェの魂の中で、アポロンは自然科学の模範に従って物質的なものを表象するはずだった。ディオニュソスは自然の力のように作用するはずだった。しかし、そのときアポロンの美は翳《かげ》り、ディオニュソスの世界感情は自然の法則性によって麻痺させられた。
>
> ゲーテは自然の現実に精神を見出した。ニーチェは自分が生きていた自然の空間に精神神話を失った。
>
> 私はこの両者の対立のあいだに立っていた。（Ebd., S. 258-259／(下)二一四頁）

ニーチェが『悲劇の誕生』（一八七二年）で提示した見解によれば、デルポイの神託を司るアポロンは理性を表すのに対して、酒と狂乱の神であるディオニュソスは理性に反する衝動と情念を表す。つまり、それらは「理性」と「非理性」の対を示すものと一般には理解されている。その理解に従えば、ここでシュタイナーは、ゲーテは「理性」の中に「非理性」を見出したが、ニーチェは「非理性」を「理性」に解消した、と言っていることになる。だが、それで疑問を覚えないなら、二人の「あいだ」にいる、と書いたシュタイナーの真意は理解できないだろう。

ニーチェが一八八八年に記した断章には、こんな一節が見出される。「私が今まで理解して、生きてきたような哲学は、存在しているものの忌々しく邪悪な面の自発的な捜索でさえある。〔…〕それゆえに、その哲学が否の、否定の、否への意志のかたわらに立ったままでいると言われることはない。その哲学は、むしろ逆のこと――あるがままの世界に控除も例外も選別もなくディオニュソス的に然りを言うことまで突き抜けようとする。――それは永遠の循環を――同一の事態を、結節の同一の論理と非論理を欲する」(Nietzsche 1999d, 16 [32], S. 492／⑾三五九頁)。「論理」と「非論理」が同居する「あるがままの世界」に「然り」を言うディオニュソス。「論理」と「非論理」が対にならず、「理性」と「非理性」が対にならない〈非理性〉の領域。フロイトが「エス」と呼んだその領域こそ、シュタイナーが「世界内容」と呼ぶものである。シュタイナーはそんな領域に到達しようと試みたのだ。

むろん、「世界内容」は科学的に実在を証明できない。その実在を霊的経験によって保証するのが心霊主義の本質だとすれば、シュタイナーはこのとき間違いなく心霊主義に足を踏み入れている。だからこそ、エックシュタインの仲立ちで知り合ったブラヴァツキーに共感し、一九〇二年一月には神智学協会の会員になった上、同年十月に同協会のドイツ支部が創設された折には事務総長に就任すらしたのだろう。

ヘンリー・スティール・オルコット（一八三二—一九〇七年）を初代会長として設立された神智学協会は、その原則の中で「人種、肌の色、宗教、社会的地位などによるいっさいの差別なしで友愛関係を作ること」を謳っていた。[43]「世界内容」と呼ばれる非人称のエスには「人種」の区別はない。だから、オルコットの死去を受けて神智学協会の第二代会長に就任したアニー・ベサント（一八四七—一九三三年）がインドの少年ジドゥ・クリシュナムルティ（一八九五—一九八六年）をキリストが人間に受肉した者と認め、一九一一年には彼を救世主とする「東方の星教団」を設立したのは、シュタイナーにとって許し難い愚行だった。[44]それはエスを「私」と同一視し、「それが私の中で語る」という第二の「エスの系譜」の論理と同様に「キリストがクリシュナムルティの中で語る」と主張することにほかならない。一九一二年十二月十一日、ベサントに退任要求を突きつけたシュタイナーは、同月二十八日には神智学協会を脱会し、自身の理論を「人智学（Anthroposophie）」と名づけた上で、人智学協会を創設した。

シュタイナーのエス

翌一九一三年二月三日に人智学協会の第一回総会を開いたシュタイナーは、同年九月二十日にはスイスのバーゼル近郊に位置するドルナッハで協会の拠点となる建物としてゲーテから名をとった「ゲーテアヌム」の定礎式を行う。この年、グロデックは初めてフロイトの著作を手にし、ヒッチュマンは論文「ショーペンハウアー」を、そしてユングとの訣別を迎えたフロイトは『トーテムとタブー』を公刊していた。そんな年に再出発を果たしたシュタイナーは、同年に刊行した『霊界の境域』（一九一三年）で次のように書いている。

> 思考の中の生命を正しく実現するや否や、この感覚には別の感覚が対置される。世界事件に関わる思考が、お前をお前の魂とともに受け入れる。思考しながらこの世界事件の本質を自分の中で流れさせるとき、お前はその事件の中に生きる。〔…〕
> そのとき、この感覚から次の一歩はもう遠くない。その次の一歩のあと、魂は言う。私が考える〔ich denke〕だけでなく、それが私の中で考える〔es denkt in mir〕。世界生成が私に現れる。私の魂は世界が思考として具現する場所を提供するだけだ、と。
> (Steiner 1913 (1972), S. 99／一七頁)

「それが私の中で考える」――シュタイナーもまた、そう記した。それが「世界生成が私に現れる」と言い換えられている以上、ここでシュタイナーが「自然の精神化」を行う第二の「エスの系譜」に近づいていることは否定し難い。しかし、「それ」を「世界生成（Welten-werden）」と同一視したのは、シュタイナーが「語ならぬ語」である「エス」を語にせず、沈黙の言語を語ろうとした証ではないか。そうでなければ、なぜ彼がハルトマンと訣別し、神智学協会と袂《たもと》を分かったのか、その理由は分からなくなる。

ゲーテアヌムは一九二〇年九月二十六日に開館したが、わずか二年後の一九二二年に焼失する。これが凶兆だったかのように、のちに心霊主義を弾圧するナチスが台頭し、同じ一九二二年に行われた集会でナチスの暴力的妨害を受けて命の危険にさらされたシュタイナーはドイツでの講演活動を諦めざるをえなくなった。(45)『エスの本』と『自我とエス』が刊行される翌二三年にも毒を盛られ、一命はとりとめたものの体調を悪化させたシュタイナーは、さらに一年を経た一九二四年の講義で、こんなことを述べている。

今日では、人間が自分自身を振り返るとき、自分は思考、感覚、続いて行為になる意志の衝動の所有者だと自負します。とりわけ自分のことを、まさに「私が考える」、「私が感じる」、「私が意志する」と書くものです。しかし、私が今お話ししているこれらのさまよう人々〔アラビア主義、アジア文明とアリストテレス主義に影響を受けた、遅くとも十二世紀頃の文明の中で生きていた人々〕、これらの人格のもとでは、今日私たちが「私が考える」と言う際に固有の感覚はまだ「私が考える」にまるでともなっていませんでした。〔…〕古代文明の基層から出てきた彼らは、「私が考える〔ich denke〕」と考えたというよりは、むしろ「それが私の中で考える〔es denkt in mir〕」という感覚の中で、ずっと生きていたのです。(Steiner 1926 (1991), S. 16)

再び「それが私の中で考える」と口にしたとき、シュタイナーは「古代文明の基層から出てきた」者たちを見ていた。それはテレパシーを「起源的な太古の方法」と述べたフロイトを思い出させる。この一節の直後でシュタイナーが「「私たちは空気中の酸素を吸い込む」と私たちが言うように、確かにこれらの人々は「私たちは思考を吸い込む」ではなく、「私たちは思考を知覚する、私たちは思考を受け入れる」と言いました」(Ebd., S. 17) と言っているように、「思考」はデカルトがかいま見た「思われること」と同じように人称と無縁の次元で生まれ、人間の個体はそれを「受け入れる」と考えられている。このとき、「それが私の中で考える」の「私の中で」は、もはやほとんど意味を失っているだろう。

ヘッケルを、そしてハルトマンを退けたシュタイナーは、ゲーテとニーチェの「あいだ」で〈非理性〉としてのディオニュソスに殉じようとした。それは「自然の物質化」と「自然の精神化」のあわいに立ち続ける試みでもあった。直接の交渉はなかったものの、シュタイナーと交錯を見せたフロイトがユングを退けると同時に心霊主義を完全には退けなかった理由は、そこに浮かび上がっている。

「精神分析運動の歴史のために」の末尾をユングに対する辛辣な言葉で締めくくる際、フロイトはこんなことを記した。「私は最後に、ユングは精神分析の「修正」によって有名なリヒテンベルクのナイフと同等のものを納入した、と言いたい。彼は柄《つか》を変え、新しい刃をつけた。そこには同一の商標があしらわれているので、今でも私たちはこの道具を以前と同じものだと思ってしまう」(Freud 1914 (1991), S. 112/一一三―一一四頁)。ここで言われているのは、リヒテンベルクが考案したと自称する、刃も柄もないので危険がないとされるナイフ[46]のことである (Lichtenberg 1798 (1972), S. 452)。もちろん、そんなナイフは何の役にも立たない。というより、感覚で捉えられるものとしては存在しえない。にもかかわらず「柄を変え、新しい刃をつけた」ユングは、そんなナイフと「同等のもの」を精神分析から捏造した、とフロイトは言う。

そんな批判を別れの言葉としてユングにぶつけたフロイトの意図は明らかだ。ここで引き合いに出されているリヒテンベルクが見出したエスが語る沈黙の言語を語ること。「語ならぬ語」を「語」にすり替えることなく語り続けること。そのために必要だったのが「自然の物質化」とは似て非なる進化論であり、「自然の精神化」とは似て非なる心霊主義だった。

シュタイナーは右で見た講義の翌年にあたる一九二五年、折からの体調悪化に耐えかねたように死去する。だが、フロイトには、まだそこから十四年の時が残されていた。

注

（1）上山 一九八九（二〇一四）、一四九以下、二〇九頁以下参照。
（2）木田 二〇〇〇（二〇〇八）、一〇九—一一〇頁、木田 二〇〇二（二〇一四）、二九〇頁以下参照。
（3）上山 一九八九（二〇一四）、一五一頁参照。
（4）谷川 一九九七（二〇一五）、一九六頁以下参照。
（5）Cf. Olender 1989, p. 112／七七頁。
（6）Cf. Said 1978 (1979), p. 141／(上)三二四頁以下。
（7）有田 二〇〇二、一六六頁参照。
（8）以下、バレスとスーリーについての記述は、菅野 二〇〇二、一九八頁以下に拠る。
（9）熊谷 二〇〇九、八四頁参照。
（10）Cf. Gay 1988 (1998), p. 137／(1)一六一頁。
（11）Cf. Canguilhem 1980 (1993), p. 17.
（12）Cf. Sternhell 1978 (1997), p. 553.
（13）有田 一九九八、五六頁参照。
（14）以上の記述は、有田 二〇〇二、一五〇—一五一頁に拠る。
（15）以下の記述は、クナウプ 二〇〇八、二四頁以下に拠る。
（16）Cf. Ellenberger 1970, p. 77／(上)八九頁。
（17）ランボーと心霊主義については、Cf. Bonnefoy 1961, pp. 48-49／五四—五五頁、中地 一九九六、一四八、一五五頁。
（18）Cf. Noll 1994 (1997), p. 63／八八頁以下。

(19) この点については、伊藤 二〇〇九、六五頁参照。
(20) Cf. Ellenberger 1970, p. 780／(下)四二八頁以下。
(21) Cf. Castellan 1955 (1974), p. 29／三三頁。
(22) フォレルとブロイラーについては、上山 一九八九（二〇一四）、三三二頁以下参照。
(23) Cf. Gay 1988 (1998), p. 199／(1)三三四頁。
(24) Cf. Ellenberger 1970, p. 691／(下)三二五頁。
(25) Cf. Noll 1994 (1997), p. 80／一一三頁以下。
(26) 吉田 二〇〇五、九〇頁以下参照。
(27) 横山 一九九〇、二九一頁参照。
(28) 小俣 一九九七、七四頁以下参照。
(29) 上山 一九八九（二〇一四）、四三六頁以下参照。
(30) 上山 一九八九（二〇一四）、二九三頁参照。
(31) この組織については、Cf. Noll 1994 (1997), p. 49／七〇頁以下、上山 一九八九（二〇一四）、二六六頁以下、米本 一九八九、五二頁以下。
(32) 長野 一九七五（二〇〇二）、一四五頁参照。
(33) 長野 一九七五（二〇〇二）、二一四—二一五頁、上山 一九八九（二〇一四）、二六五頁以下参照。
(34) 上山 一九八九（二〇一四）、二三二頁参照。
(35) Cf. Ritvo 1990, p. 59／一〇一頁。
(36) 以上の記述は、上山 一九八九（二〇一四）、三九二以下、四〇三頁以下に拠る。
(37) Cf. Sternhell 1972 (1985), pp. 257-258.
(38) エックシュタインについては、Cf. Noll 1994 (1997), pp. 76-77／一〇七頁、上山 一九八九（二〇一四)、三〇二頁以下。

(39) Cf. Gay 1988 (1998), p. 29／(1)三四頁、Nitzschke 1998, S. 141.

(40) 以下の記述は、Shepherd 1954 (1987), p. 38／四九頁以下に拠る。

(41) 以上の記述は、西平 一九九九、六五頁以下に拠る。

(42) シュタイナーとゲーテ、ヘッケルの関係については、上山 一九八九（二〇一四)、二八二頁参照。

(43) 小杉 二〇〇〇、一〇二頁参照。

(44) この間の事情については、小杉 二〇〇〇、一三八頁以下参照。

(45) Cf. Shepherd 1954 (1987), p. 76／一〇一―一〇二頁。

(46) 種村 一九八三（一九八九)、二〇七―二〇八頁参照。

第四章　エスへの抵抗

カール・クラウス登場

ドレフュス事件の再審が始まり、ジュール・スーリーが『中枢神経系』を刊行した一八九九年の四月、ある雑誌がウィーンで創刊された。『炬火（*Die Fackel*）』と題され、一九一一年には個人誌となったその雑誌の主宰者は、カール・クラウス（一八七四―一九三六年）と言う。オーストリア＝ハンガリー二重帝国の小都市でユダヤ人商人の息子として生まれたクラウスは、一八九二年にウィーン大学に入学して以降、フロイトより三年早い死の年まで、フロイトが住むウィーンで生を送った。学生時代に始めたジャーナリズム活動に加え、アフォリズム、詩、さらには上演に七日かかると作者が豪語する戯曲『人類最期の日々』（一九二二年）を残したクラウスは、当時ウィーンで暮らす知識人にとって無視できない存在だったと言ってよい(1)。

創刊前年の一八九八年にユダヤ教と縁を切ったクラウスが『炬火』で発表した文章は権力や社会を標的とする諷刺的かつ論争的な性格のものであり、時には反ユダヤ感情さえ見られるが(2)、根底にあったのは人間の腐敗に対する憎悪だった。最盛期には三万人の読者を有し、フロイトも購読していたこの雑誌は(3)、一方で文学者に精神分析の理論を適用して何事かを語った気になっている者を非難し、やがてフロイト自身とも対立するようになる(4)。そのクラウスが、フロイトがグロデックから『エスの本』の草稿を受け取っていた時期に、ドイツ語の代名詞「es」について書いたのは偶然だろうか。

カール・クラウス

『自我とエス』に掲げられる「第二局所論」の図の原型をフロイトが描いたのは、一九二一年四月十七日付のグロデック宛書簡だった。その二ヵ月後の六月、『炬火』第五七二—五七六号でクラウスは「Es（主語の除去）」という文章を発表している。これは第五六一—五六七号で掲載された文章中の「なろうとしている夜（den Abend, der es werden will）」で「es」を使うのは間違いではないかと投書してきた読者に答えたものである。この文は、例えば「彼は画家になる（Er wird Maler）」を「彼がなろうとしている画家（der Maler, der er werden will）」という関係文にするのに倣って「夜になろうとしている（Es will Abend werden）」を関係文にしたものであって、„Der Abend, der werden will“と書けば済むのに、仮主語である「es」を真主語にしたせいで「何が夜になろうとしているのか」という無用な疑問を読者に抱かせる——そんな指摘を受けたクラウスは、次のような反応を見せる。

この例は、今日まで自分が察知できなかった不思議な言語の秘密の一つを前にしても、ひどく表面的な特性——「先置されたes」——との混同によってしか切り抜けることができない文法の立場をこの読者が完全に示しているので、とりわけ興味深い。〔…〕「夜になろうとしている」のような言い回しにおける「それ〔es〕」は「先置されたes」ではなく「真主語」であり、この聖書の言葉〔『新約聖書』「ルカによる福音書」第二四章第二九節〕を関係文にしたとき、私はそれまでこの点について疑念を抱いたことがなかった。
(Kraus 1921 (1987), S. 71／八八―八九頁)

仮主語だから不要ではないかと指摘された「es」は真主語であり、したがって絶対に必要である――それがクラウスの返答だった。だとすれば、この「それ（エス）」は何を指すのか。答えは直後に記されている。

「光になれ〔Es werde Licht（光あれ）〕」〔『旧約聖書』「創世記」第一章第三節〕の中の「それ〔es〕」は、はじめに言葉があった〔『新約聖書』「ヨハネによる福音書」第一章第一節〕のと同じくらい、本当に主語である。被造物の領域にある最も強い主語、あの光になったもの、あの昼になるもの、あの夜になろうとしているものである。〔…〕「それ」とは、混沌、天球、万有、最も偉大なもの、最も感受されるもので、そこから初めて生じるものより前に、すでに存在している。(Ebd., S. 73／九一―九二頁)

「混沌」、「天球」、「万有」……何と呼ぼうと同じことだ。「そこから初めて生じるもの」より前に、つまり万物より前に「すでに存在している」もの。したがって、あらゆる人称、精神、肉体の前あるいは外に見出されるもの。それがクラウスの言う「エス」である——思えば、クラウスもリヒテンベルクを愛読する一人だった[5]。

抵抗するローゼンツヴァイク

リヒテンベルクのエスは、第二の「エスの系譜」に取り込まれ、クラウスが出自をもつユダヤ人への迫害を正当化する論理に利用されていた。ユダヤ人にとってのエスは、自由を奪い、暴力を加えてくるものの名称になっている。もはや私の固有名はどうでもよい。「それが私の中で考える」では「私」という人称代名詞すらどうでもよい。一九二二年六月二十四日にはユダヤ人初の外務大臣ヴァルター・ラーテナウ（一八六七—一九二二年）が極右のテロ組織に暗殺され、『エスの本』と『自我とエス』が公刊される翌二三年は政権打倒を目指すヒトラーがミュンヘン一揆を起こすだろう。そんな不穏な空気が漂う中、ドイツに同化したユダヤ人の家庭に生まれ、哲学と歴史学を学んだ者が一冊の大著を発表したのは、右で見た文章をクラウスが発表した一九二一年のことだった。その者の名は、フランツ・ローゼンツヴァイク（一八八六—一九二九年）。その書物は『救済の星』と言う。

フライブルク大学で歴史家フリードリヒ・マイネッケ（一八六二—一九五四年）の指導を受け、一九一二年に博士論文『ヘーゲルと国家』を完成させたローゼンツヴァイクは、やが

ローゼンツヴァイク

て合理主義的な哲学に疑問を抱き、宗教に可能性を求めてキリスト教への改宗を決意した。そうしてユダヤ教と訣別するために参加したシナゴーグの集会で、逆にユダヤ教が生きた信仰だと悟り、ユダヤ人として生きることを選んだのがフロイトに幾多の転機が訪れる一九一三年だった[6]のも、また偶然の悪戯だろう。翌年にはヘルマン・コーヘン（一八四二―一九一八年）の講義に感銘を受けてユダヤ教研究に身を捧げる決心をしたローゼンツヴァイクは、第一次世界大戦の勃発を受けて軍隊に入る。そうして死と隣り合わせの塹壕の中で得た「新しい思考」の霊感に従って一気に書かれたのが『救済の星』だった。

この大著を貫いているのは、哲学は「独話（モノローグ）」を言語の本来的なあり方とみなした結果、生を抑圧し、根源的な経験である「死」を回避してきた、という批判である。旧来の哲学は、肉体と精神を区別し、肉体を軽視して精神の自由と不滅を唱えてきたが、現実に抱かれる「死の不安」にとっては肉体と精神の区別などどうでもよく、「私」だけが問題となる（Rosenzweig 1921 (1988), S. 3／三―四頁）。つまり、「私」は精神に還元されるものでも、精神と肉体を合わせたものでもない。では、「私」にとっての死とは何か。

たとえ人間が盲目の仮借なき死というこちらに向かってくる砲弾を前にして、虫のように裸の大地の褶曲の中に身を隠すとしても、そのとき人間がふだんは決して感じないこと、すなわち、自分の「私」は死ねば「それ」〔Es〕にすぎない、ということを強引に逃れようもなく感じるとしても、そしてそれゆえ人間がそんな想像を超えた破壊で自分を脅かすその仮借なきものに逆らって、まだ叫びにならない叫びをふりしぼり、自分の「私」を知らせるとしても――哲学はこれらすべての苦痛に空虚な微笑みを向け、自分の現世をめぐる不安の中で手足をがたがた震わせているその被造物に、伸ばした人差し指で彼岸を示す。（Ebd.／四頁）

「私」が「それ」になることへの不安、それこそが死の不安であり、旧来の哲学が見逃してきたその事実に目を向けることから「新しい思考」は始まる――ここで言われる「それ」が第二の「エスの系譜」の中で変貌を遂げたエスであることに疑問の余地はない。にもかかわらず、「古い思考」はその変貌に気づきもせず、「私」を「それ」のほうに容赦なく追いやっている。

その過酷な現実をこの時代に誰よりも知っていたのが、ユダヤ人だった。むろん、死んでしまえば、誰もが否応なく「それ」になる。だが、死なないうちから「それ」にされている者のいかに多いことか。「「君」は「君」であり続けるし、あり続けるべきだ。だが、隣人は

「君」にとって「彼」であり続けてはならず、それゆえ君の「君」にとってただの「それ」であり続けてはならない」(Ebd., S. 267／三六九頁)という言葉がはっきり示しているように、「私」が「私」であり、「君」が「君」であるために「新しい思考」は必要なのだ。その意味で、ローゼンツヴァイクがドイツ語の「es」を用いた表現を否定的に捉えたのは当然だった。

かなりの言語において「コウノトリがカエルを平らげた〔der Storch verschlang den Frosch〕」ではなくて、「コウノトリの側からカエルに関して平らげがあった〔es war Verschlingen von seiten des Storchs mit Bezug auf den Frosch〕」と言われる。それゆえ、私たちが例えば「私は夢を見た〔ich träumte〕」という能動態ではなく「それが雨を降らせる〔es regnet(雨が降る)〕」〔…〕、「それが私に夢を見させた〔es träumte mir(私は夢を見た)〕」で手にするような事象態が、運動が単純にその事実性において評価される形式として動詞に現れる。〔…〕「事象」の中では、運動それ自体は、まだ存在であり、いわば諸事物の中にある事物である。(Ebd., S. 144／一九七頁)

「es」を用いた表現は「能動態」ではなく「事象態」によって「運動」を「事物」に還元する。そのことはクラウスが例に挙げた「創世記」の文でも変わらない。「神が語る文において、すべての過去形のあいだに初めて現在形が、すべての停止した直説法のあいだに命令法という意外な出来事が現れる。「なれ〔es werde〕」と。にもかかわらず、この現在性とこの意外性は、まだ純粋な出来事の「それ」の形式に拘束されている」(Ebd., S. 171／二三二―二三三頁)。この呪縛を解くには、どうすればよいのか。

ローゼンツヴァイクの回答は、神が人間を創造する際に発した「人間を作ろう」という言葉だった(Ebd.／二三三頁)。この「……しよう(Lasset uns)」が、「それ」から「私」への、さらには「君」への移行を実現する。ローゼンツヴァイクにとって、この命令法こそが啓示の言葉であり、「それ(エス)」に抑圧されてきた真の主語である「私」と「君」を救済する鍵にほかならなかった。「すべてを包含する孤独で独話的な、あの人間の創造に際しての神の「……しよう」の中で先んじて鳴り響いていたもの、それが啓示の命令法の「私」と「君」の中で実現される。三人称の「彼‐彼女‐それ」は鳴りやんだ」(Ebd., S. 207／二八四頁)。

こうして第二の「エスの系譜」が変貌させたエスは、自由を阻害する暴力的なものの代名詞として、ユダヤ人から忌避される。それは『救済の星』から二年後の一九二三年に『自我とエス』を刊行したフロイトにとっても、そしてクラウスにとってもまた変わらなかったはずだ。同じ一九二三年一月の『炬火』で、クラウスはこんなエピグラムを書いている。

労　働

それは私の生のすべての日々を窮屈にし、
私を眠りへと押しやる、
たとえ私が逃れようとも。
中断なくそれが私の中で考え〔es denkt in mir〕、
私の心に浮かんだすべてが
壊滅的な力で私を損ねた。（Kraus 1923 (1984), S. 264）

アウシュヴィッツ=ビルケナウ強制収容所

ドイツ語の「労働（Arbeit）」は女性名詞である以上、ここに現れる「それ（es）」は「労働」を受ける代名詞ではない。にもかかわらず「私の中で考え」、「壊滅的な力で私を損ねた」と言われる「それ」は「労働」を表す。ローゼンツヴァイクが抵抗したこの「それ」がやがて姿を消して「労働」が残り、ナチスが建設した強制収容所の門に「働けば自由になる（Arbeit macht frei）」という標語が掲げられた現実は、もはや悪い冗談ですらない。

ブーバーの「君」とエス

『救済の星』刊行の前年にあたる一九二〇年十月十七日、ローゼンツヴァイクはユダヤ人教育の機関として「自由ユダヤ学院」を設立している。ユダヤ教やユダヤ文化に関する講義や研究会を行ったこの組織には、ユダヤ神秘主義の世界的権威であるゲルショム・ショーレム（一八九七―一九八二年）、ホッブズ研究で知られ、一九四九年以降はシカゴ大学で教鞭を執ったレオ・シュトラウス（一八九九―一九七三年）など、ドイツ生まれのユダヤ人が多く参加した。(7) その一人として名を連ね、一九三三年にはローゼンツヴァイクに代わって主任の地位を継いだのが、ウィーン生まれのユダヤ人であるマルティン・ブーバー（一八七八―一九六五年）だった。

ウィーン大学で哲学や美術史を学んだブーバーは、十八世紀中頃に東欧のユダヤ人に広まった神秘主義的なユダヤ教の一派であるハシディズムを研究しつつ、ユダヤ人のパレスチナ復帰を目指すシオニズム運動に参加する。一九一六年にはドイツ語圏のユダヤ人の指導的機関誌となる『ユダヤ人』を創刊して編集にあたった。政治的立場の違いを越えて協力関係を築いたローゼンツヴァイクとは共同で『旧約聖書』のドイツ語訳に取り組み、ローゼンツヴァイクが脳幹と延髄の運動神経に障害が生じる筋萎縮性側索硬化症――あの神経生理学者の名をとって「シャルコー病」とも呼ばれる病い――に倒れてからは、

ブーバー

単独で翻訳を行っている。そのブーバーの著作『我と汝』が刊行されたのもまた、『エスの本』と『自我とエス』と同じ一九二三年のことだった。

ローゼンツヴァイクが論文「新しい思考」（一九二五年）で「『救済の星』の最も重要な章で論述されているものに突き進んだ」（Rosenzweig 1925 (1984), S. 152／一九三頁）著作と評したように、『我と汝』は『救済の星』が提示した問いを明確に意識して書かれた。そのことは、この著作の冒頭を見れば明らかだ。

人間の態度は、人間が語りうる基礎語の二重性に従って二重である。基礎語は単一語ではなく、つがい語〔Wortpaare〕である。基礎語の一つは、つがい語「私－君」〔Ich-Du〕である。もう一つの基礎語は、つがい語「私－それ」〔Ich-Es〕である。（Buber 1923 (1995), S. 3／五頁）

ブーバーにおいても「君」は「それ」に対置され、「君」を「それ」に化さしめることが弾劾される。その趣旨を端的に示しているのが、次の一節である。「「君」と語る者は、何かを対象としてもたない。というのも、何かが存在するところには他の何かが存在しており、あらゆる「それ」は他の「それ」に隣接し、「それ」は他の「それ」に隣接することによってのみ存在しているからである」(Ebd., S. 4／七頁)。「それ」は「対象」として語られるが、「君」はそうではない。その理由は「隣接」するものがあるか否かにある。つまり、「それ」は対立の中にあるのに対して、「君」は対立の前あるいは外にある。それは「理性」と「非理性」の対立から隔絶した〈非理性〉を見出し、「私」と「他者」の対立から隔絶した詩人を見たニーチェ、ランボー、フロイトが連なる第一の「エスの系譜」に「君」を位置づけているということにほかならない。

そうしてブーバーは、主語と述語の対立を疑わないばかりか、それらのあいだに因果を見て憚《はばか》らない者を非難したニーチェに近づいていく⑧。「「それ」の世界では、因果関係が絶対的に支配している。感覚的に知覚可能なすべての「物質的」事象は、そして自己を経験することの中に見出されたり、発見されたりするすべての「心的」事象も、引き起こされるものと引き起こすものと不可避的にみなされる」(Ebd., S. 49／六八頁)。ここで際立つのは、第一の系譜のエスをブーバーが「君」として見出していることだろう。つまり、「それ」は第一の系譜と第二の系譜に重なっているのだ。

「「物質的」事象」を支配する因果律の解明は科学の発展をもたらしたが、その成果が毒ガスや戦車、戦闘機などの近代兵器でもあったことは、五年前に終結した世界大戦がはっきり示していた。にもかかわらず、「「それ」の世界」こそが世界だと信じて疑わない者は「「心的」事象」まで因果律で説明してみせる。そこに「自然の物質化」と「自然の精神化」の結

フロム

託が完成し、変貌を遂げたエスはユダヤ人に牙を剝いてくるだろう。だが、その暴力はナチスが消滅しても消え去るわけではない。

　事実、ベルリン精神分析研究所で精神分析の理論と実践の訓練を積み、そこで得た知見に基づいてナチズムの心理的メカニズムを解明する『自由からの逃走』（一九四一年）を書いたドイツ生まれのユダヤ人であるエーリヒ・フロム（一九〇〇―八〇年）は、一九五七年の講演で、なおもこう述べている。「精神科医と精神分析家が関わる問題、しかし私たち全員が関わるべき問題――私たちの隣人と私たち自身を理解すること――は、事物ではない人間を理解することである。そして、この理解の過程は、自然科学における認識が達成されるのと同じ方法では達成されえない。人間の認識は、私たち自身をその人間に関係づける過程の中でのみ可能である」（Fromm 1963 (2004), p. 152／一〇四―一〇五頁）。

　ここで言われている「事物」がローゼンツヴァイクやブーバーの言う「それ」に等しいことは、「事物ではない人間」は「自然科学」とは異なる方法、すなわち因果律に依拠しない方法でしか理解できない、と言われていることからも明らかだろう。フロムもまたローゼンツヴァイクが創設した自由ユダヤ学院に参加した一人である。そこで出会ったブーバー[9]からの影響で自覚した対人関係の重要性は、この一節の最後の一文にも表れている。

この個所の直後で「今日の倫理的要求」の第一として人間の「事物性」の克服を挙げたフロムは、それを「私たちの無関心と、他者からの、自然からの、そして私たち自身からの私たちの疎外を克服すること」と言い換えた（ibid., p. 153／一〇六頁）。ここに現れる「疎外」の語を見るとき、論文「新しい思考」でローゼンツヴァイクが「古い思考」を実行する者を「考える思想家」、「新しい思考」を実行する者を「言語思想家」と呼び、後者の本質である「語ること」は不特定ではない者に語り、その者のために思考することだと述べたあと（Rosenzweig 1925 (1984), S. 151-152／一九二頁）、こう記していたことに気づく。「この方法はフォイエルバッハによって最初に発見された」（Ebd., S. 152／一九三頁）と。ここで念頭に置かれているフォイエルバッハの著作は、先に見た論文「身体と魂、肉と精神の二元論に抗して」の三年前に刊行された『将来の哲学の根本命題』（一八四三年）だろう。[10]そうして、このフロムの講演に次のような一節を見出すとき、そこに第二の「エスの系譜」への抵抗を、それゆえローゼンツヴァイクやブーバーの言う「君」に第一の「エスの系譜」を見ずにいることは難しい。

子供は比較的あとになってから「私」という語を習得することが知られている。だが、その後、私たちの誰もが躊躇せずに「私が考える〔I think〕」、「私が感じる〔I feel〕」、

「私が行う〔I do〕」と言う。私たちは、自分が現実に言っていること——陳述の現実性——を考察するなら、それが正確ではないことが分かる。「それが私の中で考える〔It thinks in me〕」、「それが私の中で感じる〔It feels in me〕」と言うほうが、ずっと正しいだろう。(Fromm 1963 (2004), p. 151／一〇三頁)

「それが私の中で考える」を「私が考える」に変えるのはそう容易ではないという認識とともに、第二の系譜が生み出したエスにフロムは抵抗する。だからこそ、かつてその理論を学んだフロイトの言うエスも、フロムにとっては同断に見えたのだろう。死の前年に公刊された『フロイト思想の偉大さと限界』(一九七九年)には、こんな一節がある。「無教養な大衆を象徴する「エス」は、理性的なエリートである自我によって支配されねばならなかった。階級のない自由な社会がフロイトに想像できたなら、彼は人間の精神の普遍的範疇としての自我とエスを必要としなかったことだろう」(Fromm 1979 (1981), p. 136／一八三頁)。むろん、フロイトの自我とエスは「エリート」と「大衆」に重なるものではない。むしろ重要なのは、そんな見方をフロムにもたらした契機である。

「始源語」としてのエス

一九二六年以降、フロムはフランクフルトの精神分析サークルと密接な交流をもつようになった。その中心人物が、彼の学問上の師でもあったカール・ランダウアー（一八八七―一九四五年）である。

一九三〇年、ドイツ生まれのユダヤ人で、この年フランクフルト大学教授に就任したマックス・ホルクハイマー（一八九五―一九七三年）は、同大学に設置された社会研究所の所長となって、ヘルベルト・マルクーゼ（一八九八―一九七九年）、テオドール・アドルノ（一九〇三―六九年）、そしてヴァルター・ベンヤミン（一八九二―一九四〇年）など、のちに「フランクフルト学派」と称されるドイツ生まれのユダヤ人を集めていた。精神分析の併設研究所の設立が決まった際、ホルクハイマーはランダウアーに所長の任を委ねる。そうして師とともに研究所に参加したフロムがそこで出会い、フロイトに対する懐疑を植えつけられた人物が、ほかでもないグロデックだった[11]。

そのグロデックの『エスの本』には、こんな一節が見出される。「エスに対すると、あらゆる語と概念は揺らぎます。というのも、エスは、その本性に従って、あらゆる記号、それどころかあらゆる行為に象徴の系列全体を投入し、それに他の領域から観念をつけて連合させるため、理性にとって単純に見えるものがエスにとっては実に複雑になるからです。それ自体として境界を定められた概念はエスにとっては存在せず、象徴化と連合の圧力によって生じる概念の領域や複合体とともにエスは活動します」（Groddeck 1923 (1979), S. 62／六四―六五頁）。エスはすべてを「象徴化」し、すべてを「連合」させる。このとき想起されるのは、フロイトが『夢解釈』に加筆した注で言及していたノア・エリーゼル・ポーリレスの記事だろう。

「論理的な思考の規則」、とりわけ「矛盾律」と無縁だと言われた〈非理性〉のエスには因果律のように観念連合を制限するものはない。その意味で、フロイトもグロデックに反対はしないだろう。ところが、ポーリレスが指摘していたように、連合を生み、抑圧や抵抗を行うのは「無意識」だ、という結論を引き出したハルトマンを継ぐグロデックは、象徴化を行い、連合を行うエスの意志のごときものを想定した。『自我とエス』の末尾に「エスは自分が欲することを言えない。エスは統一のとれた意志を完成させたことがない」(Freud 1923 (1998), S. 289／六二頁)と書いたフロイトが、そこに悪しき「自然の精神化」を見て取ったことは間違いない。

エスが考え、エスが語る。それは意志をもつ主体の行為ではない。それゆえエスに沈黙を課しながら語ろうとし、それゆえグロデックを退けたフロイトは、第一の系譜と第二の系譜の対を「君」と「それ(エス)」の対として示したブーバーにも、そのブーバーに影響を受けてブーバーと同様のエスを見たフロムにも同意しないはずだ。こうしてユダヤ人のあいだに生じた亀裂をもたらしたのは何か。そう問うとき、先に見た一節でローゼンツヴァイクが「新しい思考」を実行する者を「言語思想家」と呼んでいたことの意味が浮かび上がる。

右に引いた『エスの本』の一節で、エスはすべてを象徴化し、すべてを連合させる、と言われていた。つまり、エスが語る言語とは、あらゆる語が他のあらゆる語を表す象徴のような言語だということである。そのとき、フロムが一九五一年に刊行した『忘却された言語』で、こんなことを記していたのに気づく。

象徴言語は、私たちが日中話している協定言語とは異なる論理、すなわち時間と空間ではなく強度と連合が支配的な範疇をなす論理をもつ言語である。〔…〕
この言語は現代人にはもう忘却されている。眠っている時にではなく、目覚めている時に。(Fromm 1951 (1957), p. 7／一三―一四頁)

「連合」に支配され、「目覚めている時」には「忘却されている」言語。それは、フロイトが夢に見出した言語でなくて何だろうか。実際、フロムは直後でこの忘却された言語を発見した功績をフロイトに帰しているが (ibid., p. 9／一五頁)、と同時に見逃せないのは、フロムが次のように言っていることだ。「普遍的象徴の言語は、人類によって発展させられた共通言語、人類が普遍的な協定言語を発達させることに成功する前に忘却した言語である」(ibid., p. 18／二四頁)。ここで言われる「協定言語 (conventional language)」とは、「ドイツ語」や「フランス語」と呼ばれ、他の言語と並置されうる言語だろう。そうした言語が現れた時にはすでに忘却されていたのが「象徴言語 (symbolic language)」であり、それは他と並置されえず、他に取って代わられることのない「共通言語」である。

フロムが示唆しているとおり、象徴言語は失われたわけではない。「私が語る」と表現できる出来事があるかぎり、その向こう側にはいつもすでにエスが語る沈黙の言語が見出されねばならず、したがって象徴言語が忘却されていなければ、ドイツ語を正統な言語と考えたり、語るのは「私」だと考えたりすることはできない。それは、ブーバーも気づいていたことである。「原始人はすでに始源の関係事件の中で基礎語「私－君」を衝動的に、いわば前形態的に、それゆえ自分を「私」として認識する以前に語るが、それに対して基礎語「私－それ」は一般にこの認識によって、「私」の分離によって初めて可能になる」(Buber 1923 (1995), S. 22／三二頁)。この一節を前にすれば、基礎語「私－それ」が協定言語に、基礎語「私－君」が象徴言語に属することは明らかだろう。だが、ここで問わなければならない——なぜ非人称のエスは「君」と呼ばれねばならないのか、と。

その理由は、ブーバーが記したこんな言葉を見れば、疑問の余地はない。「言葉は啓示の中に存在し、その形態の生命の中で働き、死に絶えた形態の支配の中で通用のものになる」(Ebd., S. 115／一五九頁)。「通用 (geltend)」の協定言語に対置される象徴言語とは、ブーバーにとって、最終的には啓示の言葉にほかならない。したがって、基礎語「私－君」の向こう側には、究極の「君」がある。「個別になったすべての「君」から永遠の「君」がかいま見られる。個別になったすべての「君」を通して基礎語は永遠の「君」に語りかける」

(Ebd., S. 71／九八頁)。この永遠の「君」が神を指すことは言うまでもないだろう。永遠の「君」が語るのでなければ、「私‐君」と「私‐それ」という基礎語もまた語られることはありえない。だからこそ、啓示の言葉は「基礎語(Grundwort)」よりさらに先行するという意味で「始源語(Urwort)」とも呼ばれる(Ebd., S. 22／三二頁)。

その始源語とは、いかなる言葉か。一九三三年の論文「聖書的ヒューマニズム」でブーバーが挙げたのは『旧約聖書』「創世記」第一章第三節の一節「神みずからが語った、すると〔光が〕あった(er selber sprach, und es ward)」だった(Buber 1933 (1964), S. 1091)——あらゆる人称、あらゆる精神、あらゆる肉体の前あるいは外に見出されるエスをクラウスが見た、あの言葉である。

ならば、その始源語は誰が語るのか——むろん、そんな問いは無意味である。その問いに答えるのは、エスを主体とみなすことだからだ。にもかかわらず、ブーバーは「神」という答えを与えた。それは、ユダヤ人ブーバーにとっては疑問の余地のないことだっただろう。事実、彼は『我と汝』で「啓示の言葉」と断言した『旧約聖書』の神の言葉「私は存在するものとして存在する」を(Buber 1923 (1995), S. 107／一五〇頁)、一九三〇年の講演「ユダヤ教の魂の焦点」で「始源語」と呼んでいる[12](Buber 1963 (1993), S. 197)。まさにこの年、前年に勃発した世界恐慌の波に襲われて苦しむドイツの民衆の前でユダヤ人の陰謀を説き、ゲルマン民族の栄光を約束したナチスは、九月十四日の選挙で大勝利を収めた。その四ヵ月前、クラウスは『炬火』にこんなエピグラムを残している。

無　力

私はもっている時はもっと差し出さなければならない。

できることがあっても、それのためにできることは何もない。

欲することは成就せず、私の気を逸らす。

あれこれ思い浮かぶが、何も考えられず、
それが私の中で考える〔es denkt in mir〕。(Kraus 1930 (1984),S. 295)

一九三〇年の時点で、エスの暴挙を前にしたユダヤ人は「無力」に見えた。だからこそ、ブーバーは「エス」を拒絶して「君」を、そして「神」を掲げた。だが、同じユダヤ人だったフロイトは、たとえそれが『旧約聖書』の神だとしても、エスの沈黙を解くことを拒否する。

ウィーン学団のエス

ブーバーとフロイトの接触は、一九〇八年にブーバーがみずから編集する論文集への寄稿を依頼し、丁重な断りの返事を受け取ったのが最初である。それ以来、フロイトに違和感を抱くようになったブーバーが接近していったのがユングだった。『我と汝（*Ich und Du*）』と『自我とエス（*Das Ich und das Es*）』という二人の違いを明瞭に示す表題をもつ書物が揃って刊行された一九二三年にブーバーの講演に出席したユングは、翌年には自身が主宰する「エラノス会議」にブーバーを招いている。心霊主義が原因でフロイトと訣別したユングとハシディズムに心酔したブーバーには、神秘主義的傾向という共通項があった。

そうして一九二七年、宗教を「人類の神経症」になぞらえる『ある錯覚の未来』を刊行したフロイトとの決定的な違いが明らかになるに至って、ブーバーは公然とフロイトに敵対するようになる(13)。

その翌年、ウィーン大学で私講師を務めていた哲学者が刊行した著作には、こんな一節が記されている。

「私が経験する〔ich erlebe〕」から結論されるのは、私があることではなく、経験があることである。自我は基礎的経験の表現にはまったく必要なく、本質的には「他者」との境界のために、あとになって初めて構成される。〔…〕哲学的自省は、起源的な意識事象は行為する主体や「私」の活動として理解されてはならない、という一致した結果に、さまざまな傾向の哲学者を導いた。

文献「私が考える〔ich denke〕」ではなく「それが私の中で考える〔es denkt in mir〕」

カルナップ

と、ラッセルは『精神の分析』一八頁で言っているが、私たちも（シュリック『一般認識論』一四七頁以下によれば）リヒテンベルクのように「私の中で〔in mir〕」を削除するだろう。（Carnap 1928（1998）, S. 226）

この著作の表題は『世界の論理的構築』（一九二八年）、著者は論理実証主義を代表するドイツ人、ルドルフ・カルナップ（一八九一―一九七〇年）である。イエーナ大学とフライブルク大学で哲学と数学、物理学を学んだカルナップは、物理学の概念の論理的分析を行い、その集大成として、この著作を執筆した。そこで企てられたのは論理学的・数学的な道具立てを使って一定の基底概念から高次の概念を構成し、最終的には認識や知識の対象となる概念全体を構成する体系を描き出すことであり[14]、その体系をなす各レベル間の論理的関係を祖述したあとに位置する第五部に、この一節は見出される。つまり、カルナップの関心は複数のレベルの概念間の論理的関係にあり、ここで主張されているのは、「自我」は基底概念ではない、ということである。その主張を補強するためにカルナップが「文献」に挙げたのが、リヒテンベルクの「それが考える」に言及した二人の先達だった。

そのうちの一人、モーリッツ・シュリック（一八八二―一九三六年）は、ベルリン大学に提出した博士論文『不均質層における光の反射』で学位をとったドイツ人である[15]。一九二一年にロストク大学の助教授になったシュリックは、翌年ウィーン大学教授に就任する。カルナップが挙げる『一般認識論』は、ロストク大学で教授号を取得した翌年にあたる一九一八年の著作で、科学的認識論を展開したこの大著では「体験知」と「認識」が峻別された。体験知では対象が直観に与えられるだけで、それが認識になるには思考による理解を経なければならない。それゆえ第一部「知識の本性」のあとに第二部「思考の問題」を置いたシュリックは、何が思考を構成するかを考察した。カルナップが指示している頁には、次のような一節がある。

シュリック

知覚が知覚するもの、知覚すること、知覚されるものの三位一体を前提にするのと同じように、私たちの言語の表現形式でさえ、あらゆる経験、あらゆる意識には自我、行為、対象の三位一体が必要である、という間違った前提に支えられている。〔…〕私たちが早くから述べていたように、デカルトの私が考え

> る〔Cogito〕は、ゆえに私はある〔ergo sum〕を付加することでデカルトでさえその上で躓《つまず》いた、実体的な「私」とその活動の区別という罠を含む。〔…〕デカルトは「私が考える〔ich denke〕」ではなく「それが考える〔es denkt〕」と言いさえすればよかった、というリヒテンベルクの真正な所見は、才気溢れる着想であるばかりか、実際に心理学の最上位の原理にされるべきである。(Schlick 1918 (1925),S. 147-148)

「経験」や「意識」の構成要素として「自我」を想定するのは間違いである。カルナップに従って言えば、「自我」は基底概念ではない、ということだ。シュリックは、その見解をいち早く見抜いていた者としてリヒテンベルクを挙げ、「私が考える」ではなく「それが考える」と言うべきだと主張している。ここで重要なのは、カルナップも指摘していたように、シュリックがリヒテンベルクに忠実に「私の中で」を付加していないことだ。それは、ここで掲げられる「エス」が第一の系譜に属することを示しているように見える。シュリックとカルナップの名を並べた時に想起される事実が、その傍証となるだろう——彼らは「ウィーン学団」と呼ばれるグループの中核を担った、というのがその事実である。

数学者ハンス・ハーン（一八七九―一九三四年）と社会学者・科学哲学者オットー・ノイラート（一八八二―一九四五年）を中心に一九〇七年頃から議論を重ねていたグループを前身とするウィーン学団は、ハーンが一九二一年にウィーン大学教授になった翌年、彼の尽力でシュリックが同じ大学に赴任した直後に始まった討論グループが二四年秋に定例会合を開くようになったのを創始とする。[16] 数学者カール・メンガー（一九〇二―八五年）、ヘルベルト・ファイグル（一九〇二―八八年）、さらには「不完全性定理」で知られるクルト・ゲーデル（一九〇六―七八年）などが参加した会合では論理学や数学基礎論をめぐる話題が取り上げられたが、一九二六年にプラハからウィーン大学に移ったカルナップが参加する頃から集中的に検討されたのが、まだ草稿段階にあった『世界の論理的構築』だった。論理学の成果を取り入れて現象の正確な記述を目指すメンバーにとって、基底概念から始めてより高次の概念を構成していくカルナップの企ては検討に値するものだったと言ってよい。

その志向を示しているのが、のちに「論理実証主義」と称されるウィーン学団が、その実証主義と経験主義の源泉としてエルンスト・マッハを重視し、一九二八年には科学教育の推進を目的にシュリックを初代会長とする「エルンスト・マッハ協会」を設立した、という事実にほかならない。すでに見たように、十九世紀末にリヒテンベルクの「それが考える」を掲げて「自我」を否定したマッハは、「自然の物質化」と「自然の精神化」のあわいに道を拓いた人物である。ウィーン学団を担うシュリックとカルナップがリヒテンベルクの「それが考える」に言及したとき、のちにその名を冠した協会を設立することになるマッハが意識されていたことは間違いないだろう。

ラッセルによる仲介

同じ時代に同じ都市で活動したフロイトとウィーン学団のあいだには直接の接触はなかった。しかし、先に見た一節でシュリックが「それが考える」を「心理学の最上位の原理にされるべき」だと記していたことに注意すれば、その直後でこんなことが言われているのを見逃すわけにはいかない。「その言葉が記述するのは、まさに意識の流れと呼ばれる質の連続的な不断の変化である」(Schlick 1918 (1925),S. 148)。シュリックは「意識の流れ」に注を付し、こう記している。「この表現はウィリアム・ジェイムズに由来する」。

マッハを継いで「それが考える」を掲げたシュリックが、同じ「それが考える」に触れたジェイムズの名を挙げる。事実、マッハとジェイムズには直接の交流があり、マッハが評価した『判断機能』の著者ヴィルヘルム・イェルザレムはジェイムズの『プラグマティズム』(一九〇七年)をドイツ語訳していた。[18] そのジェイムズがユングと意気投合し、心霊主義への共感を背景にしてフルールノワを含めた交流がなされたのも、すでに見たとおりである。フロイトにとって微妙な存在であるジェイムズを触媒にして、第一の「エスの系譜」はマッハからウィーン学団に至る支流を形成している。その流れは、カルナップが挙げたもう一人の先達であるバートランド・ラッセル(一八七二―一九七〇年)に至り、さらに先へと伸びていくだろう。

ケンブリッジ大学で数学と哲学を学んだラッセルは、当時影響力をふるっていた「新ヘーゲル主義」と呼ばれる潮流を前にして、やがてジョージ・ムーア（一八七三―一九五八年）とともに反旗を翻した。そうして論理主義の立場を鮮明に掲げたラッセルは『数学の原理』（一九〇三年）、アルフレッド・ノース・ホワイトヘッド（一八六一―一九四七年）との共著による記念碑的著作『プリンキピア・マテマティカ』（全三巻、一九一〇―一三年）を刊行し、その地位を揺るぎないものにする。

その後、これらの著作で提示された論理学の方法を用いて知識の理論に取り組み、『外部世界はいかにして知られうるか』（一九一四年）などの著作を発表したラッセルの狙いは、「見知り（acquaintance）」による知識と記述による知識を区別した上で、物理的対象についての言明は実際に見知ることのできる私的なセンス・データについての言明に忠実に翻訳できる、とする現象主義の立場を徹底することにあった。その狙いをさらに心理学にまで拡張しようとした著作が、カルナップが挙げていた『精神の分析』（一九二一年）にほかならない。

物質と精神を感性的要素に還元するマッハの影響を受けたラッセルは、感性的要素が物理的因果法則に従って関係づけられる時は物質が、心理的因果法則に従って関係づけられる時は精神が構成されると考えた。その結果、感性的要素に含まれていないものは退けられ、次のように言われる。

ラッセル

人称とは単一の思考における構成要素ではない、と私は考えている。〔…〕「ここで雨が降る〔it rains here〕」のように「それが私の中で考える〔it thinks in me〕」と言ったほうがよいだろう。〔…〕これは単純に、マイノングが思考における行為と呼んでいるものは経験的には見出されえず、私たちが観察できるものからは論理的に演繹しえない、という理由による。(Russell 1921 (2008), pp. 16-17／一二頁)

アレクシウス・マイノング（一八五三―一九二〇年）は、一八九四年にグラーツ大学に設立された心理学研究所で実験心理学に携わり、思考には「作用」と「内容」と「対象」という三つの構成要素があることを主張した心理学者である。これはシュリックが批判していた「あらゆる経験、あらゆる意識には自我、行為、対象の三位一体が必要である」という主張を想起させるが、ラッセルもまたその見解を批判し、「それが私の中で考える」を掲げた。この「私の中で」は削除すべきだと先に見た一節でカルナップは指摘していたが、ラッセルがこの『精神の分析』を、ほかでもないジェイムズが「それ」や「あれ」と呼んだ「純粋経験」から出発して物質と精神を構成する試みと捉えていたことを思えば[19]、カルナップの指摘は正しいと言うほかない。実際、続く個所には「作用」を否定した者として、ジェイムズの名が掲げられている（ibid., p. 19／一七頁）。

『精神の分析』の公刊は、ローゼンツヴァイクの『救済の星』、クラウスの「Es（主語の除去）」と同じ一九二一年だった。二年後には『エスの本』と『自我とエス』、そしてブーバーの『我と汝』[20]が公刊される。そのブーバーを受け継いだフロムがラッセルから影響を受けたことを思うとき、「エスの系譜」が生んだ数々の著作が集中的に現れる一九二一年と二三年に挟まれた一九二二年、ウィーンに生まれ、リヒテンベルクを、そしてクラウスを愛したユダヤ人[21]がウィーン学団に衝撃を与える著作を刊行していることに気づくだろう。

その者の名は、ルートヴィヒ・ヴィトゲンシュタイン（一八八九—一九五一年）と言う。

ヴィトゲンシュタインのエス

機械工学を学んだヴィトゲンシュタインが数学への関心を抑えきれずにイエーナ大学教授ゴットロープ・フレーゲ（一八四八—一九二五年）を訪ねたのは、一九一一年である。数学の基礎論を研究したいと言う青年に、フレーゲはケンブリッジにいるラッセルを訪ねるよう助言した。かくしてヴィトゲンシュタインと対面したラッセルは、すぐに青年の才能に気づき、翌年にはケンブリッジ大学への入学を認めるとともに、自身の後継者とみなした。

ヴィトゲンシュタイン

ラッセルとムーアのもとで研鑽を積んだヴィトゲンシュタインは、第一次世界大戦が勃発すると志願兵として戦火を体験し、ローゼンツヴァイクと同じように死と隣り合わせの状況の中で思索を進めた。一九一八年夏に完成し、哲学の問題を最終的に解決したと著者自身が確信したその考察が『論理哲学論考』という表題で出版されたのは、『救済の星』より一年遅れて、一九二二年のことである。

命題と現実あるいは言語と世界の「写像関係」を前提するこの著作で試みられたのは、言語の限界を見定めることだったと言ってよい。世界を司る論理に基づくかぎり、言語は世界を正確に描写しうる。それゆえ、言語によって語りうるものの限界は世界の限界であり、世界についての思考は言語の限界を越えられない。だから、哲学の問題の最終的解決とは、言語の限界の確定と等しい。

世界とは言語によって語りうるものの総体である——その主張は、「私の言語の限界は、私の世界の限界を意味する」(Wittgenstein 1922 (1995), 5.6, S. 67／一一四頁)という命題の注として置かれている。そのことが示しているのは、「私」の言語と他者の言語の同一性は確認しえない、という確信だろう。続く命題に「独我論」の語が現れるのはそのためだ。

「この見解は、独我論はどの程度まで真実か、という問題の解決に手がかりを与える。〔…〕世界が私の世界であることは、言語（私だけが理解する言語）の限界が私の世界の限界を意味することに示されている」(5.62, Ebd.／一一五頁)。言語が「私の言語」でしかないのなら、世界も「私の世界」以外ではない。この独我論の主張を推し進めた時に帰結されるのは何か。

それは、私が私について語るという事態を考えてみれば、すぐに分かる。私が語る「私」も「私の世界」に属する。では、その語られた「私」を語る私とは誰か。そう自問して「それは私だ」と答えても、その「私」を語る私とは誰か、という問いが続くだけだろう。語りうるのはいつも「語られる私」だけで、「語る私」は決して語りえない。それは「語る私」が「私の世界」にないことを意味する。だから、ヴィトゲンシュタインは「思考し、表象する主体はない」(5.631, Ebd.／一一六頁)と断じた。つまり、独我論を突きつめた末の結論とは「私」のない独我論なのだ。その結論のあとで向かいうるのは何か——「私」のない独我論を記述できる新たな言語の創造以外ではありえないだろう。

『論理哲学論考』は多くの者に衝撃を与えた。それはハーンやシュリックも例外ではない[22]。シュリックはヴィトゲンシュタインに手紙を書き、一九二七年二月に初めて会見が実現して以降は、のちにウィーン学団を形成することになるフリードリヒ・ヴァイスマン（一八九六—一九五九年）、ファイグル、そしてカルナップとともに、ヴィトゲンシュタインとの会合を定期的に開くようになる。小学校の教員や修道院の庭師を生業《なりわい》にして過ごしていたヴィトゲンシュタインがウィーン学団に参加することはなかったが、彼が再び哲学に戻る上でウィーン学団の寄与が大きかったことは間違いない。そうして、カルナップが『世界の論理的構築』を出版した翌年にあたる一九二九年から三一年にかけて、ヴィトゲンシュタインによる新たな言語の創造の試みが行われる。

「現象学的言語」と呼ばれるその新たな言語をめぐる考察は、死後『哲学的考察』(一九六四年)としてまとめられる草稿に見られる。そこでは、次のように言われている。「現在の経験だけが実在性をもつ、というあの命題は、独我論の最後の結論を含むように思われる」(Wittgenstein 1964 (1989), S. 85／九九頁)。そうして「現在の経験」を正確に記述する言語が要請される。それがいかなる言語なのかを説明しているのが、次の断章である。

私、L・Wの歯が痛むとき、それは命題「歯痛がある〔es gibt Zahnschmerzen〕」で表現される。しかし、今、命題「Aが歯痛をもつ」で表現されることが事実なら、「Aは歯痛がある時のL・Wのようにふるまう」と言われる。同様に、「それが考える〔es denkt〕」、「Aは、それが考える時のL・Wのようにふるまう」と言われる。(Ebd., S. 88-89／一〇五頁)

現象学的言語では、「私」という語は消滅する。そのとき、ヴィトゲンシュタインもまた「それが考える」を掲げた。彼がその表現をどこで得たのかは、一九三〇年から三三年に行われた講義の聴講ノートに記されている。

> ヴィトゲンシュタインは、「(肉体的な)目が見ることと関係がないのとまさに同様に、自我〔Ego〕は考えることや歯痛をもつこととは関係がない」と言った。そして、リヒテンベルクの言葉「「私が考える〔I think〕」ではなく「それが考える〔It thinks〕」と言わなければならない」(彼が言ったように、「それ」は「稲妻が走る〔Es blitzet〕」で「それ〔Es〕」が使われるのと同じように使われている)を明白な支持とともに引用した。(Moore 1954-55 (1962), p. 303／九六頁)

むろん、この新たな言語の創造の試みは失敗に終わるだろう。現象学的言語は、独我論を正確に記述する言語である以上、他者に理解されえない言語でなければならない。もし理解できる他者が現れたなら、他者が創造する独我論の言語も認めなければならなくなり、独我論が複数ある、という矛盾した事態が生じるからだ。ここから導かれる結論は、徹底した独我論として見出された世界、すなわち言語によって語られる世界は言語によっては正確に記述できない、ということである。「論理は超越論的である」(Wittgenstein 1922 (1995), 6.13,

S. 76／一三二頁）という『論理哲学論考』の命題は、皮肉にもヴィトゲンシュタイン自身によって証明された。

だが、さらに先の個所にこんな命題を見つけるとき、彼の試みになお「失敗」の烙印を捺すことができるだろうか。「あらゆる命題は等価値である」（6.4, Ebd., S. 82／一四四頁）。その理由は明快だ。「あらゆる出来事と現にそうあるものは偶然だからである」（6.41, Ebd., S. 83／同頁）。すべてが偶然だというのは、必然的な理由をもって存在しているものが一つもないということだ。他より存在する理由を多くもっていることが「価値」の内実なら、すべてが偶然であるところに価値は成立しない。この結論の根底にある認識は、続く命題で明かされる。「神秘的なのは、世界がいかにあるかではなく、世界があることである」（6.44, Ebd., S. 84／一四七頁）。世界はある。なぜなら、世界を語ることができるからだ。なぜ語ることができるかといえば、語ることを可能にする言語があるからだ。だが、なぜ言語があるのかは、言語によって語ることができない。それは「語る私」を語ることができないことと同じであり、それが現象学的言語の試みが失敗した理由である。

世界はただある。そのことこそが「神秘的」であり、ただある世界がいかなる世界かなど問題ではない。ただある世界を言語で語ろうとすれば、現象学的言語を使うしかない。「歯痛がある（es gibt Zahnschmerzen）」のと同じように、しかもそれと「等価値」の命題として、世界が「ある（Es gibt）」と。ならば、その世界を「与える（gibt）」のは何か。

もちろん「エス（Es）」である。

ハイデガーのエス

ヴィトゲンシュタインが現象学的言語で用いていた„Es gibt"は、「ある」を意味するドイツ語特有の表現である。この表現に関心を寄せ、字義どおりに「それ（Es）」が「与える（gibt）」と捉えた哲学者の前期を代表する著作が公刊されたのは、カルナップの『世界の論理的構築』の前年にあたる一九二七年のことだった。それが、ヴィトゲンシュタインと同じ年に生まれたマルティン・ハイデガー（一八八九―一九七六年）の『存在と時間』である[23]。

ハイデガー

フッサールのもとで現象学を学んだハイデガーは、この未完の大著で哲学の最も本質的な問題は「存在とは何か」であると主張したが、その問いを追求する上で重要なのが「存在」と「存在者」の区別だった。ハイデガーにとっての存在とは「存在者の存在」にほかならない。次のような表現がなされるのは、それゆえである。「現存在が存在する、つまり存在了解の存在的可能性が存在するかぎりにおいてのみ存在は「ある〔gibt es〕」」（Heidegger 1927 (2001), S. 212／(上)四四二頁）。

後年の『「ヒューマニズム」についての書簡』（一九四七年）で、まさにこの個所を取り上げたハイデガーが「ここで「与える」「それ」は存在自体である」（Heidegger 1947 (1996), S. 334／六六頁）と断言しているように、存在者が存在するなら、それを存在させているもの、すなわち「存在自体」がなければならない。だが、存在自体は存在者と同じようには存在していない。なぜなら、存在自体とは「存在者が存在する」に含まれる「存在する」である以上、「存在が存在する（Sein ist）」と言うことは存在自体を存在者と同一視することになるからだ。だから、ハイデガーは「存在がある（Es gibt Sein）」と言う。つまり、存在は与えられる。与えるのは何かといえば、エス以外ではありえない。ならば、エスとは何か。右の一節では、それは「存在自体」だと言われていた。それは、「存在がある」とは「存在が存在を与える」であることを意味している。

だが、存在を与える存在自体とは、いったい何なのか。ここには「与える存在」と「与えられる存在」の区別がある。そのとき気づくのは、「与える存在」も存在である以上、それを与える何かが先行していなければならない、ということだろう。だから、この問いはフィヒテと同じ無限後退に陥る。それを止めるために、ハイデガーはさらにエスを言い換えた。一九五七年から五八年に行われた講演『言語の本質』の一節はこうだ。

私たちは、事を正しく考えるなら、決して言葉が存在する〔ist〕ではなく、ある〔Es

> gibt〕と言うべきだ——これは、「それ〔es〕」が言葉を与えるという意味ではなく、言葉自体が与えるという意味である。言葉、それは与えるものだ。いったい何をか。詩的経験によれば、そして最古の思考の伝統によれば、言葉が与えるものとは存在である。
> (Heidegger 1959b (2003), S. 193／二三二頁)

「言葉が存在を与える」——「存在がある」は、そう言い換えられた。存在者は言語から存在を与えられる。それは、言語を語ることによってのみ存在者は存在するということ、存在者が存在する時には常に言語が語られているということである。そうして「存在すること」は「語ること」と区別できなくなる。「語ること」は存在を与え、存在を与えられた存在者は「語られるもの」になる。

　同じ講演で「語ることとは、示すこと、現れさせること、明るく照らしながら隠しつつ自由にすることで世界を差し出すことを意味する」(Ebd., S. 214／二六〇頁)と言われているように、「語ること」は「語られるもの」を語ることでそれに存在を与えると同時に隠す。「語ること」は何かを語った途端、それを「語られるもの」にし、それを「語ること」自体は隠れてしまうということだ。だが、存在者が存在している以上、「語ること」は「存在する」とは別の仕方であるのでなければならない。そのことは、ハイデガーが一九五〇年の講演『言語』に残した一文を想起させる。「言語は沈黙の響きとして語る」(Heidegger 1959a

(2003), S. 30／二八頁)。「語ること」が語る言語は「沈黙の響き」である――エスは沈黙しながら語るのだ。

講演『言語の本質』で、ハイデガーはシュテファン・ゲオルゲ（一八六八―一九三三年）の詩「言葉」（一九一九年）の最終行を取り上げている。それは、こんな詩行だ。「言葉が欠けているところに物は存在しない」(Heidegger 1959b (2003), S. 216／二六二頁＝George 1919 (2008), S. 859／三二七頁)。「語ること」がなければ存在者は存在しない。ゲオルゲはそのことを見事に言い当てたが、ハイデガーはこの詩行に潤色を施す。「言葉が砕け散るところに「存在する」は生じる」(Heidegger 1959b (2003), S. 216／二六三頁）と。

ゲオルゲとは正反対の意味を与えるように思えるこの言い換えに含まれる「言葉が砕け散る」はこんなことを示している、とハイデガーは続けている。「知れ渡っていく言葉が、言葉が承認されるところから、音なきもの、沈黙の響きのほうに戻ってくること」(Ebd.／同頁)。「語ること」、それは「語られるもの」を語ることであると同時に、そのとき語られた言葉を「沈黙の響き」へと粉々に破壊することである。ハイデガーにとっては、それこそが詩人の営みにほかならなかった。新たな言語の創造などは必要ない。詩人が語る言語の中では、創造と破壊に区別はないのだ。

このとき、思い出すだろう――ランボーが「私は沈黙、夜を書いた」と記したことを。ゲオルゲは訳詩集『同時代の詩人たち』（一九〇五年）でその作品を初めてドイツ語訳したランボーの崇拝者であり、[24] ハイデガーはゲオルゲやゲオルク・トラークル（一八八七―一九一四年）を通じてこの詩人を知った。ランボーについて記したほとんど唯一の文章である「生けるランボー」（一九七二年）で、ハイデガーはほかでもない「見者の手紙」を取り上げ、あの「未知のもの」に注目している。「私たち現代人は、ランボーが「見た」この地平を、すでに十分知っているか」（Heidegger 1976（2002）, S. 225／二八三頁）。そう問うたあとで、ハイデガーは二通目の「見者の手紙」から「もはや詩は行為にリズムを合わせないでしょう。詩は前にあるでしょう！」（Ebd.／同頁＝Rimbaud 2009, p. 347／四三七頁）という一節を引用する。まさに創造されるべき新たな言語についてランボーが語った個所に見出されるこの一節で言われる「前にある」というのは時間的な意味ではない、とハイデガーは言う。詩人が「未知のもの」を見て、それを詩として書くとき、詩は言語の「前にある」。「未知のもの」が書かれて「語られるもの」になった時には「語ること」が先行していたことが事後的に見出されるが、「語ること」は「語られるもの」と同じ時間の中で前後関係を問えるものではない。そんな「語ること」としての詩、それがエスとしての言語である。

詩人の言語は、あらゆる言語に先行する。だからこそ、言語は語られることができる。しかし、詩人の言語も、言語である以上は語られることを免れず、語られた途端、先行する言語ではなくなって破壊される。詩人の言語とは一度も現在にあったことのない過去の言語だと言ってもよい。それはいかなる時間の中にも、いかなる場所の中にもあったことがない。

詩人の言語が「沈黙の響き」だというのは、そういうことである。詩人は「沈黙の響き」を語るが、語ることはその「沈黙の響き」を、それゆえ詩人自身を破壊するだろう。だから、詩人は語らなければならないと同時に語ってはならない、という逆説にさらされる。

語らなければならない。しかし、語ってはならない。そのダブル・バインドは、まるで超自我が自我に下す命令のようだ——父のようにふるまわなければならない。しかし、父のようにふるまってはならない。

『モーセという男と一神教』へ

一九三三年、この年ついに政権を奪取したナチスの後ろ楯を得てフライブルク大学の総長に就任したハイデガーは、就任講演『ドイツ大学の自己主張』で共感と協力を表明したナチスに入党し、一九四五年まで党員であり続けた。この事実をハイデガーの哲学と短絡させることはできないにしても、戦後はナチス協力の廉《かど》で一九五一年まで教授資格を剝奪されたハイデガーが、ユングと同様、反ユダヤ主義に加担したことは疑えない事実だろう。

右で見た言語に関する考察はすべて戦後に行われ、「生けるランボー」が発表された一九七二年は死の四年前にあたる。息子ヘルマンに時折「それが私の中で考える〔Es denkt in mir〕。私はそれに抵抗できない」(Safranski 1994 (2009), S. 352／四六二頁) と口にしていたハイデガーは、エスが反ユダヤ主義にたやすく利用されること、そのために使われた論理が、まさに自身が息子に語った「それが私の中で考える」から引き出されたことに気づいていただろうか。哲学者の晩年を知る者は、こんな証言を残している。「思考がこの老人を媒体として捕えているように私には見えた。それが彼を使って語っていた〈Es sprach aus ihm〉」（Ebd.／同頁）。ランボーにまで到達したハイデガーのエスをめぐる考察は、「私の中で」考えている「それ」が、あのダブル・バインドとともにある詩人の言語であることを示したが、そのとき「それ（エス）」はドイツ語でも、ゲルマン民族でも、「人種」でもありえない。

だから、エスに沈黙を課しながら語ること。そのダブル・バインドを護持するために、フロイトはユングと訣別し、グロデックを退け、「自然の物質化」と「自然の精神化」のあわいを進んだ。それが心霊主義に対する曖昧な態度や、反ユダヤ主義に転化しかねない獲得形質の遺伝に固執する態度をもたらしたのは、すでに見たとおりだ。

ナチスに家宅捜索されるに至ったフロイトがウィーンを脱出したのは、一九三八年六月四日のことである。そのとき携えていた未発表の原稿には「モーセ、彼の民、そして一神教」という表題が記されていただろう。それは彼が没する翌一九三九年に出版された『モーセという男と一神教』の第三論文をなすことになる。

この書物に収められた最初の二つの論文は、一九三七年に『イマーゴ』で発表されたものである。『旧約聖書』の最も重要な預言者の一人であるモーセは、エジプトで奴隷状態にあったヘブライ人を連れて約束の地カナンに導くよう神ヤハウェから命じられ、途上、シナイ山でヤハウェから十戒が刻まれた石板を授かったとされる。この神の啓示をモーセが受け取ったことで神と人間の契約が成立し、十戒はヘブライ人の律法の基礎となった。つまり、モーセとはユダヤ教の創始者にほかならない。ユダヤ人フロイトは、そんな特別な存在であるモーセについて、すでに『ミケランジェロのモーセ像』（一九一四年）を公刊していた。すでに見たように、その前年には、ヒッチュマンが「それが私の中で考える」を掲げた論文を『イマーゴ』に発表し、同じ雑誌にフロイトは『トーテムとタブー』としてまとめられる論文を寄稿している。

その時点ですでに芽生えていたフロイトのエスが放った最後の輝き、それが『モーセという男と一神教』だったのではないか――そんな想像に誘われるのは、第三論文にこんな一節を見つける時だろう。「太古の相続財産の中にそのような〔獲得形質の遺伝による〕想起痕跡の存続を想定すれば、私たちは個人心理学と集団心理学のあいだの深淵に橋を架け、民族を個々の神経症者のように扱える」（Freud 1939 (1993), S. 207／二二六―二二七頁）。

ここにあるのは『トーテムとタブー』で示された見解であり、そのために導入されたのがラマルクに淵源をもつ獲得形質の遺伝の仮説だった。「セム人種」を規定するためにルナンが援用したジョフロワ・サン＝ティレール父子の父エティエンヌは、王立自然史博物館の同僚だったラマルクの進化論を支持したことが知られる。そんな出自をもつルナンの「人種」

概念がスーリーやバレスによって「エス」に代置されたことを思い出すなら、獲得形質の遺伝の仮説に含まれる危険は、とりわけユダヤ人にとって切実なものだったと言わざるをえない。事実、その危険はフロイト自身を亡命に追い込む現実となって現れていた。

その現実が表面化していた一九三四年夏、フロイトはモーセについて執筆を始める。もはや『トーテムとタブー』を書いた一九一三年とも、『自我とエス』を発表した一九二三年とも比べるべくもない状況の中、フロイトには書かざるをえない理由があった。むろん、その著作がユダヤ人から非難されることになるのは百も承知だ。それはそうだろう、三年後に発表される二つの論文の表題は「エジプト人モーセ」、そして「もしもモーセがエジプト人だったなら……」というものだったのだ。

ユダヤ教の創始者モーセはエジプト人だった、という仮説。それは、ウィーン大学教授を務めたドイツ人の宗教学者エルンスト・ゼリン（一八六七―一九四六年）が『モーセとそのイスラエル゠ユダヤ宗教史における意義』（一九二二年）で主張し、当時すでに完全に否定されていたものだった。[25] そんな仮説に依拠して書かれたモーセ論がユダヤ人の反撥を買わないはずはない。事実、フロイトを激しく批判したユダヤ人の一人が、その著作『モーセ』（一九四五年）で「S・フロイトのような、その領域では卓越した学者が『モーセという男と一神教』（一九三九年）のごとき完全に非学問的で、事実無根の仮説に基づいて無根拠に書かれた本を刊行する決意ができたというのは、不思議かつ遺憾なことである」（Buber

1945（1964）, S. 11, Anm. 1／二五一頁）と断じたブーバーだった。

『イマーゴ』に発表された二つの論文は、予想どおり毀誉褒貶を呼び起こした。しかし、そこにはフロイトが本当に書かなければならなかったことは書かれていない。それが書かれた三番目の論文の公表を躊躇したのは、ユダヤ人への迫害が激化するウィーンで安全を保障してくれていたカトリック教会の反撥を恐れたためだろう。だからこそ、自身の死が近いことを察していたフロイトは、生前中は公表しないつもりで、その論文を書き始めた。

だが、亡命してウィーンを離れた今、もう躊躇する理由はない。一九三八年六月六日にロンドンに到着したフロイトは、二十一日には執筆を再開する。[26] かくして追加された新たな序文に彼はこう記した。「私は私の仕事の最後の部分をあえて公表する」（Freud 1939（1993）, S. 159／七一頁）。

伝承するエス、伝承されるエス

古代エジプト第十八王朝の王アメンホテープ四世（在位紀元前一三七七—五八年）は、従来の多神教を排して唯一神アートンに対する信仰を人々に強制し、自身の名を「アートンは満足する」という意味のイクナートンに変えたことが知られる。しかし、その改革は聖職者や民衆に受け入れられず、混乱を引き起こす結果に終わった。

フロイトは、この事実から次のような仮説を立てる——この拒絶された「アートン教」を復活させるべく、無政府状態にあったエジプトからヘブライ人を連れて脱出し、彼らをみずからの民にしたのがエジプト人モーセだったが、偶像崇拝の禁止や割礼など、アートン教以上に厳格な教義を強制する容赦のなさと激しやすい性格をもつモーセに不満を募らせた人々は、ついに彼を殺害して「モーセ教」を捨てた。そうして忘却されたかに思われたモーセ教は、しかしある形で残存し、やがてヤハウェへの信仰と融合してユダヤ教が成立した、と。

この仮説が『トーテムとタブー』の説明を適用できるものであることは明らかだろう。すなわち、集団を支配する父の殺害と、その罪悪感ゆえの抑圧から生じるダブル・バインド。それは宗教を「人類の神経症」になぞらえたフロイトの見解に合致している。しかも、『トーテムとタブー』とは異なり、ここでモーセ論を書いているのは、すでに『自我とエス』で「エスの経験」の遺伝について書いたフロイトなのだ。「モーセ殺害に関する伝承は聖職者の仲間の中にいつもあった」というゼリンの説に従うなら「伝承はわずかな者にしか知られえなかったし、民族の財産ではなかった」と結論したフロイトは、こんな問いを掲げる。「伝承の効果を説明するには、それで十分か」(Freud 1939 (1993), S. 200／一一八頁)。これに対する回答が、右で見た「太古の相続財産の中にそのような想起痕跡の存続を想定すれば、私たちは個人心理学と集団心理学のあいだの深淵に橋を架け、民族を個々の神経症者のように扱える」という見解だった。

むろん、ここから導かれる獲得形質の遺伝に基づく説明は、スーリーやバレスに見られた論理にたやすくすり替わる。しかも、モーセが復活を目論んだとされるイクナートンの一神教が信仰するアートンとは、獲得形質の遺伝を認める一元論同盟に見られたように、心霊主義、ヴァーグナー崇拝、汎ゲルマン主義を結託させてナチスを生み出す潮流の中で崇拝された太陽神だった。

ここでフロイトは、自身を亡命に追い込んだナチスを正当化する論理に接近している。だが、それが「自然の物質化」と似て非なる進化論、「自然の精神化」と似て非なる心霊主義に至り、エスが語る沈黙の言語を語るために不可欠な接近だったとしたら、どうだろうか。第三論文の末尾近くには、こんな記述が見られる。

> モーセがその民族に唯一神の理念をもたらしたとき、その理念は新しいものではまったくなく、人間の意識的な記憶からとうの昔に消え失せたヒト科の原始時代の経験の復活を意味していた。だが、それはあまりに重大で、人間の生の中にあまりに深く刻みつけられた変化を発生させ、あるいは開始させたため、伝承に比肩しうる何らかの永続的な痕跡を人間の魂に残したと信じざるをえない。（Ebd., S. 238／一六四頁）

モーセがもたらした「唯一神の理念」は「伝承に比肩しうる何らかの永続的な痕跡を人間の魂に残した」経験の「復活」を意味する。ここで「伝承に比肩しうる」と言われているのを見逃してはならない。先立つ個所の「伝承は、集団を呪縛しうる強力な効果を回帰において発揮する前に、抑圧という運命、無意識における滞留という状態をあらかじめ耐え抜かなければばならない」(Ebd., S. 209／二二八頁)という記述を考え合わせれば、モーセ殺害という経験の「痕跡」を伝える抑圧されたものの「回帰」としての「伝承(Tradition)」と、一神教の理念がもたらされた経験の「永続的な痕跡」を伝える「伝承に比肩しうる」ものとは、およそ異なる何かとして捉えられていることになる。

この第三論文が脱稿されたのは一九三八年七月十七日だが、その三日後にフロイトはこんなメモを残している。「エスにおける遺伝痕跡の想定は、いわばエスに関する私たちの見解を変える」(Freud 1941 (1993), S. 151／二八四頁)。「エスにおける遺伝痕跡の想定」なら『自我とエス』にも見られた。にもかかわらず「エスに関する私たちの見解を変える」と書かずにいられなかった理由は、抑圧されたものの回帰とは隔絶した「伝承に比肩しうる」ものをフロイトがはっきり認めたことにある。事実、このメモを書いてわずか二日後の七月二十二日、脱稿したばかりのモーセ論では飽き足らぬとでもいうように、フロイトは「精神分析概説」(一九四〇年)の執筆を開始している。体調悪化のため未完

フロイト(1938年)

に終わったこの論文に、彼はこんなことを書いた。

人間とその心的装置の発達史を回顧することは、エスにおける重要な区別を私たちに気づかせる。最初はすべてがエスだったのであり、自我は外界からの度重なる影響によってエスから発達させられた。この緩慢な発達のあいだに、エスの特定の内容が前意識の状態に変化させられ、自我に受け入れられた。他の内容は変わらずエスの中に、近づくのが困難なエスの核として残った。(Freud 1940 (1993), S. 85／一九八―一九九頁)

「最初はすべてがエスだった」――自我の中に無意識的なものがあることを否定できなくなったためにエスが導入されたことを考えれば、これは確かに「エスに関する私たちの見解を変える」一言だと言わなければならない。抵抗を引き起こす抑圧されたものはエスである。だが、ここで言われる「近づくのが困難なエスの核」は、抑圧されたものとは隔絶した何かだ(27)。実際、続く個所ではこう言われている。「しかし、この発達のあいだに、幼くて弱い自我がすでに受け入れられた特定の内容を再び無意識的状態に戻して放棄し、自分が受け入れることのできた多くの新たな印象に対しても同様の行動をとった結果、元の場所に戻らされたそれらの印象は、エスに痕跡だけを残すことができた。このエスのあとの部分を、その発生を考慮して、私たちは抑圧されたものと呼ぶ」(Ebd.／一九九頁)。

ここに見出される二つのエスの区別こそ、第三論文に見られた「伝承」と「伝承に比肩しうる」ものの区別から導き出されたものではないか。それはこう言い換えることができる。抑圧されたものという「伝承されるエス」があるのなら、それに先行して「伝承するエス」があるのでなければならない、と。それが「近づくのが困難なエスの核」と言われるのは、ヴィトゲンシュタインが、あるいはハイデガーが示していたように、二つのエスの区別とは「語ること」と「語られるもの」の区別であり、ひとたび語られた途端、「語ること」は「語られるもの」になる以上、「語ること」自体を語ることはできないからである。

ヘブライ人に一神教の理念を与え、ユダヤ人を創出したモーセ。『トーテムとタブー』に忠実であるかぎり、そのモーセがユダヤ人の超自我とみなされることは避けられない。それは第三論文でも明言されている。「偉大な男は人が彼のために成果をあげる権威にほかならず、そのとき偉大な男自身は父との類似のおかげで影響を及ぼすと言えるし、集団心理学の中で彼に超自我の役割が与えられても驚いてはならない。したがって、そのことはユダヤ民族との関係におけるモーセという男にもあてはまるだろう」（Freud 1939 (1993), S. 225／一四八頁）。

しかし、モーセが超自我の位置を占めるには一つ条件があった。「多くの精神性の進歩、例えば父権の勝利に際して、より高く重んじられるべきもののための基準を与える権威は証明できない。この場合、父はそのような権威ではありえない。というのも、彼は精神性の進歩によって初めて権威に格上げされるからである」(Ebd., S. 225-226／一四九頁)。「精神性の進歩」がなかったなら、殺害された父モーセがユダヤ人の自我に超自我として取り込まれることもなかった。ならば、「精神性の進歩」とは何か。フロイトの回答は明確だ。「このユダヤ的本質の独特な発達が、目に見える姿をした神を崇拝することのモーセによる禁止によって開始されたこと」(Ebd., S. 223／一四五頁)である。

すでに見たように、モーセは人々に厳格な教義を強制した。彼の殺害を引き起こしたそのモーセの掟は、しかし「精神性の進歩」をもたらし、モーセを超自我とするユダヤ教を可能にした。だとすれば、一神教の理念を啓示するその掟をもたらしたものこそ、「近づくのが困難なエスの核」と言われた「伝承するエス」でなければならない。

もう明らかだろう。「伝承されるエス」が獲得形質の遺伝によってヘブライ人をユダヤ人にし、今日に至るまでユダヤ人をユダヤ人たらしめているのなら、「伝承するエス」が姿を借りたモーセはヘブライ人であってはならない。モーセ自身が神との契約を果たしてユダヤ人になったヘブライ人だったのなら、モーセはフィヒテの言う「事行」に等しくなる。そのとき「伝承するエス」と「伝承されるエス」を区別する理由は失われ、その先にはスーリーやバレスが待っているだろう。だからこそ、フロイトは非難されるのを承知で「モーセはエジプト人だった」という仮説に固執したのだ。

そのフロイトを批判したブーバーは、「基礎語」に先行する「始源語」である啓示の言葉として「創世記」の「光あれ」を挙げていた。『我と汝』には、さらにこんな一節が見られる。「啓示の言葉とは、私は存在するものとして存在する、である。啓示するものが啓示するものである。存在者が存在する、ただそれだけだ」(Buber 1923 (1995), S. 107／一五〇頁)。「私は存在するものとして存在する (Ich bin da als der ich da bin)」は、モーセによるエジプト脱出を描く『旧約聖書』「出エジプト記」第三章第一四節の言葉である。それを啓示の言葉とみなし、「啓示するものが啓示するものである」と言い換えたブーバーは、「A＝A」に内在する分裂を総合するものとして啓示を捉えている。その意味で、それがさらに「存在者が存在する (Das Seiende ist da)」と言い換えられているのは示唆的だ。「存在者が存在する」と無前提に明言できる者は、同じように「存在が存在する (Sein ist)」と無前提に明言するだろう。これをハイデガーは否定し、「存在はある (Es gibt Sein)」と言い換えた。それは、啓示の言葉とは「存在はある」でなければならない、ということである。だが、啓示の言葉である以上、それを語る者がいる。それは誰か。むろん、「私」と言いうる者ではありえない。神でもモーセでもありえない——答えは一つ、啓示の言葉を語るのはエスである。

そのとき、啓示とは次のように表現するほかない何かになる。「「存在はある」とエスが語る (Es spricht: „Es gibt Sein")」。ここにある二つのエスこそフロイトが区別しようとしたものであり、その区別こそがフロイトとブーバーを分かつ。「「それ」の世界は、空間と時間における連関をもつ」と書いたブーバーは、直後に「「君」の世界は、空間と時間における連関をもたない」」と記した（Ebd., S. 33／四七頁）。これに並置すべきは『続・精神分析入門講義』の一節だろう。「エスの中には、時間表象に相当するもの、時間の経過の認知は何も見出されません」（Freud 1933（1996）, S. 80／九七頁）。この一文で言われるエスは、翌年書き始められるモーセ論に見て取られた「伝承するエス」であり、「精神分析概説」では「近づくのが困難なエスの核」と呼ばれるだろう。ブーバーの言う「それ」は第二の「エスの系譜」に合流する「伝承されるエス」にほかならず、「伝承するエス」の本性をブーバーは「君」、ひいては永遠の「君」である神に割り当てたが、それはフロイトにとって、あってはならないことだった。

「伝承するエス」には「時間の経過」がない。それは「伝承するエス」には獲得形質の遺伝はありえないということだ。逆に言えば、獲得形質の遺伝が認められる「伝承されるエス」には「時間の経過」がある。それゆえ「伝承されるエス」は「自然の物質化」を行う第二の「エスの系譜」に合流する危険と背中合わせになるのを避けられないが、「伝承されるエス」がなければ超自我の形成はない。だからこそ、フロイトは「伝承されるエス」を手離さなかった。だが、「伝承されるエス」があるかぎり、「伝承するエス」がなければならない。むろん、それは事後的にそう言えるだけで、「伝承するエス」自体を語ることはできない。エスが語るのは「沈黙の響き」だからだ。

エスの稲妻

「自我理想は、その形成史の結果、諸個人の系統発生の獲得物、太古の遺産とのきわめて実り多い結びつきをもつ」。『自我とエス』には、そう記されていた。「伝承されるエス」の系統発生による超自我の形成。しかし、それは一方で、こんな事態をもたらす。「これは個体間の意思疎通の起源的な太古の方法であり、それは系統発生的な発達の経過において、感覚器官で受容される記号を使った、より優れた伝達方法によって制限される、という推測に導かれます。しかし、その古い方法は背後に保存されていて、例えば激しく興奮した民衆においてもそうですが、ある条件の下では、まだ認められるのかもしれません」。すでに見たとおり、これはテレパシーについて述べた一節である。「系統発生」によって「制限される」手段であるテレパシーは「背後に保存されている」。それは「伝承されるエス」にいつもすでに先行して「伝承するエス」が語る、ということ以外ではない。

このとき、「精神分析概説」の執筆が途絶した時期にあたる一九三八年八月二十二日にフロイトが残したメモが目にとまる。「神秘主義とは、自我の外部の領域であるエスのぼんやりした自己知覚である」(Freud 1941 (1993), S. 152／二八五頁)。テレパシーとは、個体としての自我とは無縁の「伝承するエス」が、複数の個体に系統発生する「伝承されるエス」を見出すという「エスのぼんやりした自己知覚」にほかならない。これが「自然の精神化」

とは異なるフロイトの心霊主義である。

フロイトはモーセ論にこんな一文を書き残している。「私たちは〔…〕引き起こすものの連鎖、あるいはむしろそのネットワークの中で「偉大な男」のために場所を守る」(Freud 1939 (1993), S. 215／一三六頁)。「引き起こすもの」の「連鎖」や「ネットワーク」とは何か。そう問うとき、フロイトとはすれ違ったが、ウィーン学団には影響を与えたジェイムズが「多宇宙(multiverse)」に到達したことに思い至る。『多元的宇宙』(一九〇九年)にはこうある。「私たちの「多宇宙」は、なお「宇宙」を構成する。というのも、各部分がまさにすぐ隣接するものと不可分に浸透しながら団結しているという事実によって、あらゆる部分はどれほど遠く離れていても他のあらゆる部分と、現実あるいは直接の関係ではないかもしれないが、何らかの可能的あるいは媒介された関係にあるからである」(James 1909, p. 325／二一七頁)。「直接の関係」ではなく「媒介された関係」を結び、それゆえ、いかに遠く離れていても「他のあらゆる部分」と関係をもつこと。それはまるでテレパシーのようではないか。

ジェイムズの言う「多宇宙」とは、すべてを「連合」させるとグロデックが形容し、忘却された「象徴言語」とフロムが呼んだ、エスが語る言語の世界である。そうでなかったら、「それが考える」という表現をあてられる「意識の流れ」についてジェイムズ自身が述べた一九〇五年の一節は理解できないだろう。「純粋経験が回顧的で専有的な機能を経験の他の要素に働かせると、それによってその要素はそれ自身の意識の流れに入っていく。そして、この作用において時間の隔たりは本質的に重要でない。〔…〕それゆえ、同様に回顧的な経験が仮に数百万年のちに生じたなら、私の現在の思考はその長期に及ぶ意識的生の真正な一部をなすだろう」(James 1905 (2009), p. 47／一四二頁)。「時間の経過」を知らない「伝承するエス」が語る。その結果、「伝承されるエス」が生み出され、「時間の経過」がもたらされる。そのときもたらされた「時間の経過」がたとえ「数百万年」だったとしても、そもそも「時間表象」と無縁の「伝承するエス」にとっては与《あずか》り知らぬことだ。

その事実をフロイトは獲得形質の遺伝として捉えた。だが、それは「伝承するエス」が無限の連合をなす象徴言語を語ることの結果でしかない。それをテレパシーと呼ぼうが、心霊現象と呼ぼうが、フロイトにはどうでもよいことだっただろう。重要なのは「引き起こすもの」の「連鎖」や「ネットワーク」をなす「伝承するエス」の「語ること」の中で「「偉大な男」のために場所を守る」こと、すなわち「沈黙の響き」を語る「伝承するエス」と「伝承されるエス」をあたかも心霊現象を起こすかのようにつなぐ「偉大な男」の存在を確保すること、それだけだ。それこそが、第二の「エスの系譜」に陥ることなく、エスに沈黙を課しながら語り続ける可能性なのだ。

ジェイムズは『多元的宇宙』に、こんなことを記している。「私たちがもっているあらゆる証拠の傾向は、私たちが自分自身に知られずに意識を共有している可能性がある何らかの形の超人的生の存在の確信に向けて、私たちを実に強く押し流していくように私には思われる」(James 1909, p. 309／二〇〇頁)。「超人的生」との意識の共有が「自分自身に知られずに」なされるのは、「伝承するエス」の「語ること」自体は語りえないからである。にもかかわらずエスに沈黙を課しながら語りうる者がいるとすれば、それは神でも絶対者でもなく「超人(superhuman)」だ、とジェイムズは断じる――その時である。『トーテムとタブー』と『自我とエス』をつなぐ『集団心理学と自我分析』(一九二一年)にフロイトがこう記していたことに気づくのは。「人類史の発端において、原始群族の父とはニーチェが未来に真っ先に期待した超人だった」(Freud 1921 (1998), S. 138／一九七頁)。

モーセのごとき「原始群族の父」は「超人(Übermensch)」でなければならなかった。彼を超人にしたのは「精神性の進歩」をもたらす「エスが語る」ことであり、彼が超人になりえたとすれば、あとから振り返ったとき、彼は「エスが語る」ことを沈黙を課したまま聞き取っていたことに気づくのだ。

ツァラトゥストラはこう語った。

> 私は人間の上に垂れる暗い雲から一滴ずつ落ちる重い滴《しずく》のような者すべてを愛する。
> 彼らは稲妻が来ることを予告し、予告する者として滅びる。
> 見よ、私は稲妻を予告する者であり、雲から落ちる重い滴である。この稲妻は、しか

し超人と呼ばれる――。（Nietzsche 1883-85（1999）, S. 18／(I)一八―一九頁）

「エスの系譜」の淵源に立って、「私が考えると言ってはならず、稲妻が走ると言うのと同じように、それが考えると言わなければならない」と記したリヒテンベルク。その系譜を護持せんとしたフロイトが「超人」としてのモーセにたどりついたとき、リヒテンベルクが記した「稲妻が走る」という言葉は、もはや比喩ではない。エスが考えるとき、エスは稲妻を走らせる。「超人」と呼ばれるその稲妻を見たフロイトは、エスが考え、エスが語る、その「沈黙の響き」を聞き取っていたはずだ。

私は知っている、稲妻に裂ける空を、竜巻を、
そして砕け散る波と潮の流れを。私は知っている、夜を、
鳩の群れのように高揚した暁《あかつき》を。
そして時折、私は人が見ていると信じたものを見た！（Rimbaud 1883（2009）, p. 163／一四二―一四三頁）

一八七一年、パリ・コミューンの渦中にあった都に向かう際、市民たちに見せるために作った詩「酔いどれ船」にそう書きつけたのは、詩人ランボーである。稲妻が切り裂く空に、

舞い上がる鳩の群れのように暁が立ちのぼる。その光景を前にして「人が見ていると信じたもの」、すなわち、あの「未知のもの」を「見た」と断言する詩人は、「絶対的に近代的」であるために「超人」を目にする「見者」だった。

注

（1）池内 一九八五（二〇一五）、二〇頁以下参照。
（2）村山 一九九五、二〇五頁以下参照。
（3）Cf. Gay 1988 (1998), p. 130／⑴一五三頁。
（4）Cf. Janik and Toulmin 1973 (1996), p. 75／一二一頁以下、Gay 1988 (1998), pp. 214-215／⑴二五三頁。
（5）Cf. Janik and Toulmin 1973 (1996), p. 90／一四六頁。
（6）村岡 二〇〇八、八〇頁以下、佐藤貴史 二〇一〇、四四頁以下参照。
（7）村岡 二〇〇八、八二頁、佐藤貴史 二〇一〇、六六頁以下参照。
（8）ブーバーに対するニーチェの影響については、上山 二〇〇五、八九頁参照。
（9）Cf. Knapp 1989, pp. 13-14／三一―三二頁。
（10）山本誠作 二〇〇四、八九頁参照。
（11）Cf. Knapp 1989, p. 18／三六―三七頁。
（12）水垣 二〇〇四、三七頁参照。
（13）上山 二〇〇五、八八頁以下参照。
（14）『世界の論理的構築』については、蟹池 二〇〇七、四五四頁以下参照。

(15) 以下、シュリックについての記述は、蟹池 二〇〇七、四四〇頁以下に拠る。
(16) 以下の記述は、蟹池 二〇〇七、四三三頁以下に拠る。
(17) 今井 一九八七（二〇〇一）、六三頁参照。
(18) William James, *Der Pragmatismus: Ein neuer Name für alte Denkmethoden. Volkstümliche philosophische Vorlesungen*, Aus dem Englischen übersetzt von Wilhelm Jerusalem, Klinkhardt, 1908.
(19) 伊藤 二〇〇九、二六七頁参照。
(20) Cf. Knapp 1989, p. 19／三八頁。
(21) Cf. Janik and Toulmin 1973 (1996), p. 176／二八九頁。クラウスについては、ヴィトゲンシュタイン自身が、ある断片の中で影響を受けた人物として名を挙げている（Wittgenstein 1977 (1994), S. 41／五二頁）。
(22) 蟹池 二〇〇七、四三五―四三六頁参照。
(23) ハイデガーの „Es gibt“ については、木村 一九九五（一九九八）、二一六頁以下、斎藤 二〇〇〇、一八〇頁以下参照。
(24) 矢代 一九九二（二〇〇〇）、一三五頁参照。
(25) Cf. Gay 1988 (1998), p. 647／(2)七四七頁、上山 二〇〇五、六八頁以下。
(26) 渡辺 二〇〇七a、三〇八頁参照。
(27) 渡辺哲夫は、この二つのエスの区別の重要性を強調している（渡辺 二〇〇五、三九頁）。

エピローグ――「エスの系譜」のゆくえ

Deleuze

Lévi-Strauss

Merleau-Ponty

エスに沈黙を課すこと、沈黙を課しながら語ることは何と困難なのか。ビスマルクの中で語ったエス。ヒトラーの中で語ったエス。沈黙を課すことに失敗したエスに語らせた結果、いかなる現実が現れたか。だが、そのあともなお、エスは名を変え、沈黙を課そうとする努力を物ともせずに語り続けている。

ブーバーがグロデックと出会った精神分析の研究所は、フランクフルト大学の社会研究所に併設されたものだった。そこに参加したヴァルター・ベンヤミンは、フロイトが没した翌年にあたる一九四〇年六月、ドイツ軍が迫るパリを離れてアメリカ渡航を目論んだが、出国ヴィザを取得できずに国境越えを敢行し、入国拒否を前にして、同年九月二十六日夜に服毒自殺する。

同じ研究所に参加したテオドール・アドルノは、一九四七年にマックス・ホルクハイマーとの共著で『啓蒙の弁証法』を刊行し、理性による啓蒙が暴力的な画一化をもたらし、それに対する不満の矛先がユダヤ人に向けられた、と弾劾した。それは、〈非理性〉としてのエスは、沈黙を課すことに失敗すれば「非理性」として現れ、「理性」の名の下に排除されることを示している。むろん、そのことは第二の「エスの系譜」に示されていた。

しかし、新たな言語を創造する詩人はまだ姿を現さない。

だから、アドルノは一九四九年になって追い討ちをかけるように記した。いや、記すしかなかった。「アウシュヴィッツのあとで詩を書くことは野蛮であり、そのことは、なぜ今日詩を書けなくなったかを表明する洞察を侵食してもいる」(Adorno 1951 (2003), S. 30／三六頁)。詩人を出現させられずにいることが、詩人が出現できない理由から目を遠ざける。それは、第二の「エスの系譜」が第一の「エスの系譜」を見えなくさせる、ということにほかならない。だが、私が考え、私が語るかぎり、フロイトがモーセに見た「超人」という名の稲妻は閃光を走らせ、「時間の経過」の中にない軌跡を残しているはずだ。

メルロ＝ポンティと「沈黙」

モーリス・ブランショは、こんなふうに書いていた。「書くこと、それは語り終えることのありえないものの残響になることである——それゆえ、その残響になるために、私はある意味で、それに沈黙を課さなければならない」。そう書いたブランショは一九七一年、没後十年を迎えた哲学者のために次のように記している。[1]「哲学者や作家が口を閉ざす時には、私たちの目的に役立たせるために過去の彼を所有することではなく、私たちを私たち自身の所有から奪うこと、そして彼とともにその非人間的な無言を共有することを、彼の沈黙から学ぼう」(Blanchot 1971 (2003), p. 51／九頁)。この言葉を捧げられたのは、モーリス・メルロ＝ポンティ(一九〇八—六一年)である。

海軍士官の次男として生まれたメルロ＝ポンティは、高等師範学校で学んだあと、哲学の教授資格を取得した。しかし、最初の著作『行動の構造』を刊行した一九四二年、彼は陸軍少尉として従軍し、戦火を経験する。終戦の年に公刊され、博士号を授与された『知覚の現象学』（一九四五年）にその経験が影を落としているかどうかは定かでないが、この著作でデカルトの「私が考える《コギト》」をめぐってなされた考察は、そこに「エスの系譜」があることを告げている。ブランショが「沈黙」から学ぼうとした「私たちを私たち自身の所有から奪うこと」、そして「非人間的な無言を共有すること」の意味は、そこで悟られるだろう。

　デカルトの方法的懐疑を前にしたメルロ＝ポンティが問題にしたのは何か。「私たちがデカルトを読むことで得るコギト〔…〕、それは言葉にされ、言葉の上で理解される、語られるコギトであり、まさにそれが理由で、それは自身の目的に到達しない。私たちの生を概念的に定め、それを確かなものと考えることに従事する私たちの存在の一部は、そう定め、考えることから免れているからである」(Merleau-Ponty 1945, p. 460／⑵二九四頁)。デカルトが「私が考える」に至った過程は『方法序説』や『省察』に書かれている。だから、デカルトでない者がデカルトの言う「私が考える」に到達するとしても、それはデカルトを読みながら、でしかない。それゆえ、そこで到達されるのは「語られるコギト」だが、その「語られるコギト」を考えることができる以上、「私」は「語られるコギト」に到達する前に、すでに考えることができるのでなければならない——言うまでもなく、これはフィヒテに見出された無限後退に通じる事態である。

　それを止めるためにフィヒテは「事行」を導入したが、メルロ＝ポンティは「語られるコギト」に先行する「沈黙のコギト」を置いた。「私があらゆる言葉よりも前に私自身の生と思考に触れていなかったら、そして語られるコギトが私の中で沈黙のコギトと出会っていなかったら、私はそれらの言葉（「私が考える」、「私はある」）にいかなる意味も、派生的で正当ではない意味さえ見出さないだろうし、デカルトのテクストを読むことさえできないだろう」（ibid., pp. 460-461／同頁）。しかし、ここで疑問が湧く。「沈黙のコギト」とは本当に「私が考える《コギト》」なのか。この問いは、次のように言い換えられる。メルロ＝ポンティが「沈黙のコギト」と呼ぶものは、そう呼んだ途端に「語られるコギト」と化す以上、「沈黙のコギト」を語ることはできないのではないか。

　その疑問は、誰でもないメルロ＝ポンティ自身が抱いたものでもあった。数頁前には、こんな記述がある。「私は『第二省察』を読む。〔…〕その言葉の意味と思考のつながりをたどることで、私はこんな結論に達する。確かに、私が考える以上、私はあるが、それはまさに言葉の上の私が考える《コギト》であり、私は言葉の媒介を通してしか、自分の思考と存在を把握しなかった。この私が考える《コギト》の本当の公式は「人が考える、人はある〔On pense, on est〕」だろう、と」（ibid., p. 459／(2)二九一―二九二頁）。ランボーの言葉を想起させる「人が考える、人はある」が「私が考える」の「本当の公式」だ、という言明は端的に矛盾している。だが、「私」が考え、語るとき、それを事後的に振り返るなら、非人称の「人」が考え、語ったことが見出されねばならない。だから、そこには沈黙を破った「人」がいた、と過去形以外では語りえないこととして言わなければならない。

七年後の論文「間接的言語と沈黙の声」（一九五二年）で「言葉をその起源の作用において理解したいのなら、私たちは一度も語ったことがないふりをする必要がある」（Merleau-Ponty 1960, p. 58／七〇頁）と言われるのは、それゆえである。それは、「私」が考え、語ることができるなら、「人」の言語を沈黙として見出すと同時に、その沈黙が破られたのを聞いた者がいたのでなければならないということだ。[2] そのダブル・バインドを生きる者——それが「超人」である。ブランショが記したとおり、「私たち」を「私たち自身の所有」から奪う「人」と呼ぶしかない「超人」と、その「非人間的な無言」を「共有する」こと、それなしには「私」が考え、「私」が語ることはありえない。

だが、「超人」と無言を「共有する」とは、いかなることか。メルロ＝ポンティは、こう書いている。

> 沈黙のコギト、自己の自己への現前は存在自体なので、あらゆる哲学より前にあるが、それが自分を知るのは、例えば死の恐れや私への他人のまなざしの恐れの中のように、脅かされる限界状況の中だけである。〔…〕言葉《ランガージュ》を条件づける意識は、初めて息をする子供や溺死しそうになって生に飛びつく人のような、全体的かつ不明瞭な世界の把握にすぎない。（Merleau-Ponty 1945, pp. 462-463／⑵二九七頁）

く人」に見られるような「限界状況」にある。それは、デカルトが「精神は子供の肉体に授けられるとすぐ考え始めるが、それは自分が考えているのを知ってからでしかないことを私は疑わない」(Descartes 1641 (1992), p. 369) と断じ、方法的懐疑のただなかで「突然とても深い水に落ちたかのようにひどく驚いたため、私は底に足がつくのを確かめることも、泳いで水上に浮かんでいることもできない」(ibid., p. 71／四三頁) と告白したことと符合している。(3)

そうして、メルロ＝ポンティは数頁先にこんな一節を書きつけた。「私たちが主観性の中をさらに先へ進もうとするとき、あらゆるものを疑い、自分のあらゆる信念を宙吊りにしても、ランボーの言葉によれば「私たちはこの世にいない」ようにさせる非人間的な底は、私たちが個別に進入する領域としてしか、そして世界の亡霊というもの一般の力としてしか、いま見ることができない。内的なものと外的なものは切り離せない。世界は完全に私の内部にあり、私は完全に私の外部にある」(Merleau-Ponty 1945, pp. 466-467／(2)三〇二―三〇三頁)。ここに引かれているランボーの言葉は『地獄の一季節』の「錯乱Ⅰ」に見出されるものである。「狂気の処女《おとめ》――地獄の夫」という副題をもつ「錯乱Ⅰ」は「私は地獄の夫の奴隷です」(Rimbaud 1873 (2009), p. 259／二一三頁) と語る女の告白から成る。メルロ＝ポンティの引く一文が見出されるのは、こんな一節である。「私たちはこの世にいません。私は彼の行くところに行きますし、そうしなければなりません。でも、彼はよく私に激高します。〔…〕悪魔！――あれは悪魔です。そう、人間ではありません」(ibid., p. 260／二一三―二一四頁)。

「人間」ならぬ「悪魔」につき従う女は、「非人間的な底」である「地獄」に住まう者だと言わなければならない。だが、女は「世界」が「私」の内部にあると同時に「私」が「私」の外部にある、そんな「内部」と「外部」の対立と無縁のエスに向かって歩んでいる。

それは確かに「狂気」に見えるだろう。「この世」からの没落に見えるだろう。だが、その女に向かって、こう語る者がいる。「人間にそなわる偉大なこと、それは橋であって目的ではないことだ。人間にそなわる愛されうること、それは移行と没落であることだ」(Nietzsche 1883-85 (1999), S. 16-17／(I)一六頁)。エスに向かう者は、決してエスに到達しないという意味で、「移行 (Übergang)」以外であることはない。それは、エスそれ自体は語りえないということと同義である。しかし、たとえ「この世」からの没落に見えたとしても、愛すべき人間とは、その移行を生きる者のことだ。なぜなら、とツァラトゥストラはこう語った。「人間は動物と超人のあいだに結ばれた綱――断崖の上の綱である」(Ebd., S. 16／同頁)。

エスには自我を生み出す理由など何一つない。それでもなぜか自我を生み出された個体が

「人間」と呼ばれる。(4) エスが自我を生み出したことに理由があるとすれば、「私が語る」の向こう側にエスが語る沈黙の言語を響かせるため以外ではないだろう。しかし、その沈黙の言語を響かせるには、否応なく生じるダブル・バインドをそれ自体として生きる者がいなければならない。それが「超人」である。だが、自我が超自我になることはありえない。というより、自我は「私が語る」と語りうる自我であろうとするかぎり、超自我を目指す「移行」であり続けるのだ。

ルソーからレヴィ＝ストロースへ

「私自身ほど私に似ていないものは何もない。だから、この奇妙な多様性によらずに私を定義しようとしても無駄だろう」(Rousseau 1781 (1959), p. 1108／五〇〇頁)。一七四九年の夏に「嘲笑家」と題された文章にそう書いたのは、ジャン＝ジャック・ルソー(一七一二―七八年)である。リヒテンベルクと同じ時代を生きたルソーが自覚していた「奇妙な多様性」は、次のように描写されている。「例えば、私はかなり一定して一週間ごとに変化する二つの主要な傾向に陥りやすく、私はそれを私の週ごとの魂と呼んでいる。その一方によれば私は賢明に狂っており、他方によれば狂ったように賢明である」(ibid., p. 1110／五〇二頁)。常に変化していることがルソーという「私」を「定義」する唯一の本性なら、ルソーとは、まさに「移行」そのものである。「賢明に狂っている」ことと「狂ったように賢明である」ことがほとんど区別できないように、それは「理性」と「非理性」の対立の前あるいは外、すなわち〈非理性〉に向かう「移行」にほかならない。

むろん、〈非理性〉への移行を生きている者は、「この世」では「非理性」の者に見えるだろう。だが、そのルソーに「人間科学」の原理を見たのが、高等師範学校の同級生だったメルロ＝ポンティと親しく交流した人類学者クロード・レヴィ＝ストロース（一九〇八―二〇〇九年）だった。博士論文『親族の基本構造』（一九四九年）に続いて『悲しき熱帯』（一九五五年）、『構造人類学』（一九五八年）を刊行したレヴィ＝ストロースは、ルソー生誕二百五十年の記念祭での講演「人間科学の創始者ジャン＝ジャック・ルソー」（一九六二年）で「民族学者が人間の理解に定める目的である、他者の中で自分を受け入れることに成功するには、まず自分の内で自分を拒む必要があります」と述べたあと、こう続けている。「人間科学が根拠を置きうる唯一のものである、この原理の発見はルソーによるものです。〔…〕自分について実に雄弁に三人称で語るルソーは、〔…〕そうして名高い公式「私は一つの他者である」を先取りし〔…〕、この徹底的な客観化の偉大な考案者は自分である、と断言しています」（Lévi-Strauss 1962a (1996), pp. 48-49／六〇頁）。ルソーが発見した原理をランボーの「私は一つの他者である」に言い換えたレヴィ＝ストロースは、それこそが「人間科学」を基礎づけうる「唯一」の原理だと断じる。この断定を導いたのが「エスの系譜」であることは、直後の個所に示されている。

ルソーが表現していること、〔…〕それは——心理学と民族学が私たちによりなじみあるものにしたとはいえ驚くべき真理です——私の中でみずからを考え、考えるのは私かどうかを私にまず疑わせる「それ〔il〕」が存在することです[5]。(ibid., p. 49／六一頁)

メルロ＝ポンティの支援の下で一九五九年にコレージュ・ド・フランス教授に就任したレヴィ＝ストロースは、二年目の講義をこの講演と同じ一九六二年に『今日のトーテミスム』と『野生の思考』と題する二冊の書物として公刊した。フロイトの『トーテムとタブー』を取り上げ、「欲動や感情の効果」でトーテミスムは説明できないと批判する『今日のトーテミスム』には (Lévi-Strauss 1962b (2008), p. 515／一一四頁)、ルソーに言及する個所がある。

まず動物界から人間界へ、自然から文化へ、情動性から知性へという (本当は一つでしかない) 三重の移行、続いて、すでにルソーによって考えられ、私たちがそこにトーテミスムの要を見る動物と植物の世界の社会への適用可能性は、どのように考える必要があるか。〔…〕

ルソーの回答は、それらの区別を保持しながら、その内容が分かち難く情動的かつ知的であり、一方の平面から他方の平面に変えさせるには自覚すれば十分である唯一の心的状態によって人間の自然的条件を定義することにある。(ibid., p. 544／一六五頁)

トーテム餐の対象となる動物と人間をつなぐトーテミスムの「要」が「情動的」であると同時に「知的」であること、動物と人間のあいだを「移行」することにあることを、すでにルソーは知っていた──そう主張するレヴィ＝ストロースは、その移行を「野生の思考」と呼んだ。「私たちが野生と呼ぶ〔…〕この思考の例外的な特徴は、とりわけそれが自身に定める目的の大きさに起因する。それは分析的であると同時に総合的で、それら二つの極の調停を行えるままであり続けつつ両者の方向に極限まで進むと主張している」(Lévi-Strauss 1962c, p. 263／二六三頁)。「分析的」であると同時に「総合的」である〈非理性〉の「野生の思考」は、「エスが考える」にあとから気づかせる。そうしてレヴィ＝ストロースは、「協定言語」が成立した時には忘却されていた「共通言語」を「象徴言語」と呼んだエーリヒ・フロムに近づいていく。「野生の思考は、人類がもはや似たようなものを経験したことのない激しい象徴への願望と、完全に具体的なものに向けられる細心の注意、そしてこれら二つの態度はただ一つでしかないという暗黙の確信によって同時に定義される」(ibid.／同頁)。すべてを「象徴」にしながら「具体的なもの」を手離さない「野生の思考」。それは、あの「引き起こすもの」の「連鎖」や「ネットワーク」にほかならないだろう。

『今日のトーテミスム』には、こんな一節がある。「現代の構造主義の〔…〕一つの結果は連合心理学をそれが落ち込んだ不信から引き出すことであるべきだ、というのはまったく正しい。あらゆる思考の最小の共通点のようなものである基本的論理の輪郭を連合主義が素描したことは賞賛に値するが、そこで問題なのは原初の論理、精神構造の直接的な表現であって、無定形の意識に対する環境の作用の消極的産物ではないのを認めることだけは欠如していた。〔…〕連合の法則を説明するのは、この対立と相関関係、排除と包摂、両立可能性と両立不可能性の論理であって、逆ではない」(Lévi-Strauss 1962b (2008), p. 534／一四七頁)。「対立と相関関係、排除と包摂、両立可能性と両立不可能性の論理」に従う「連合」の論理。そんな〈非理性〉の論理に気づき、動物から超人への「移行」としてある人間が創造する神話の世界に没頭した末、全四巻の大著『神話論理』(一九六四―七一年)を物したレヴィ＝ストロースは、確かに「エスの系譜」に立っていた。

エスはどこで始まったわけでもない。動物がいなくても、人間がいなくても、すべてはエスだった。エスにとっては、それで何の不都合もなかった。ならば、なぜエスは個体を生んだのか。それどころか、なぜ自我を生み、人間が人間になる道を拓いたのか。

答えのありえない問いが無意味だとすれば、これらの問いは無意味だ。かといって、問いを封じ、沈黙するのなら、人間はなかった。問いを放ち、エスが語る言語を沈黙を課したまま聞き取る者がいなければ、人間は人間でなかった。

エスが語る。その沈黙の言語を司る連合の中で「偉大な男」のために「場所」を確保すること。それが人間が人間であるための条件、自我を与えられ、動物である可能性を根底から奪われた生の条件である。ランボーが喝破したように、それは「地獄」にあり続けることだろう。だが、それこそが「至福」だと語る者がいる。

ドゥルーズのほうへ

「超越論的領域とは何か。対象を参照させることも、主体に属することもないかぎりで（経験的表象）、それは経験とは区別される。そうして、それは純粋な非主体的意識の流れ、非人称の前反省的意識、自己のない意識の質的持続として現れる」（Deleuze 1995 (2003), p. 359／一五八頁）。

ジル・ドゥルーズ（一九二五—九五年）。数多の著作を世に問うてきた哲学者が、死の直前、一本の論文を発表する。表題は「内在：一つの生……」（一九九五年）。その冒頭に置かれた右の一節が告げているように、「超越論的領域とは何か」というただ一つの問いのために書かれたテクストは、それをまず「非主体的意識の流れ」、「非人称の前反省的意識」、「自己のない意識の質的持続」と定義した。著者自身が言うように（ibid., p. 360, n. 2／一六五頁）ウィリアム・ジェイムズを想起させるこれらの表現の源泉として挙げられるのは、実存主義の代表として知られるジャン＝ポール・サルトル（一九〇五—八〇年）である。

一九三七年の論文「自我の超越」で「超越論的領域は非人称に、あるいはお好みなら「前人称的」になる。それは「私」なしである」（Sartre 1937 (2003), p. 19／二五頁）と明言されているように、サルトルの言う「超越論的領域」とは非人称の領域である。だから、サルトルはデカルトの「私が考える」にも留保をつける。「私が考えるは、正しく行われるなら、状態も行為も構成しない純粋意識を理解することである以上、なぜ私が考えるに際して自我〔Je〕が姿を見せるのかを問うことができるだろう。実を言えば、ここに自我は必要ない」（ibid., p. 72／七二―七三頁）。このとき見出されているのは、デカルトがかいま見た、あの非人称の「思われること」である。そうしてサルトルはランボーの名を掲げる。

> 反省的態度はランボーの（見者の手紙の）有名な言葉「私は一つの他者である」によって正しく表現される。彼が言いたかったのは、意識の自発性が自我から発することはありえず、それは自我に向かっていき、自我に合流して、みずからの明澄な厚みの下に自我がかいま見えるようにするが、何よりもまず個体化された非人称の自発性として与えられる、ということだけだったのは文脈が証明している。（ibid., p. 78／七九頁）

このサルトルの文章をかつて「決定的な論文」と明言したドゥルーズは（Deleuze 1969, p. 120／(上)一八〇頁）、サルトルが言うような「非人称の前反省的意識」を超越論的領域として定義することに向けられる反論を予期してか、こんなことを言う。「超越論的なものがそのような直接的所与によって定義されることは奇妙に見えるかもしれない。主体と対象から世界を作るあらゆるものとは反対に、超越論的経験論と言われるだろう」(Deleuze 1995 (2003), p. 359／一五八頁)。カントが示した「経験的なもの」と「超越論的なもの」の区別、そして言語を司る論理は「超越論的」だと断じたヴィトゲンシュタインを思い出せば、「超越論的経験論」というのが奇妙な呼称であることは明らかだろう。だが、「理念」や「概念」に対置されるのが「経験」なら、エスが沈黙の言語を語る超越論的領域にありうるのは経験以外ではない。理念や概念さえ経験としてあるのが超越論的領域なのだ。

超越論的領域には「私」も主体もない。他者も対象もない。だから、対象に対してのみ成立する超越性もない。それゆえ、ドゥルーズは言う。「超越的なものは超越論的なものではない。意識がないのなら、超越論的領域は、あらゆる主体と対象の超越から免れる以上、純粋な内在平面として定義されるだろう」(ibid., p. 360／一五九頁)。超越論的領域が「内在平面」と呼ばれるのは「超越」がないからだが、その内在は「外部」と対になる「内部」ではなく、いっさいの外部がない内部、「絶対的内在」だと言わなければならない。「絶対的内在は、それ自体の内にある。それは何かの中にはなく、何かに帰属せず、対象に依拠しないし、主体に属さない」(ibid.／同頁)。むろん、これは独我論に通じている。だが、絶対的内在とは、超越論的なものまでが経験としてある領域であり、それが経験である以上、そこには経験する者がいる。むろん、それは主体ではありえない。いかなる「私」でもありえない。というより、それは名づけた途端にいっさいが失われてしまう何かだ。

だが、ドゥルーズは言葉を続ける。「純粋な内在について、それは一つの生であって他の何ものでもない、と言われるだろう。それは生への内在ではないが、何ものの内にもない内在は、それ自体、一つの生である」(ibid.／一六〇頁)。何にも内在しない絶対的内在とは「一つの生」である。それは個体が一般的な「生」に内在するということではない。何かによって生まれたのでも、何かによって「生きられている」のでもない生――すなわち、エスにほかならない。そうしてドゥルーズは断言する。

「それは完全な力、完全な至福である」(ibid.／同頁)。

この言葉を前にするとき、一七六五年にスイス西部のジュラ山脈の麓、ビエンヌ湖に浮かぶサン＝ピエール島でルソーが経験した出来事が脳裏をかすめる。

湖の岸辺に赴いたルソーは、人目につかない浜辺に腰を下ろした。


そこでは魂にとって時間は何ものでもなく、いつでも現在が持続しているにもかかわらず、その持続を示すことも、いかなる継続の痕跡も、存在の感覚以外の欠乏と享楽、快と不快、欲望と不安といった、いかなる感覚もなく、その存在の感覚だけで完全に魂を満たすことができる。この状態が続くかぎり、その状態にある人は幸福と言われうる。

(Rousseau 1782 (1959), p. 1046／七四頁)

「現在」の「持続」だけがあって時間がない状態とは、いかなる主体もなしに、ただある状態、いわば「……がある（Es gibt ...）」の「……が」がない状態である。それは「快」とも「不快」とも無縁である以上、そこに訪れる「幸福」は「不幸」と対になるものではない。だからこそ、ドゥルーズは「至福（béatitude）」と書いた。それは個体にとって、必ずしも快ではない。そのことは、こんな例で示される。「一つの生……超越論的なものの印としての不定冠詞を考慮に入れて、一つの生とは何かをディケンズよりうまく語った者はいない」(Deleuze 1995 (2003), p. 361／一六〇頁)。取り上げられるのは、イギリスの作家チャールズ・ディケンズ（一八一二―七〇年）が晩年に残した作品『われらが共通の友』（一八六四―六五年）である。

霧に煙るテムズ川で、蒸気船が視界不良のため衝突事故を起こす。ぶつけられた荷舟はひとたまりもなく水没し、乗っていた者は川に投げ出された。捜索の末に助け出されたのは、誰もが嫌う悪党ライダーフッドである。溺死しかけて生死の境をさまよう悪党は蘇生術を施され、誰もが固唾《かたず》を呑んで見守っている――。

そのとき、そこには「一つの生」がある、とドゥルーズは言う。「内的な生と外的な生による偶発事、すなわち起きることの主観性と客観性による偶発事から解き放たれた純粋な出来事を引き出す、非人称の、しかし特異な一つの生に個体の生は道を譲る」(ibid.／一六一頁)。そうしてライダーフッドという名前をもつ個体は退き、「一つの生」がいかなる「私」とも無縁の「純粋な出来事」を出現させる。生還を願って見守る人々にとっては、目の前の男が悪党だったことなど、もはや問題ではない。「事物に囲まれて一つの生を受肉していた主体だけが、その生を善くしたり悪くしたりしていた。そのように個体化された生は、他の誰とも混同されないにもかかわらず、もはや名前をもたない一人の男の特異で内在的な生のために消え去る」(ibid., pp. 361-362／同頁)。実際、肉体に生気が甦り、ついに息を吹き返した途端、人々の目にはライダーフッドという名前の個体が映る。それは前と何も変わらない悪党だ。ディケンズは、こんな描写を挿入している。「この生気は、くすぶって消えるかもしれないし、真っ赤に燃えて大きくなるかもしれない。だが、見ろ！　四人の武骨なやつらが、それを見て涙をこぼしている。この世のライダーフッドも、あの世のライダーフッドも、やつらの涙を誘えないだろう」(Dickens 1864-65 (1997), p. 420／㊥三二二頁)。

ライダーフッドが生死の境をさまよいながら個体性を失うとき、そこに「一つの生」が現れる。そのまま肉体が死を迎えれば、「一つの生」も消え去るだろう。だが、それは「一つの生」の死を意味するわけではない。「一つの生」は始まりも終わりもしないからだ。それゆえ、死を迎えた肉体は、その瞬間、個体の死だけを示し、ライダーフッドという名前を取り戻す。だからこそ、「この世のライダーフッドも、あの世のライダーフッドも、やつらの涙を誘えないだろう」と言われるのだ。

その時である。あのジークムント・エクスナーの名を挙げた『失語症の理解に向けて』にフロイトがこんなエピソードを残していたことに気づくのは。「私は自分が生命の危機にあると思ったことが二回あるのを覚えているが、その知覚は二回ともまったく突然生じた。いずれの場合も「もうお前はおしまいだ」と心に浮かんだ。私の内的な発話はふだんはまったく曖昧な音声像だけをともない、強い唇の感覚もほとんど生じないのに、その危機では、この言葉をまるで人が私の耳に叫ぶかのように聞くと同時に、風に舞う紙片に印刷されたように目にした」(Freud 1891 (1992), S. 106／七七頁)。

生死の境をさまようフロイト。そのただなかに現れた「もうお前はおしまいだ」という言葉は、「私」ではなく「人 (man)」の言葉だった——奇しくもランボーが没した年に公刊されたこの著作にそう書いたフロイトは、そのときエスが語る沈黙の言語を聞き取っていただろう。

傷をもつ者

デカルト、そしてメルロ＝ポンティと同じように溺死しかける人の例を引き合いに出したドゥルーズは、地獄こそが「至福」であることを示した。そのただなかでエスが語る沈黙の言語を聞き取る者がいる。だからこそ、人間は人間でありうる。だが、ライダーフッドに見られたように、個体性が退く時に「一つの生」が現れるとしても、それは「一般」としての生が「個別」としての個体に生をもたらすということではない。それはエスが対立というものを知らないことと正確に対応している。

だから、「一つの生」に付された「一つの」という不定冠詞は「多」と対になる「一」ではなく、決して「多」と対にならない〈一〉を示す指標と言うべきだ。「一つの、は常に多数性の印である」(Deleuze 1995 (2003), p. 362／一六三頁)。だとすれば、個体が存在しないところに「一つの生」はあるか――エスをめぐって放ちうる、おそらく最後の問いを抱くとき、はからずも再びデカルトとメルロ＝ポンティの二人と同じ例を挙げてドゥルーズがこう記した意味に気づくだろう。

> 一つの特異な生はあらゆる個体性や、その生を個体化するあらゆる付随物なしで済ませうることさえ明らかになる。例えば、乳児はすべて似ていて、ほとんど個体性をもたない。しかし、特異性、微笑み、身ぶり、しかめ面、主体の特徴ではない出来事をもつ。純粋な力であり、苦痛と弱さを貫く至福ですらある、一つの内在的な生に乳児は貫かれている。(ibid.／一六二頁)

「苦痛と弱さを貫く至福」とは何か――その問いは、こんなふうに言い換えることができるだろう。なぜ「ほとんど個体性をもたない」乳児は、まるで苦痛を味わっているかのように泣きながら生まれてくるのか。答えは、この一節に記されている。個体性をもたない乳児は「特異性」をもつからだ。そして特異性は潜在的なものの現実化によってもたらされるからだ。ドゥルーズが守り通した「潜在的なもの（le virtuel）」の「現実化（actualisation）」と「可能的なもの（le possible）」の「実在化（réalisation）」の区別。「実在性（réalité）」の語がラテン語の"res"（もの、事物）に由来するように、実在化される個体性は「一」と対になる「多」の可算的複数性をもつが、「現実性（actualité）」の語がラテン語の"actio"（行為、行動）に由来するように、現実化される特異性はジェイムズが見出した「非主体的意識の流れ」のただなかにあり、そうである以上、可算的複数性をもつことはない。これはまさに「一」と〈一〉の違いに対応している。そうして、ついにドゥルーズはその潜在的なものに名前を与える。「事物の状態と体験の中で、傷が受肉し、あるいは現実化する。しかし、傷はそれ自体、私たちを一つの生の中に連れていく内在平面の上の純粋に潜在的なものである。私の傷は私より前に存在していた……」（ibid., p. 363／一六四頁）。

「純粋に潜在的なもの」である「傷」。この唐突な語を前にして思い出されるのは、『意味の論理学』（一九六九年）に見られるこんな一節だろう。「表面と皮膚を無数の小さな穴が開いたものとして捉える統合失調症患者の能力をフロイトは強調していた。その帰結は、肉体全体はもはや深層でしかなく、あらゆる事物を運んで、根本的な退化を表す大きく開いた深層に捕えるということである。すべては物体で、すべては物体的である」(Deleuze 1969, p. 106／(上)一五九―一六〇頁)。言語をめぐってなされた「表面」と「深層」の区別は、可能的なものと潜在的なものに対応している。フロイトが論文「無意識」(一九一五年) に記した統合失調症患者の例 (Freud 1915 (1991), S. 298／二四八頁以下) を参照するドゥルーズは、穴が開いて表面が破壊され、個体性が失われて深層だけになるとき「すべては物体で、すべては物体的である」と言う。むろん、ここで言われる「物体性」は、可算的な事物がそなえる物質性とは無縁のものでなければならない。それは「自然の物質化」と無縁のエスが語る沈黙の言語がそなえる非物質的な物体性である。

だが、なぜそれは「物体性」なのか。答えは続く個所に記されている。「この表面の破綻においては、すべての語が意味を失う。〔…〕幻覚の形をとっても、あらゆる出来事は実行される。あらゆる語は物質的で、肉体に直接害をなす。〔…〕ピンで留められた語は、意味を失い、と同時に粉々に砕け散って、音節、文字、そしてとりわけても肉体に直接影響を及ぼし、肉体に浸透して傷をつける子音に分解される」(Deleuze 1969, p. 107／(上)一六〇―一六一頁)。

エスが語るとき、そこで語られているのは、表面には決して現れない沈黙の言語、深層の言語である。「すべての語が意味を失い」、「粉々に砕け散った」深層の言語は、それでも言語でなければならない。そうでなければ、エスが語ることはない。だが、エスが語るのが言語である以上、可算的な物質性とは無縁であれ、深層の言語はある物体性をもち、それゆえ「傷」を与える。その傷は、むろん潜在的なものである。潜在的なものはただあるだけで、それが現実化される保証はいっさいないが、現実化されたなら、その傷は傷をもつ者に先行していたことに気づく。だから、個体性をそなえていなくとも、人間は生まれ落ちた瞬間、初めてその傷みに気づき、可算的な物質性をそなえたこの世界に泣きながら現れるのだ。「私の傷は私より前に存在していた……」。傷が潜在的なものである以上、傷を可能的なもののように思わせかねないドゥルーズの言葉は正確ではないだろう。傷がただある——言えるのはそれだけで、それを「私」の傷だと言える者などいはしない。だが、その傷に気づく者がいる。その者は「私」という語を知らないばかりか、必要とすらしていない。しかし、その者が傷に気づくとき、それはいずれかの「私」の傷となる。そのとき、その者も「私」という語を知るだろう。「一つの生」が「至福」なら、「私」という語を知ることは不幸である。ならば、傷に気づく者が現れなければよいのか。

そんなことはない。潜在的なものである傷は、ただあるからだ。

だから、「私」という語を知っている者として語り続けること。「私」の傷を知っている者として語り続けること。どんなに逆説的であろうとも、それだけがエスが語る沈黙の言語を聞き取り、「私」が人間であることを知るための条件である。今日も泣きながら生まれ来る子供たちがいるかぎり、「エスの系譜」は今もここに流れ続けているのだから。

注

（1）加國二〇〇八、二八頁参照。
（2）加國二〇〇八、三二―三三頁参照。
（3）これらの符合については、高橋一九九〇（一九九二）、一八九頁参照。
（4）渡辺哲夫が「反・反・動物性」と呼ぶのは、この「人間であること」の本質だろう（渡辺二〇〇七b、一八頁以下）。
（5）この一節は、Libera 2007, p. 33 でも考察されている。

あとがき

私はいったい何を書いたのだろう。今、思うのはそのことである。

これは私が書いたのではない、エスが書いたのだ、などと言いたいのではない。それを言うなら、あらゆる書かれたものはエスが書いたのだ。語られたものを前にして、そこから遡って「エスが語った」と語るとき、そう語っているのもまたエスだ、と言われることになるのは必定だろう。その事後性に胚胎するさまざまな可能性とさまざまな欺瞞をめぐって織りなされてきた系譜を、本書は可能なかぎり語ろうとした。おそらく、そのように事後的に語ることによってしか「エスの系譜」を浮かび上がらせることはできない。

だから、ここで語られているのは、エスそのものではない。そもそも、エスそのものがあるかないかなど、「私」という語を使いうる者には決して言えないことだろう。語られるものがあるなら語ることがあり、そうであるならエスが語ることを想定しなければならない。ただそう言えるだけだ。そして、ただそう言うことに意味があるとすれば、それは語ることが人間が人間であることに否応なくともなわれる桎梏であるためだろう。「エス」というたった一語から伸びる幾本ものか細い糸をたどり、それらが描こうとしている輪郭を刻印しようと試みた本書がまがりなりにも形をなすことができたのは、ひとえにその桎梏から目を逸らすことを許さなかったもののおかげである。それもまたエスだろうか……。

本書の基になった原稿が書かれたのは、もう五年以上前になる。発端のきっかけが何だったのか、今となっては正確に思い出すことができない。ハイデガーがこだわったドイツ語の„Es gibt“という表現に惹かれたのか、あるいは、そのハイデガーの論を取り上げたジャック・デリダの文章に触発されるものがあったのだろうか。いずれにせよ、それは言語の問題として私に棲みつき、その後、憑かれるように格闘してきたソシュールという言語学者について考えることと根底で結びついた。それゆえ、最終的には異なる形になったが、最初の原稿は前著『フェルディナン・ド・ソシュール——〈言語学〉の孤独、「一般言語学」の夢』の基となった学位論文の「序章」にすることを期して書かれたものでもあった。だから、たとえそう見えなかったとしても、前著と本書は決して切り離すことのできない双子の兄弟だと私は思っている。

本書の執筆にあたって、木村敏先生のご論考「エスについて——フロイト・グロデック・ブーバー・ハイデガー・ヴァイツゼッカー」が大きな導きとなったことは言うまでもない。このご論考が切り拓いた道があったからこそ、そのあとを追うようにして、私は「エスの系譜」をたどることができた。また、グロデックに関する野間俊一先生の卓越したご研究がなければ、本書は成り立たなかっただろう。

精神分析家でもなければ、臨床経験があるわけでもない私に、フロイトを中心に据えて書く勇気を与えてくださったのは、渡辺哲夫先生にほかならない。右で触れた最初の原稿をお送りさせていただいたのは、二〇〇七年のことである。すぐに目を通してくださった先生からいただいた深い理解と共感がなかったら、決して本書は存在しなかった。同じように早い段階で原稿をご覧になってくださった宇野邦一先生、小林敏明先生、斎藤慶典先生、兼利琢也先生、立木康介先生に、心からの感謝を捧げたい。第一級の読み手であり書き手である先生がたと縁をもたせていただけた私は本当に恵まれている。なお、小林先生、斎藤先生には本書が出版につながるための多大なお力添えを、兼利先生にはラテン語について、立木先生にはフロイトのテクストの解釈と翻訳について貴重なご教示を賜ったことを特に記し、衷心より謝意を表する次第である。

そして、本書の出版を実現し、編集をご担当くださった講談社の林辺光慶さんに、伏して御礼を申し上げたい。どのジャンルに属するのかすら定かでない原稿に関心をもってくださり、書物として仕上げていくためにいくつもの示唆を与えてくださった林辺さんとは、その過程で何度もお目にかかり、さまざまなお話をさせていただいた。私にとって何よりもまず敬愛すべき大先輩の編集者である林辺さんは、驚くほど自由でとらわれのないお心をもつ人である。そんなかたに興味を寄せていただけたことを、私は誇りに思っている。

前著の「あとがき」に、私は「これが自分の最初で最後の著書になるかもしれない」と記した。こうして二冊目になる著書を世に送り出すことができた今、やはり私はこれが最後の著書になるかもしれないと思っている。つまり、私にとって、書くことは常に背水の陣の試みであり、遺書を書くことと完全に同義である。それは私の遺書だろうか。そう言いきることの不遜に対する怖れを私は抱く。たぶん、その怖れが消えることはないだろう。消える時が来るとすれば、その時にはもう私に書くことが訪れなくなる、ということだ。それが喜ぶべきことなのか、悲しむべきことなのかは、これからの生が決めてくれる、私はそう信じている。

二〇一〇年七月

互　盛央

書 誌

外国語文献

Adorno, Theodor W. 1951 (2003), „Kulturkritik und Gesellschaft“, in *Soziologische Forschung in unserer Zeit: Leopold von Wiese zum 75. Geburtstag*, Herausgegeben von Karl Gustav Sprecht, Westdeutscher, 1951; in *Prismen: Kulturkritik und Gesellschaft*, Suhrkamp, 1955; in *Gesammelte Schriften*, Herausgegeben von Rolf Tiedemann unter Mitwirkung von Gretel Adorno, Susan Buck-Morss und Klaus Schultz, Band 10.1, Suhrkamp, 1977; 2003.（「文化批判と社会」、『プリズメン――文化批判と社会』渡辺祐邦・三原弟平訳、筑摩書房（ちくま学芸文庫）、一九九六年）

Barrès, Maurice 1892 (1994), « Examen des trois romans idéologiques », in *Sous l'œil des barbares*, Perrin, 1892; in *Romans et voyages*, Edition établie par Vital Rambaud, Robert Laffont, 1994.

——1897 (1994), *Les déracinés*, Charpentier, 1897; in *Romans et voyages*, Robert Laffont, 1994.（『根こぎにされた人々』（全二冊）、吉江喬松訳、新潮社（新潮文庫）、一九三九年）

——1902 (1987), *Scènes et doctrines du nationalisme*, Plon, 1902; Trident, 1987.（『国家主義とドレフュス事件』稲葉三千男訳、創風社、一九九四年（抄訳））

——1929, *Mes cahiers*, Tome I, Janvier 1896-Février 1898, Plon, 1929.

——1930, *Mes cahiers*, Tome II, Février 1898-Mai 1902, Plon, 1930.

Bastian, Adolf 1868, *Beiträge zur vergleichenden Psychologie*, Ferd. Dümmler's, 1868.

Bismarck Gespräche, Von seinem Anwalt Justizrat Ferdinand Philipp aufgezeichnet und aus dessen Nachlass herausgegeben, Carl Reissner, 1927; 3. Auflage, 1928.

Bismarck, Otto von 1915, *Der Kanzler: Otto von Bismarck in seinen Briefen, Reden und Erinnerungen, sowie in Berichten und Anekdoten seiner Zeit*, Mit geschichtlichen Verbindungen von Tim Klein, Langewiesche-Brandt, 1915.

Blanchot, Maurice 1955, *L'espace littéraire*, Gallimard, 1955.（『文学空間』粟津則雄・出口裕弘訳、現代思潮社、一九八三年）

——1971 (2003), « Le "Discours philosophique" », *L'Arc*, N° 46, quatrième trimestre 1971; in *Maurice Blanchot: Récits critiques*, Textes réunis par Christophe Bident et Pierre Vilar, Farrago-Léo Scheer, 2003.（「「哲学的言説」なるもの」豊崎光一訳、『現象学研究』特別号「モーリス・メルロ＝ポンティ」せりか書房、一九七六年）

Bonnefoy, Yves 1961, *Rimbaud par lui-même*, Seuil, 1961.（『ランボー』（改訂版）、阿部良雄訳、人文書院、一九七七年）

Breuer, Josef 1895 (1987), „Theoretisches", in Josef Breuer und Sigmund Freud, *Studien über Hysterie*, Franz Deuticke, 1895; in *Gesammelte Werke*, Nachtragsband, Herausgegeben von Angela Richards unter Mitwirkung von Ilse Grubrich-Simitis, Fischer, 1987.（「理論的部

分」、『ヒステリー研究』芝伸太郎訳、『フロイト全集』第二巻、岩波書店、二〇〇八年）
Briefe von und an Hegel, Band 1, Herausgegeben von Johannes Hoffmeister, Felix Meiner, 1952.（『ヘーゲル書簡集』小島貞助訳、日清堂書店、一九七五年（抄訳））
Briefwechsel Sigmund Freud - Georg Groddeck, Herausgegeben von Michael Giefer in Zusammenarbeit mit Beate Schuh, Stroemfeld, 2008.
Buber, Martin 1923（1995）, *Ich und Du*, Insel, 1923; Philipp Reclam jun., 1995.（『我と汝』、『我と汝・対話』田口義弘訳、みすず書房、一九七八年）
——1933（1964）, „Biblischer Humanismus“, *Der Morgen*, Jahrgang 9, Heft 4, 1933; in *Die Stunde und die Erkenntnis: Reden und Aufsätze* 1933-1935, Schocken, 1936; in *Werke*, Band 2, Kösel - Lambert Schneider, 1964.
——1945（1964）, *Moses*, Jerusalem, 1945; in *Werke*, Band 2, Kösel - Lambert Schneider, 1964.（『モーセ』荒井章三・早乙女禮子・山本邦子訳、『マルティン・ブーバー聖書著作集』第一巻、日本キリスト教団出版局、二〇〇二年）
——1963（1993）, „Die Brennpunkte der jüdischen Seele“（März 1930）, in *Der Jude und sein Judentum: Gesammelte Aufsätze und Reden*, Melzer, 1963; 2., durchgesehene und um Register erweiterte Auflage, Lambert Schneider, 1993.
Canguilhem, Georges 1980（1993）, « Le cerveau et la pensée », *Prospective et Santé*, N° 14, été 1980; in *Georges Canguilhem: Philosophe, historien des sciences. Actes du colloque*（*6-7-8 décembre 1990*）, Albin Michel, 1993.

Carnap, Rudolf 1928 (1998), *Der logische Aufbau der Welt*, Weltkreis-Verlag, 1928; Felix Meiner, 1998.

Castellan, Yvonne 1955 (1974), *La parapsychologie*, Presses Universitaires de France, 1955; 4e édition, 1974.（『超心理学』田中義廣訳、白水社（文庫クセジュ）、一九九六年）

Deleuze, Gilles 1969, *Logique du sens*, Minuit, 1969.（『意味の論理学』（全二冊）、小泉義之訳、河出書房新社（河出文庫）、二〇〇七年）

——1995 (2003), « L'immanence: Une vie... », *Philosophie*, N° 47, septembre 1995; in *Deux régimes de fous: Textes et entretiens 1975-1995*, Edition préparée par David Lapoujade, Minuit, 2003.（「内在——ひとつの生……」小沢秋広訳、宇野邦一監修『ドゥルーズ・コレクションI　哲学』河出書房新社（河出文庫）、二〇一五年）

Derrida, Jacques 1964 (1967), « Cogito et histoire de la folie », *Revue Métaphysique et de Morale*, 68, 1964; in *L'écriture et la différence*, Seuil, 1967.（「コギトと狂気の歴史」、『エクリチュールと差異』合田正人・谷口博史訳、法政大学出版局（叢書・ウニベルシタス）、二〇一三年）

Descartes, René 1637 (2000), *Discours de la méthode*, A Leyde de l'imprimerie de Jan Maire, 1637; Présentation, notes, dossier, bibliographie et chronologie par Laurence Renault, Flammarion, 2000.（『方法序説』谷川多佳子訳、岩波書店（岩波文庫）、一九九七年）

——1641 (1992), *Meditationes de Prima Philosophia*, Michael Soly, 1641; in *Méditations métaphysiques: Objections et réponses suivies de quatre lettres*, Chronologie, présentation et bibliographie de Jean-Marie Beyssade et Michelle Beyssade, Flammarion, 1992.（『省察』山田弘明訳、筑摩書房（ちくま学芸文庫）、二〇〇六年）

Dickens, Charles 1864-65 (1997), *Our Mutual Friend*, Chapman & Hall, 1864-65; Wordsworth, 1997.（『我らが共通の友』（全三冊）、間二郎訳、筑摩書房（ちくま文庫）、一九九七年）

Ellenberger, Henri F. 1970, *The Discovery of the Unconscious: The History and Evolution of Dynamic Psychiatry*, Basic Books, 1970.（『無意識の発見――力動精神医学発達史』（全二冊）、木村敏・中井久夫監訳、弘文堂、一九八〇年）

Exner, Sigmund 1889, „Über allgemeine Denkfehler“, *Deutsche Rundschau*, LVIII, 1889.

——1894 (1999), *Entwurf zu einer physiologischen Erklärung der psychischen Erscheinungen*, Franz Deuticke, 1894; Harri Deutsch, 1999.

Felman, Shoshana 1973 (1978), «« Tu as bien fait de partir, Arthur Rimbaud »», *Littérature*, N° 6, octobre 1973 (« Poésie et modernité: « Tu as bien fait de partir, Arthur Rimbaud »»); in *La folie et la chose littéraire*, Seuil, 1978.（「「よくぞ出発した、アルチュール・ランボーよ」」、『狂気と文学的事象』土田知則訳、水声社、一九九三年）

Feuerbach, Ludwig 1841 (1969), *Das Wesen des Christentums*, Otto Wigand, 1841; Philipp Reclam jun., 1969.（『キリスト教の本質』（全二冊）、船山信一訳、岩波書店（岩波文庫）、一九六五年）

——1846 (1971), „Wider den Dualismus von Leib und Seele, Fleisch und Geist“, in *Ludwig Feuerbach's sämmtliche Werke*, Band 2, Otto Wigand, 1846; in *Gesammelte Werke*, Band

10, Herausgegeben von Werner Schuffenhauer, Akademie-Verlag, 1971.（「肉体と霊魂、肉と精神の二元論に抗して」、『フォイエルバッハ全集』第二巻、船山信一訳、福村出版、一九七四年）

Fichte, Johann Gottlieb 1794（1984）, *Grundlage der gesamten Wissenschaftslehre als Handschrift für seine Zuhörer*, Christian Ernst Gabler, 1794; Felix Meiner, 1984.（『全知識学の基礎』（全二冊）、木村素衞訳、岩波書店（岩波文庫）、一九四九年）

——1797（1984）, „Versuch einer neuen Darstellung der Wissenschaftslehre“, *Philosophisches Journal einer Gesellschaft Teutscher Gelehrten*, Band V, Heft 1, 1797; in *Versuch einer neuen Darstellung der Wissenschaftslehre: Vorerinnerung, erste und zweite einleitung, erstes Kapitel*（1797/98）, Auf der Grundlage der Ausgabe von Fritz Medicus, neu herausgegeben von Peter Baumanns, Felix Meiner, 1984.（「知識学の新叙述の試み」、『全知識学の基礎』上、木村素衞訳、岩波書店（岩波文庫）、一九四九年）

——1808（1978）, *Reden an die deutsche Nation*, Realschulbuchhandlung, 1808; Felix Meiner, 1978.（『ドイツ国民に告ぐ』石原達二訳、玉川大学出版部（西洋の教育思想）、一九九九年）

Flournoy, Théodore 1901（1974）, « Observations psychologiques sur le spiritisme », in *IVe Congrès international de psychologie, tenu à Paris, du 20 au 26 août 1900 sous la présidence de Th. Ribot. Compte rendu des séances et texte des mémoires*, Publiés par les soins Pierre Janet, Alcan, 1901; Kraus Reprint, 1974.

Foucault, Michel 1961（1972）, *Histoire de la folie à l'âge classique*, Plon, 1961; Gallimard,

1972.（『狂気の歴史──古典主義時代における』田村俶訳、新潮社、一九七五年）

Freud, Sigmund 1891 (1992), *Zur Auffassung der Aphasien: Eine kritische Studie*, Franz Deuticke, 1891; Herausgegeben von Paul Vogel, bearbeitet von Ingeborg Meyer-Palmedo, Fischer, 1992.（『失語症の理解にむけて──批判的研究』中村靖子訳、『フロイト全集』第一巻、岩波書店、二〇〇九年）

──1900 (1998), *Die Traumdeutung*, Franz Deuticke, 1900; in *Gesammelte Werke*, II/III, Herausgegeben von Anna Freud, E. Bibring, W. Hoffer, E. Kris, O. Isakower, Fischer, 1942; 8. Auflage, 1998.（『夢解釈』（全二巻）、新宮一成訳、『フロイト全集』第四─五巻、岩波書店、二〇〇七─一一年）

──1901 (2005), *Zur Psychopathologie des Alltagslebens: Über Vergessen, Versprechen, Vergreifen, Aberglaube und Irrtum*, *Monatsschrift für Psychiatrie und Neurologie*, Band X, Heft 1-2, 1901; in *Gesammelte Werke*, IV, Fischer, 1941; 10. Auflage, 2005.（『日常生活の精神病理学にむけて──度忘れ、言い違い、取りそこない、迷信、勘違いについて』高田珠樹訳、『フロイト全集』第七巻、岩波書店、二〇〇七年）

──1914 (1991), „Zur Geschichte der psychoanalytischen Bewegung", *Jahrbuch für psychoanalytische und psychopathologische Forschungen*, Band VI, 1914; in *Gesammelte Werke*, X, Fischer, 1946; 8. Auflage, 1991.（「精神分析運動の歴史のために」福田覚訳、『フロイト全集』第一三巻、岩波書店、二〇一〇年）

──1915 (1991), „Das Unbewußte", *Internationale Zeitschrift für Psychoanalyse*, Band III,

Heft 4-5, 1915; in *Gesammelte Werke*, X, Fischer, 1946; 8. Auflage, 1991.（「無意識」新宮一成訳、『フロイト全集』第一四巻、岩波書店、二〇一〇年）

——1920 (1998), *Jenseits des Lustprinzips*, Internationaler Psychoanlytischer Verlag, 1920; in *Gesammelte Werke*, XIII, Fischer, 1940; 10. Auflage, 1998.（『快原理の彼岸』須藤訓任訳、『フロイト全集』第一七巻、岩波書店、二〇〇六年）

——1921 (1998), *Massenpsychologie und Ich-Analyse*, Internationaler Psychoanalytischer Verlag, 1921; in *Gesammelte Werke*, XIII, Fischer, 1940; 10. Auflage, 1998.（『集団心理学と自我分析』藤野寛訳、『フロイト全集』第一七巻、岩波書店、二〇〇六年）

——1923 (1998), *Das Ich und das Es*, Internationaler Psychoanalytischer Verlag, 1923; in *Gesammelte Werke*, XIII, Fischer, 1940; 10. Auflage, 1998.（『自我とエス』道籏泰三訳、『フロイト全集』第一八巻、岩波書店、二〇〇七年）

——1925 (1991), „»Selbstdarstellung«“, *Die Medizin der Gegenwart in Selbstdarstellung*, Band IV, Herausgeben von L. R. Grote, Felix Meiner, 1925; in *Gesammelte Werke*, XIV, Fischer, 1948; 7. Auflage, 1991.（『みずからを語る』家高洋・三谷研爾訳、『フロイト全集』第一八巻、岩波書店、二〇〇七年）

——1933 (1996), *Neue Folge der Vorlesungen zur Einführung in die Psychoanalyse*, Internationaler Psychoanalytischer Verlag, 1933; in *Gesammelte Werke*, XV, Fischer, 1944; 9. Auflage, 1996.（『続・精神分析入門講義』道籏泰三訳、『フロイト全集』第二一巻、岩波書店、二〇一一年）

——1935（1987）, „Ergänzungen zur *Selbstdarstellung*“, in *Autobiography*, Norton, 1935; in *Gesammelte Werke*, Nachtragsband, Herausgegeben von Angela Richards unter Mitwirkung von Ilse Grubrich-Simitis, Fischer, 1987.（「『みずからを語る』補筆」家高洋訳、『フロイト全集』第一八巻、岩波書店、二〇〇七年）

——1939（1993）, *Der Mann Moses und die monotheistische Religion*, Allert de Lange, 1939; in *Gesammelte Werke*, XVI, Fischer, 1950; 7. Auflage, 1993.（『モーセという男と一神教』渡辺哲夫訳、『フロイト全集』第二二巻、岩波書店、二〇〇七年）

——1940（1993）, „Abriß der Psychoanalyse“（1938）, *Imago*, Band XXV, Heft 1, 1940, in *Gesammelte Werke*, XVII, Fischer, 1941; 8. Auflage, 1993.（「精神分析概説」津田均訳、『フロイト全集』第二二巻、岩波書店、二〇〇七年）

——1941（1993）, „Ergebnisse, Ideen, Probleme“（1938）, in *Gesammelte Werke*, XVII, Fischer, 1941; 8. Auflage, 1993.（「成果、着想、問題」高田珠樹訳、『フロイト全集』第二二巻、岩波書店、二〇〇七年）

——1986（1999）, *Briefe an Wilhelm Fliess 1887-1904*, Ungekürzte Ausgabe, herausgegeben von Jeffrey Moussaieff Masson, Bearbeitung der deutschen Fassung von Michael Schröter, Transkription von Gerhard Fichtner, Fischer, 1986; 2. Auflage, 1999.（『フロイト　フリースへの手紙 1887-1904』河田晃訳、誠信書房、二〇〇一年）

——1989, *Jugendbriefe an Eduard Silberstein 1871-1881*, Herausgegeben von Walter Boehlich, Fischer, 1989.

Fromm, Erich 1951 (1957), *The Forgotten Language: An Introduction to the Understanding of Dreams, Fairy Tales and Myths*, Holt, Rinehart and Winston, 1951; Grove Press, 1957. (『夢の精神分析——忘れられた言語』外林大作訳、東京創元社（現代社会科学叢書）、一九七一年）

——1963 (2004), "Medicine and the Ethical Problem of Modern Man" (originally delivered as The George W. Gay Lecture upon Medical Ethics, at Harvard Medical School, April, 1957, under the title, "The Ethical Problem of Modern Man"), in *The Dogma of Christ, and Other Essays on Religion, Psychology and Culture*, Routledge & Kegan Paul, 1963; Routledge, 2004. (「医学と現代人の倫理」、『革命的人間』谷口隆之助訳、東京創元社（現代社会科学叢書）、一九六五年）

——1979 (1981), *Greatness and Limitations of Freud's Thought*, Harper & Row, 1979; Mentor, 1981. (『フロイトを超えて』佐野哲郎訳、紀伊國屋書店、一九八〇年）

Gaede, Friedrich 2006, „Konflikt und Erkenntnis: Zur Entscheidungskraft des Unbewußten", in *Wegmarken der Individuation*, Herausgegeben von Thomas Arzt, Axel Holm, Königshausen & Neumann, 2006.

Gasser, Reinhard 1997, *Nietzsche und Freud*, de Gruyter, 1997.

Gay, Peter 1988 (1998), *Freud: A Life for Our Time*, W. W. Norton, 1988; 1998. (『フロイト』（全二冊）、鈴木晶訳、みすず書房、一九九七—二〇〇四年）

George, Stefan 1919 (2008), „Das Wort", *Blätter für die Kunst*, 11-12, 1919; in *Das neue Reich*, G. Bondi, 1928; in *Die Gedichte: Tage und Taten*, Klett-Cotta, 2003; 2. Auflage, 2008. (「言

葉」、『ゲオルゲ全詩集』富岡近雄訳、郁文堂、一九九四年）
Goethe, Johann Wolfgang von 1949 (1964), „Im ernsten Beinhaus war's, ...“ (September 1826), in *Goethes Werke*, Band I, Textkritisch durchgesehen und mit Anmerkungen versehen von Erich Trunz, Christian Wegner, 1949; 7. Auflage, 1964.（「厳粛な納骨堂のなかだった…」田口義弘訳、『ゲーテ全集』（新装普及版）、第一巻、潮出版社、二〇〇三年）
——1971, „Die Natur: Fragment (Aus dem „Tiefurter Journal“ 1783)“, in *Goethes Werke*, Band XIII, Textkritisch durchgesehen und mit Anmerkungen versehen von Drothea Kuhn und Rike Wankmüller, Christian Wegner, 1955; 6. Auflage, 1971.（「自然——断章」木村直司訳、『ゲーテ全集』（新装普及版）、第一四巻、潮出版社、二〇〇三年）
Gouhier, Henri 1937 (1973), *Descartes: Essais sur le « Discours de la méthode », la métaphysique et la morale*, Vrin, 1937; 3e édition, 1973.（『人間デカルト』（新装版）、中村雄二郎・原田佳彦訳、白水社、一九八八年）
Groddeck, Georg 1909, *Hin zur Gottnatur*, S. Hirzel, 1909.
——1923 (1979), *Das Buch vom Es: Psychoanalytische Briefe an eine Freundin*, Internationaler Psychoanalytischer Verlag, 1923; Fischer, 1979.（『エスの本——無意識の探究』岸田秀・山下公子訳、誠信書房、一九九一年）
——1926 (1966), „Traumarbeit und Arbeit des organischen Symptoms“, *Internationale Zeitschrift für Psychoanalyse*, 12, 1926; in *Psychoanalytische Schriften zur Psychosomatik*, Ausgewählt und herausgegeben von Günter Clauser, Limes, 1966.（「夢の作業と身体症状の

作業」野間俊一訳、ゲオルグ・グロデック&野間俊一『エスとの対話――心身の無意識と癒し』新曜社、二〇〇二年）
――1928（1966）, „Grundsätzliches über Psychotherapie“, *Allgemeine ärztliche Zeitschrift für Psychotherapie und psychische Hygiene*, 1, 1928; in *Psychoanalytische Schriften zur Psychosomatik*, Limes, 1966.（「精神療法の原則」野間俊一訳、ゲオルグ・グロデック&野間俊一『エスとの対話――心身の無意識と癒し』新曜社、二〇〇二年）
――1966, „Über das ES“（1920）, in *Psychoanalytische Schriften zur Psychosomatik*, Limes, 1966.（「エスについて」野間俊一訳、ゲオルグ・グロデック&野間俊一『エスとの対話――心身の無意識と癒し』新曜社、二〇〇二年）
Hartmann, Eduard von 1869（1904）, *Philosophie des Unbewußten: Versuch einer Weltanschauung*, Carl Duncker, 1869; Eilfte erweiterte Auflage in drei Theilen, Hermann Haacke, 1904.
――1901（2009）, *Die moderne Psychologie: Eine kritische Geschichte der deutschen Psychologie in der zweiten Hälfte des neunzehnten Jahrhunderts*, Hermann Haacke, 1901; Kessinger Publishing, 2009.
Heidegger, Martin 1927（2001）, *Sein und Zeit*, Max Niemeyer, 1927; 2001.（『存在と時間』（全二冊）、細谷貞雄訳、筑摩書房（ちくま学芸文庫）、一九九四年）
――1947（1996）, *Brief über den »Humanismus«*, Vittorio Klostermann, 1947; in *Wegmarken*, Herausgegeben von Friedrich-Wilhelm von Herrmann, Vittorio Klostermann, 1967; 3.,

durchgesehne Auflage, 1996.（『「ヒューマニズム」について——パリのジャン・ボーフレに宛てた書簡』渡邊二郎訳、筑摩書房（ちくま学芸文庫）、一九九七年）

——1959a（2003）, „Die Sprache“（1950）, in *Unterwegs zur Sprache*, Neske, 1959; Klett-Cotta, 2003.（「言葉」、『言葉への途上』亀山健吉・ヘルムート・グロス訳、『ハイデッガー全集』第一二巻、創文社、一九九六年）

——1959b（2003）, „Das Wesen der Sprache“（1957-58）, in *Unterwegs zur Sprache*, Neske, 1959; Klett-Cotta, 2003.（「言葉の本質」、『言葉への途上』亀山健吉・ヘルムート・グロス訳、『ハイデッガー全集』第一二巻、創文社、一九九六年）

——1976（2002）, „Rimbaud vivant“, *Archives des Lettres Modernes*, N° 160, 1976（« Aujourd'hui, Rimbaud... »）; in *Aus der Erfahrung des Denkens*, *Gesamtausgabe*, Band 13, Vittorio Klostermann, 2002.（「生ケル〈vivant〉ランボー」、『思惟の経験から』東専一郎・芝田豊彦・ハルトムート・ブフナー訳、『ハイデッガー全集』第一三巻、創文社、一九九四年）

Heine, Heinrich 1835（1998）, *De l'Allemagne*, E. Renduel, 1835; Edition de Pierre Grappin, Gallimard, 1998.（「ドイツの宗教と哲学の歴史によせて」森良文訳、木庭宏責任編集『ハイネ散文作品集』第四巻、松籟社、一九九四年）

Hitschmann, Eduard 1913, „Schopenhauer: Versuch einer Psychoanalyse des Philosophen“, *Imago*, Band II, Heft 2, 1913.

James, William 1890（2007）, *The Principles of Psychology*, 2 Vols., Henry Holt, 1890; Cosimo, 2007.

——1892 (2001), *Psychology: The Briefer Course*, Henry Holt, 1892; Dover, 2001.（『心理学』（全二冊）、今田寛訳、岩波書店（岩波文庫）、一九九二―九三年）

——1904 (2009), "Does 'Consciousness' Exist?", *Journal of Philosophy, Psychology and Scientific Methods*, Vol. 1, No. 18, September 1904; in *Essays in Radical Empiricism*, Longmans, Green, and Co., 1912; General Books, 2009.（「「意識」は存在するのか」、『純粋経験の哲学』伊藤邦武編訳、岩波書店（岩波文庫）、二〇〇四年）

——1905 (2009), "How Two Minds Can Know One Thing", *Journal of Philosophy, Psychology and Scientific Methods*, Vol. 2, No. 7, March 1905; in *Essays in Radical Empiricism*, Longmans, Green, and Co., 1912; General Books, 2009.（「ふたつの精神はいかにしてひとつの物を認識しうるのか」、『純粋経験の哲学』伊藤邦武編訳、岩波書店（岩波文庫）、二〇〇四年）

——1909, *A Pluralistic Universe: Hibbert Lectures at Manchester College on the Present Situation in Philosophy*, Longmans, Green, and Co., 1909.（『多元的宇宙』、『純粋経験の哲学』伊藤邦武編訳、岩波書店（岩波文庫）、二〇〇四年（抄訳））

Janik, Allan and Toulmin, Stephen 1973 (1996), *Wittgenstein's Vienna*, Simon and Schuster, 1973; Elephant Paperbacks, 1996.（『ウィトゲンシュタインのウィーン』藤村龍雄訳、平凡社（平凡社ライブラリー）、二〇〇一年）

Jerusalem, Wilhelm 1895 (2005), *Die Urtheilsfunction: Eine psychologische und erkenntniskritische Untersuchung*, Wilhelm Braumüller, 1895; Adamant Medie Corporation, 2005.

Jung, Carl Gustav 1952 (2001), *Symbole der Wandlung: Analyse des Vorspiels zu einer Schizophrenie*, Rascher, 1952; Walter, 1995; 2. Auflage, 2001.（『変容の象徴——精神分裂病の前駆症状』（全二冊）、野村美紀子訳、筑摩書房（ちくま学芸文庫）、一九九二年）

——1962 (2005), *Erinnerungen, Träume, Gedanken*, Aufgezeichnet und herausgegeben von Aniela Jaffé, Rascher, 1962; Walter, 1971; 14. Auflage, 2005.（『ユング自伝——思い出・夢・思想』（全二冊）、河合隼雄・藤縄昭・出井淑子訳、みすず書房、一九七二—七三年）

Kant, Immanuel 1781 (1956), *Kritik der reinen Vernunft*, Johann Friedrich Hartknoch, 1781; in *Werke in sechs Bänden*, Herausgegeben von Wilhelm Weischedel, Band II, Insel, 1956.（『純粋理性批判』（全三冊）、原佑訳、渡邊二郎補訂、平凡社（平凡社ライブラリー）、二〇〇五年）

Knapp, Gerhard P. 1989, *The Art of Living: Erich Fromm's Life and Works*, Peter Lang, 1989.（『評伝エーリッヒ・フロム』滝沢正樹・木下一哉訳、新評論、一九九四年）

Kraus, Karl 1921 (1987), „Es (Abdeckung des Subjekts)", *Die Fackel*, Nr. 572-576, Juni 1921; in Schriften, Band 7, Herausgegeben von Christian Wagenknecht, Suhrkamp, 1987.（「Es（主語の剝ぎとり）」、『カール・クラウス著作集』第七・八巻、武田昌一・佐藤康彦・木下康光訳、法政大学出版局、一九九三年）

——1923 (1984), „Arbeit", *Die Fackel*, Nr. 640-648, Januar 1923; in *Ausgewählte Werke*, Band 4, Herausgegeben und mit einen Nachwort versehen von Dietrich Simon, Volk und Welt, 1974; 2. Auflage, 1984.

——1930 (1984), „Ohnmacht“, *Die Fackel*, Nr. 834-837, Mai 1930; in *Ausgewählte Werke*, Band 4, Volk und Welt, 1974; 2. Auflage, 1984.

Lacan, Jacques 1967 (2001), « La méprise du sujet supposé savoir », *Scilicet*, N° 1, 1967; in *Autres écrits*, Seuil, 2001.

Lévi-Strauss, Claude 1962a (1996), « Jean-Jacques Rousseau, fondateur des sciences de l'homme », in *Jean-Jacques Rousseau*, Publié par l'Université ouvrière et la Faculté des lettres de l'Université de Genève, La Baconnière, 1962; in *Anthropologie structurale deux*, Plon, 1973; 1996.（「人類学の創始者ルソー」塙嘉彦訳、山口昌男編『未開と文明』平凡社（現代人の思想セレクション）、一九六九年）

——1962b (2008), *Le totémisme aujourd'hui*, Presses Universitaires de France, 1962; in *Œuvres*, Editions de Vincent Debaene, Frédéric Keck, Marie Mauzé et Martin Rueff, Gallimard, 2008.（『今日のトーテミスム』仲澤紀雄訳、みすず書房（みすずライブラリー）、二〇〇〇年）

——1962c, *La pensée sauvage*, Plon, 1962.（『野生の思考』大橋保夫訳、みすず書房、一九七六年）

Libera, Alain de 2007, *Archéologie du sujet*, I: *Naissance du sujet*, Vrin, 2007.

Lichtenberg, Georg Christoph 1798 (1972), „Verzeichnis einer Sammlung von Gerätschaften, welche in dem Hause des Sir H. S. künftige Woche öffentlich verauktioniert werden soll“, *Göttinger Taschen Calender*, 1798; in *Schriften und Briefe*, Band III, Carl Hanser, 1972.

——1968-71, *Sudelbücher*, in *Schriften und Briefe*, Band I-II, Herausgegeben von Wolfgang Promies, Carl Hanser, 1968-71.（『リヒテンベルク先生の控え帖』池内紀編訳、平凡社（平凡社ライブラリー）、一九九六年（抄訳））

Mach, Ernst 1883（1912）, *Die Mechanik in ihrer Entwicklung: Historisch-kritisch dargestellt*, F. A. Brockhaus, 1883; 1912.（『マッハ力学史——古典力学の発展と批判』（全二冊）、岩野秀明訳、筑摩書房（ちくま学芸文庫）、二〇〇六年）

——1886（1922）, *Die Analyse der Empfindungen und das Verhältnis des Physischen zum Psychischen*, Fischer, 1886; 9. Auflage, 1922.（『感覚の分析』須藤吾之助・廣松渉訳、法政大学出版局（叢書・ウニベルシタス）、一九七一年）

McGrath, William J. 1986（1987）, *Freud's Discovery of Psychoanalysis: The Politics of Hysteria*, Cornell University Press, 1986; 1987.

Merleau-Ponty, Maurice 1945, *Phénoménologie de la perception*, Gallimard, 1945.（『知覚の現象学』（全二冊）、竹内芳郎・小木貞孝・木田元・宮本忠雄訳、みすず書房、一九六七—七四年）

——1960, « Le langage indirect et les voix du silence »（1952）, in *Signes*, Gallimard, 1960.（「間接的言語と沈黙の声」粟津則雄訳、『シーニュ』I、竹内芳郎監訳、みすず書房、一九六九年）

Mitscherlich, Alexander, Richards, Angela und Strachey, James 1975（1997）, „Editorische Einleitung", Sigmund Freud, *Das Ich und das Es*, in *Studienausgabe*, Band III, Fischer, 1975; 8. Auflage, 1997.

Moore, George Edward 1954-55 (1962), "Wittgenstein's Lectures in 1930-33", *Mind*, Vol. 63-64, 1954-55; in *Philosophical Papers*, George Allen and Unwin, 1959; Collier Books, 1962. (「ウィトゲンシュタインの講義 一九三〇—三三年」藤本隆志訳、『ウィトゲンシュタイン全集』第一〇巻、大修館書店、一九七七年)

Moreau, Jacques-Joseph 1852, « Mémoire sur les prodromes de la folie », *Annales Médico-Psychologiques*, Tome 4, 1852.

Nancy, Jean-Luc 1979, *Ego sum*, Flammarion, 1979. (『エゴ・スム——主体と変装』庄田常勝・三浦要訳、朝日出版社（思考の饗応)、一九八六年)

Nietzsche, Friedrich 1873 (1999), „David Strauss der Bekenner und der Schriftsteller", E. W. Fritzsch, 1873; in *Unzeitgemäße Betrachtungen*, E. Schmeitzner, 1876; in *Sämtliche Werke*, 1, Kritische Studienausgabe, herausgegeben von Giorgio Colli und Mazzino Montinari, de Gruyter, 1999. (「ダーヴィト・シュトラウス、告白者と著述家」、『反時代的考察』小倉志祥訳、『ニーチェ全集』第四巻、筑摩書房（ちくま学芸文庫)、一九九三年)

——1874 (1999), „Vom Nutzen und Nachtheil der Historie für das Leben", E. W. Fritzsch, 1874; in *Unzeitgemäße Betrachtungen*, E. Schmeitzner, 1876; in *Sämtliche Werke*, 1, Kritische Studienausgabe, de Gruyter, 1999. (「生に対する歴史の利害について」、『反時代的考察』小倉志祥訳、『ニーチェ全集』第四巻、筑摩書房（ちくま学芸文庫)、一九九三年)

——1880 (1954), *Der Wanderer und sein Schatten: Zweiter und letzter Nachtrag zu der früher erschienenen Gedankensammlung „Menschliches, Allzumenschliches: Ein Buch für freie*

Geister“, E. Schmeitzner, 1880; in *Werke in drei Bänden*, 1, Herausgegeben von Karl Schlechta, Carl Hanser, 1954.（「漂泊者とその影」、『人間的、あまりに人間的』II、中島義生訳、『ニーチェ全集』第六巻、筑摩書房（ちくま学芸文庫）、一九九四年）

——1883-85（1999）, *Also sprach Zarathustra: Ein Buch für Alle und Keinen*, E. Schmeitzner（Teil I-III）, C. G. Naumann（Teil IV）, 1883-85; in *Sämtliche Werke*, 4, Kritische Studienausgabe, de Gruyter, 1999.（『ツァラトゥストラ』（全二冊）、手塚富雄訳、中央公論新社（中公クラシックス）、二〇〇二年）

——1886（1999）, *Jenseits von Gut und Böse: Vorspiel einer Philosophie der Zukunft*, C. G. Naumann, 1886; in *Sämtliche Werke*, 5, Kritische Studienausgabe, de Gruyter, 1999.（『善悪の彼岸』信太正三訳、『ニーチェ全集』第一一巻、筑摩書房（ちくま学芸文庫）、一九九三年）

——1999a, „Ueber Wahrheit und Lüge im aussermoralischen Sinne“（1873）, in *Sämtliche Werke*, 1, Kritische Studienausgabe, de Gruyter, 1999.（「道徳外の意味における真理と虚偽について」渡邊二郎訳、『ニーチェ全集』第三巻、筑摩書房（ちくま学芸文庫）、一九九四年）

——1999b, „Nachgelassene Fragmente 1884-1885“, in *Sämtliche Werke*, 11, Kritische Studienausgabe, de Gruyter, 1999.（「遺された断想（一八八四年春―秋）」薗田宗人訳、『ニーチェ全集』第II期第七巻、白水社、一九八四年、「遺された断想（一八八四年秋―八五年秋）」麻生建訳、『ニーチェ全集』第II期第八巻、白水社、一九八三年）

——1999c, „Nachgelassene Fragmente 1885-1887“, in *Sämtliche Werke*, 12, Kritische Studienausgabe, de Gruyter, 1999.（「遺された断想（一八八五年秋―八七年秋）」三島憲一訳、

『ニーチェ全集』第Ⅱ期第九巻、白水社、一九八四年、「遺された断想（一八八七年秋―八八年三月）」清水本裕・西江秀三訳、『ニーチェ全集』第Ⅱ期第一〇巻、白水社、一九八五年）

――1999d, „Nachgelassene Fragmente 1887-1889", in *Sämtliche Werke*, 13, Kritische Studienausgabe, de Gruyter, 1999.（「遺された断想（一八八七年秋―八八年三月）」清水本裕・西江秀三訳、『ニーチェ全集』第Ⅱ期第一〇巻、白水社、一九八五年、「遺された断想（一八八八年初頭―八八年夏）」氷上英廣訳、『ニーチェ全集』第Ⅱ期第一一巻、白水社、一九八三年、「遺された断想（一八八八年五月―八九年初頭）」氷上英廣訳、『ニーチェ全集』第Ⅱ期第一二巻、白水社、一九八五年）

Nitzschke, Bernd 1998, „Zur Herkunft des »Es«: Freud, Groddeck, Nietzsche, Schopenhauer und Eduard von Hartmann. Einsprüche gegen die Fortschreibung einer Legende", in *Aufbruch nach Inner-Afrika: Essays über Sigmund Freud und die Wurzeln der Psychoanalyse*, Vandenhoeck & Ruprecht, 1998.

Noll, Richard 1994 (1997), *The Jung Cult: Origins of a Charismatic Movement*, Princeton University Press, 1994; Simon & Schuster, 1997.（『ユング・カルト――カリスマ的運動の起源』月森左知・高田有現訳、新評論、一九九八年）

Olender, Maurice 1989, *Les langues du Paradis: Aryens et sémites. Un couple providentiel*, Edition revue et augmentée, Seuil, 1989.（『エデンの園の言語――アーリア人とセム人：摂理のカップル』浜崎設夫訳、法政大学出版局（叢書・ウニベルシタス）、一九九五年）

Pohorilles, Noah Elieser 1913, „Varia: Eduard von Hartmanns Gesetz der von unbewußten

Zielvorstellungen geleiteten Assoziationen“, *Internationale Zeitschrift für ärztliche Psychoanalyse*, Jahrgang 1, 1913.

Renan, Ernest 1855（1928）, *Histoire générale et système comparé des langues sémitiques*, Première Partie: *Histoire générale des langues sémitiques*, Imprimerie impériale, 1855; 8e édition, Calmann-Lévy, 1928.

——1882（1997）, *Qu'est-ce qu'une nation?*, Calmann-Lévy, 1882; Mille et une nuits, 1997.（『国民とは何か』鵜飼哲訳、エルネスト・ルナン&ヨハン・ゴットリープ・フィヒテ&エチエンヌ・バリバール&ジョエル・ロマン&鵜飼哲『国民とは何か』インスクリプト、一九九七年）

Rimbaud, Arthur 1873（2009）, *Une saison en enfer*, Alliance typographique, 1873, in *Œuvres complètes*, Edition établie par André Guyaux, avec la collaboration d'Aurélia Cervoni, Gallimard, 2009.（「地獄の一季節」湯浅博雄訳、『ランボー全集』青土社、二〇〇六年）

——1883（2009）, « Le bateau ivre »（1871）, in *Lutèce*, 92, 2-9 novembre 1883; in *Œuvres complètes*, Gallimard, 2009.（「酔い痴れた船」平井啓之訳、『ランボー全集』青土社、二〇〇六年）

——2009, « Lettres（1870-1875）», in *Œuvres complètes*, Gallimard, 2009.（「文学書簡（一八七〇～七五）付調書」平井啓之・湯浅博雄・中地義和訳、『ランボー全集』青土社、二〇〇六年）

Ritvo, Lucille B. 1990, *Darwin's Influence on Freud: A Tale of Two Sciences*, Yale University Press, 1990.（『ダーウィンを読むフロイト――二つの科学の物語』安田一郎訳、青土社、一九九九年）

Rosenzweig, Franz 1921 (1988), *Der Stern der Erlösung*, J. Kauffmann, 1921; Suhrkamp, 1988.（『救済の星』村岡晋一・細見和之・小須田健訳、みすず書房、二〇〇九年）

——1925 (1984), „Das neue Denken: Einige nachträgliche Bemerkungen zum "Stern der Erlösung"", *Der Morgen*, Jahrgang 1, Heft 4, 1925; in *Der Mensch und sein Werk: Gesammelte Schriften*, III, Herausgegeben von Reinhold und Annemarie Mayer, Martinus Nijhoff, 1984.（「新しい思考」合田正人・佐藤貴史訳、『思想』第一〇一四号、二〇〇八年一〇月）

Rousseau, Jean-Jacques 1781 (1959), « Le persiffleur » (1749), in *Œuvres posthumes de Jean-Jacques Rousseau, ou recueil de pièces manuscrites, pour servir de supplément aux éditions publiées pendant sa vie*, Tome I, Genève, 1781; in *Œuvres complètes*, I, Edition publiée sous la direction de Bernard Gagnebin et Marcel Raymond avec la collaboration de Robert Osmont, Gallimard, 1959.（「嘲笑家」宮ヶ谷徳三訳、『ルソー全集』第三巻、白水社、一九八一年）

——1782 (1959), *Les rêveries du promeneur solitaire*, in *Les confessions de J.-J. Rousseau, suivies des Rêveries du promeneur solitaire*, Genève, 1782; in *Œuvres complètes*, I, Gallimard, 1959.（『孤独な散歩者の夢想』佐々木康之訳、『ルソー選集』第四巻、白水社、一九八六年）

Russell, Bertrand 1921 (2008), *The Analysis of Mind: Fifteen Lectures*, George Allen and Unwin, 1921; Arc Manor, 2008.（『心の分析』竹尾治一郎訳、勁草書房（双書プロブレーマ

タ）、一九九三年）

Safranski, Rüdiger 1987（2008）, *Schopenhauer und die wilden Jahre der Philosophie: Eine Biographie*, Carl Hanser, 1987; Fischer, 2001; 5. Auflage, 2008.（『ショーペンハウアー――哲学の荒れ狂った時代の一つの伝記』山本尤訳、法政大学出版局（叢書・ウニベルシタス）、一九九〇年）

――1994（2009）, *Ein Meister aus Deutschland: Heidegger und seine Zeit*, Carl Hanser, 1994; Fischer, 2001; 6. Auflage, 2009.（『ハイデガー――ドイツの生んだ巨匠とその時代』山本尤訳、法政大学出版局（叢書・ウニベルシタス）、一九九六年）

Said, Edward W. 1978（1979）, *Orientalism*, Georges Borchardt Inc., 1978; Vintage Books, 1979.（『オリエンタリズム』（全二冊）、板垣雄三・杉田英明監修、今沢紀子訳、平凡社（平凡社ライブラリー）、一九九三年）

Sartre, Jean-Paul 1937（2003）, « La transcendance de l'ego: Esquisse d'une description phénoménologique », *Recherches Philosophiques*, 6, 1937; Vrin, 2003.（「自我の超越」竹内芳郎訳、『自我の超越　情動論粗描』人文書院、二〇〇〇年）

Schelling, Friedrich Wilhelm Joseph von 1798（1965）, *Von der Weltseele: Eine Hypothese der höheren Physik zur Erklärung des allgemeinen Organismus*, Bey Freidrich Perther, 1798; in *Schellings Werke*, nach der Originalausgabe in neuer Anordnung herausgegeben von Manfred Schröter, Hauptband 1, C. H. Beck, 1927; 1965.（『宇宙霊について』松山壽一訳、『シェリング著作集』第一b巻、燈影舎、二〇〇九年（抄訳））

——1856 (1979), *Philosophie der Mythologie*, Band 1, in *Sämmtliche Werke*, 2. Abteilung, Band 1, Herausgegeben von K. F. A. Schelling, J. G. Cotta, 1856; in *Schellings Werke*, Hauptband 6, C. H. Beck, 1927; 3., unveränderte Auflage, 1979.

——1858 (1983), *Philosophie der Offenbarung* (1841-42), in *Shellings Werke*, Ergänzungsband 6, C. H. Beck, 1858; 4., unveränderte Auflage, 1983.

——1861 (1965), *Zur Geschichte der neueren Philosophie: Münchener Vorlesungen* (1827 (1833/34)), in *Sämmtliche Werke*, 1. Abteilung, Band 10, Herausgegeben von K. F. A. Schelling, J. G. Cotta, 1861; in *Shellings Werke*, Hauptband 5, C. H. Beck, 1927; 1965.（『近世哲学史講義』細谷貞雄訳、福村書店、一九五〇年）

Schlick, Moritz 1918 (1925), *Allgemeine Erkenntnislehre*, Julius Springer, 1918; 2. Auflage, 1925.

Shepherd, Arthur Pearce 1954 (1987), *Rudolf Steiner: Scientist of the Invisible*, Hodder and Stoughton, 1954; Inner Traditions International, 1987.（『シュタイナーの思想と生涯』中村正明訳、青土社、一九九八年）

Soury, Jules 1899, *Le système nerveux central: Structure et fonctions. Histoire critique des théories et des doctrines*, Georges Carré et C. Naud, 1899.

——1902, *Campagne nationaliste 1899-1901*, La Cour d'Appel, 1902.

Steiner, Rudolf 1894 (1967), *Die Philosophie der Freiheit: Grundzüge einer modernen Weltanschauung. Seelische Beobachtungsresultate nach naturwissenschaftlicher Methode*,

Emil Felber, 1894; Rudolf Steiner Verlag, 1967.（『自由の哲学』高橋巖訳、筑摩書房（ちくま学芸文庫）、二〇〇二年）

——1897（1979）, *Goethes Weltanschauung*, Emil Felber, 1897; Rudolf Steiner Verlag, 1979.（『ゲーテの世界観』溝井高志訳、晃洋書房、一九九五年）

——1913（1972）, *Die Schwelle der geistigen Welt*, Philosophisch-theosophischer Verlag, 1913; Rudolf Steiner Verlag, 1972.（『霊界の境域』西川隆範訳、水声社、一九八五年）

——1925（1967）, *Mein Lebensgang: Eine nicht vollendete Autobiographie*, Herausgegeben von Marie Steiner, Philosophisch-anthroposophischer Verlag, 1925; Rudolf Steiner Verlag, 1967.（『シュタイナー自伝』（全二冊）、西川隆範訳、アルテ、二〇〇八—〇九年）

——1926（1991）, *Esoterische Betrachtungen karmischer Zusammenhänge*, Dritter Band: *Die karmischen Zusammenhänge der anthroposophischen Bewegung, Elf Vorträge, gehalten in Dornach zwischen dem 1. Juli und 8. August 1924*, Philosophisch-anthroposophischer Verlag, 1926; in *Gesamtausgabe*, Band 237, Herausgegeben von der Rudolf Steiner-Nachlaßverwaltung, 8. Auflage, Rudolf Steiner-Nachlaßverwaltung, 1991.

Steinmetz, Jean-Luc 1991（2009）, *Arthur Rimbaud: Une question de présence. Biographie*, Tallandier, 1991; 3e édition, 2009.（『アルチュール・ランボー伝——不在と現前のはざまで』加藤京二郎・齋藤豊・富田正二・三上典生訳、水声社、一九九九年）

Sternhell, Zeev 1972（1985）, *Maurice Barrès et le nationalisme français*, Presses de la Fondation Nationale Scientifique, 1972; Editions Complexe, 1985.

——1978 (1997), *La droite révolutionnaire 1885-1914: Les origines françaises du fascisme*, Seuil, 1978; Gallimard, 1997.

Wittgenstein, Ludwig 1922 (1995), *Tractatus logico-philosophicus*, Kegan Paul, Trench, Trubner, 1922; in *Werkausgabe*, Band I, Suhrkamp, 1984; 2. Auflage, 1995.（『論理哲学論考』野矢茂樹訳、岩波書店（岩波文庫）、二〇〇三年）

——1964 (1989), *Philosophische Bemerkungen*, Aus dem Nachlaß herausgegeben von Rush Rhees, Basil Blackwell, 1964; in *Werkausgabe*, Band II, Suhrkamp, 1989.（『哲学的考察』奥雅博訳、『ウィトゲンシュタイン全集』第二巻、大修館書店、一九七八年）

——1977 (1994), *Vermischte Bemerkungen*, Eine Auswahl aus dem Nachlaß, herausgegeben von Georg Henrik von Wright unter Mitarbeit von Heikki Nyman, Suhrkamp, 1977; Neubearbeitung des Textes durch Alois Pichler, 1994.（『反哲学的断章——文化と価値』丘沢静也訳、青土社、一九九九年）

日本語文献

有田英也　一九九八「ドレフュス事件「以後」（上）——ユダヤ系フランス人とドレフュス事件」、『みすず』第四〇巻第七号、一九九八年七月。

——二〇〇二「フランスで解放されるユダヤ人——解放により、逆に「反ユダヤ」の感情が育まれてしまう」」、手島勲矢編『わかるユダヤ学』日本実業出版社、二〇〇二年。

池内紀　一九八五（二〇一五）『カール・クラウス——闇にひとつ炬火あり』筑摩書房（水星文

庫)、一九八五年、講談社(講談社学術文庫)、二〇一五年。
――一九九六『ぼくのドイツ文学講義』岩波書店(岩波新書)、一九九六年。
石澤誠一 一九九六『翻訳としての人間――フロイト＝ラカン精神分析の視座』平凡社、一九九六年。
伊藤邦武 二〇〇九『ジェイムズの多元的宇宙論』岩波書店、二〇〇九年。
今井道夫 一九八七(二〇〇二)「マッハ哲学の一源泉」、『北海道大学文学部紀要』第三五巻第二号、一九八七年三月、『思想史のなかのエルンスト・マッハ――科学と哲学のあいだ』東信堂、二〇〇一年。
上山安敏 一九八九(二〇一四)『フロイトとユング――精神分析運動とヨーロッパ知識社会』岩波書店、一九八九年、岩波書店(岩波現代文庫)、二〇一四年。
――二〇〇五『宗教と科学――ユダヤ教とキリスト教の間』岩波書店、二〇〇五年。
小俣和一郎 一九九七『精神医学とナチズム――裁かれるユング、ハイデガー』講談社(講談社現代新書)、一九九七年。
加國尚志 二〇〇八「沈黙の詩法――メルロ＝ポンティにおける「沈黙」のモチーフ」、『思想』第一〇一五号、二〇〇八年十一月。
蟹池陽一 二〇〇七「ウィーン学団とカルナップ」、飯田隆責任編集『哲学の歴史』第一一巻、中央公論新社、二〇〇七年。
加納邦光 二〇〇一『ビスマルク』清水書院(人と思想)、二〇〇一年。
加納武 一九九九「言語と認識――G. Chr. リヒテンベルクの場合」、『帝塚山学院大学人間文化学部研究年報』創刊号、一九九九年十二月。
菅野賢治 二〇〇二『ドレフュス事件のなかの科学』青土社、二〇〇二年。
木田元 二〇〇〇(二〇〇八)『木田元の最終講義――反哲学としての哲学』作品社、二〇〇〇年、角川書店(角川ソフィア文庫)、二〇〇八年。
―― 二〇〇二(二〇一四)『マッハとニーチェ――世紀転換期思想史』新書館、二〇〇二年、講談社(講談社学術文庫)、二〇一四年。
木村敏 一九九五(一九九八)「エスについて――フロイト・グロデック・ブーバー・ハイデガー・ヴァイツゼッカー」、『思想』第八五二号、一九九五年六月、『分裂病の詩と真実』河合文化教育研究所、一九九八年。
クナウプ、ハンス・ヨアヒム 二〇〇八「「エス」の圏域――ゲオルク・グロデックの精神風景と社会的影響」、『慶應義塾大学日吉紀要 ドイツ語学・文学』第四四号、二〇〇八年九月。
熊谷謙介 二〇〇九「エドゥアルド・フォン・ハルトマンとフランス象徴主義」、東京大学大学院総合文化研究科・教養学部ドイツ・ヨーロッパ研究センター『ヨーロッパ研究』第八号、二〇〇九年三月。
グロデック、ゲオルグ&野間俊一 二〇〇二『エスとの対話――心身の無意識と癒し』新曜社、二〇〇二年。
小杉英了 二〇〇〇『シュタイナー入門』筑摩書房(ちくま新書)、二〇〇〇年。
駒井義昭 一九八五「「エス」概念の系譜――フロイト-グロデック-ニーチェ」、『白山哲学』第一九号、一九八五年二月。

斎藤慶典 二〇〇〇『思考の臨界――超越論的現象学の徹底』勁草書房、二〇〇〇年。
――二〇〇三『デカルト――「われ思う」のは誰か』日本放送出版協会（哲学のエッセンス）、二〇〇三年。
佐藤貴史 二〇一〇『フランツ・ローゼンツヴァイク――〈新しい思考〉の誕生』知泉書館、二〇一〇年。
佐藤千明 二〇〇七「ランボーの「客観的な詩」について――ハインリッヒ・ハイネの『ドイツ論』を中心とする文学、思想観からみて」、一橋大学大学教育研究開発センター『人文・自然研究』第一号、二〇〇七年。
高橋哲哉 一九九〇（一九九二）「コギトの闇と光――デカルトと「主体」の問題」、『人文科学科紀要』第九三輯「哲学」第XXV号、一九九〇年三月、『逆光のロゴス――現代哲学のコンテクスト』未来社、一九九二年。
谷川稔 一九九七（二〇一五）『十字架と三色旗――近代フランスにおける政教分離』山川出版社（歴史のフロンティア）、一九九七年、岩波書店（岩波現代文庫）、二〇一五年。
種村季弘 一九八三（一九八九）『贋物漫遊記』筑摩書房、一九八三年、筑摩書房（ちくま文庫）、一九八九年。
中川久定 一九九九「デカルトと西田――二つの哲学の言語的前提」岩田文昭訳、『思想』第九〇二号、一九九九年八月。
中地義和 一九九六『ランボー――精霊と道化のあいだ』青土社、一九九六年。
永田善久 二〇〇〇「言語にみる歴史と自然――ヤーコプ＝グリムの言語理解とアカデミー講演

『言語の起源について』をめぐって」、『福岡大学 人文論叢』第三二巻第三号、二〇〇〇年十二月。
長野敬 一九七五（二〇〇二）『生物学の旗手たち』朝日新聞社（朝日選書）、一九七五年、講談社（講談社学術文庫）、二〇〇二年。
西平直 一九九九『シュタイナー入門』講談社（講談社現代新書）、一九九九年。
野間俊一 二〇〇六『身体の哲学――精神医学からのアプローチ』講談社（講談社選書メチエ）、二〇〇六年。
服部健二 二〇〇七「フォイエルバハ」、須藤訓任責任編集『哲学の歴史』第九巻、中央公論新社、二〇〇七年。
水垣渉 二〇〇四「《言葉》の始源」、平石善司・山本誠作編『ブーバーを学ぶ人のために』世界思想社、二〇〇四年。
妙木浩之 一九九五「それはエスではない」、『imago』第六巻第一一号、一九九五年十月。
村岡晋一 二〇〇八『対話の哲学――ドイツ・ユダヤ思想の隠れた系譜』講談社（講談社選書メチエ）、二〇〇八年。
村山雅人 一九九五『反ユダヤ主義――世紀末ウィーンの政治と文化』講談社（講談社選書メチエ）、一九九五年。
森鷗外 一九一一（一九七二）「妄想」、『三田文学』第二巻第三―四号、一九一一年三―四月、『鷗外全集』第八巻、岩波書店、一九七二年。
矢代梓 一九九二（二〇〇〇）「ランボーと世紀転換期のドイツ――過激な文明批判」、『現代詩手帖』特集版「ランボー一〇一年」一九九一年一月、『ドイツ精神の近代』未来社、二〇〇〇年。
山本恵子 二〇〇九「エドゥアルト・フォン・ハルトマンにおける「無意識」と「感情」の関係をめぐって」、『シェリング年報』第一七号、二〇〇九年。
山本誠作 二〇〇四「対話主義の歴史について」、平石善司・山本誠作編『ブーバーを学ぶ人のために』世界思想社、二〇〇四年。
横山茂雄 一九九〇『聖別された肉体――オカルト人種論とナチズム』書肆風の薔薇、一九九〇年。
吉田真 二〇〇五『ワーグナー』音楽之友社（作曲家◎人と作品シリーズ）、二〇〇五年。
米本昌平 一九八九『遺伝管理社会――ナチスと近未来』弘文堂（叢書 死の文化）、一九八九年。
渡辺哲夫 二〇〇五『二〇世紀精神病理学史――病者の光学で見る二〇世紀思想史の一局面』筑摩書房（ちくま学芸文庫）、二〇〇五年。
―― 二〇〇七a「解題」、『フロイト全集』第二二巻、岩波書店、二〇〇七年。
―― 二〇〇七b『祝祭性と狂気――故郷なき郷愁のゆくえ』岩波書店、二〇〇七年。

学術文庫版あとがき

『エスの系譜』が刊行されてから、もう六年が経つ。自分にもさまざまな変化が起きたが、この国もずいぶん変わってしまった。

この六年のあいだに二冊の著作を公刊した。『言語起源論の系譜』は、本書で示した分類で言えば、第二の「エスの系譜」を生んできた物語を描く試みだった。それは「エスに沈黙を課しながら語ること」を裏切ってきた歴史であり、「エス」という「主語ならぬ主語」を「私」という主語に、「私たち」という主語に、あるいは「市民」や「国民」という主語にすり替えてきた歴史である。

そのことを否定したり糾弾したりするのはたやすい。ありもしないものを捏造するという意味で、それは欺瞞だからである。そして、捏造されたものを拠り所にして暴力や圧制を正当化するという意味で、それは姑息だからである。だから、正直な気持ちを言えば、『言語起源論の系譜』を書くのは、私にとって苦痛な営みだった。だからこそ、カスパー・ハウザーという特異な存在に導いてもらうことが、私にはどうしても必要だった。再び本書に即して言うなら、カスパーは「私」とはいっさい無縁のまま「エスが語る」ことをこの現実世界で実現しえてしまった存在である。「生まれ出ざる者」が生まれてしまった存在である。

カスパーを殺害し続け、しかもそのことに気づかずに安穏としていることは、欺瞞や姑息に鈍感であることだろう。私はその鈍感を憎む。

しかし、これも『言語起源論の系譜』で描いたように、それらの欺瞞や姑息は、言語が、社会が、そして国家がこの現実世界の中で実際に機能しているかぎり、決して無縁でいることのできないものでもある。別の言い方をすれば、私が言葉を語り、社会の中で生き、ある国家の国民であるかぎり、私はエスの「第二の系譜」から逃れられないということだ。自分自身でさえ予想していなかった『日本国民であるために』という本を書いたのは、そのことを何よりもまず自分自身に今一度突きつけ、この国でもたらされ続けている欺瞞や姑息のありようを、つまり、この国で殺害され続けているカスパー・ハウザーの姿を直視しなければならない、という思いが消し難く生まれたからである。そこで何度も繰り返し強調した二つの「国民」は、どんなにそれが見えにくかったとしても、本書で言うエスの「第一の系譜」と「第二の系譜」に重なり合っている。その区別が消し去られるとき、それらのあいだでカスパーは殺害されているのだ。

『エスの系譜』と『日本国民であるために』がともにまなざしているものを知る人に、私は会いたい。それが、この六年を経て抱く私の願いである。

本書を学術文庫に収録することを提案してくれたのは、この本の生みの親にほかならない林辺光慶氏である。ここに衷心より感謝の気持ちを刻みたい。そして、同僚に謝意を表するのは不見識なのかもしれないが、その誹りを受けてでも、私は園部雅一、稲吉稔の両氏に、深い感謝を捧げる。

文庫版の「解説」を寄せてくださったのは、最高の友であり同志である國分功一郎さんである。何をやろうとした著作なのかを著者自身に理解させてくれる解説など、めったにあるものではない。國分さんのおかげで、私は改めて、この本を書いてよかった、と心の底から思った。

二〇一六年八月　互　盛央

解説　来るべき本文——十九世紀という問題

國分功一郎

本書は互盛央氏の二冊目の著作である。長大なソシュール論『フェルディナン・ド・ソシュール——〈言語学〉の孤独、「一般言語学」の夢』（作品社、二〇〇九年）でデビューした氏は、同書出版の翌年二〇一〇年には本書『エスの系譜——沈黙の西洋思想史』を出版。更に、二〇一四年には『言語起源論の系譜』、二〇一六年には『日本国民であるために——民主主義を考える四つの問い』（新潮社）と旺盛な執筆活動を続けている。

本書に関して何よりもまず人々の目を引くのは、その謎めいたタイトルであろう。エスとは何か？　人は何かをした後で、「なぜか分からないが、そうしてしまった」とか「まるで自分ではない何かにやらされているようだった」と思うことがある。「こうした話は作家や芸術家の創作についてよく聞かれるが、日常の中にも同様の経験があるのは誰もが知っていることだろう」（本書、一二ページ）。人の心の中には、行動の原動力であったことは明らかなのに、それが何であるのかを明言できないものが確実に存在している。精神分析の創始者ジークムント・フロイトはそれを「エス（Es）」と呼んだ。「Es」は英語の「it」と同じ、「それ」を意味する代名詞である。何であるのか明言できないが故に、それを「それ」と呼んだのである。フロイトの精神分析理論においては、このエスはほぼ無意識に相当すると考えて良い。

このエスは思想史や哲学に詳しい人にはよく知られている。だが、それをそのように名指し、概念化するという着想がフロイトの独創ではなかったことはさほど知られていないかもしれない。いや、精神分析に詳しい人には、フロイト自身がこの名称をゲオルク・グロデックという医師から借用したと述べていること、更にまた、自分はアイデアとしてはグロデックからこれを借りたけれども、グロデック自身もまたニーチェから想を得ていると言って、グロデックの独創性を否定したことも知られているだろう。だが、本書が描く「系譜」はここには留まらない。実は、信じられないほど多くの人物がエスについて語っていた。本書を読んでいると、これでもか、と思われるほどに次々とエスを論じた人物たちが現れる。しかし、その系譜が本書のように徹底した仕方で緻密に描き出されたことはなかった。ニーチェとフロイトを主たる導き手としてこの系譜をまとめ上げた本書はその意味でまさしく独創的な著作であると言わねばならない。

この本は読んでいて勉強になる。あまり知られていない思想上の事実がたくさん書かれている（白状すれば、私も、本書で鍵となる人物の一人、ゲオルク・クリストフ・リヒテンベルクのことなど少しも知らなかった)。また記述はこの上なく親切であって、読みやすい。おそらく大学での講義の教科書として用いるにも最適であろう。だが、これは読後最初に得られる感想にすぎない。その後、立ち止まって、「この本は何について書かれているのだろうか?」と自問するや、読者はこの本の一見したところの読みやすさに満足してはいられなくなるだろう。互氏があとがきに記した「私はいったい何を書いたのだろう」というつぶやきは修辞的に発せられた疑問ではない。著者があとがきで本文について自ら疑問を呈し、自らに自らを反省する能力があることを示して本を閉じるというのはよくあることである。しかし氏の疑問はそのようなものではない。そしてこの問いは本書の出自と切り離すことができない。

本書は実は、先に紹介した互氏の最初の著作『フェルディナン・ド・ソシュール』の序章として構想されたものだった(なお、同書は氏の博士号取得論文である)。あとがきによれば、最初の原稿は大きくその形を変えているようである。そして、大著『フェルディナン・ド・ソシュール』には、それだけで一冊の書物として出版されてもおかしくない長大な序章が付されている。その内容は、確かに一部、『エスの系譜』とも重なっている。だが、なぜ二十世紀の思潮に決定的な影響を与えた言語学者ソシュールについての著作に、「エスの系譜」を論じたテクストが序章として置かれることが、一度とは言え、構想されたのか?　そしてまた、なぜそのテクストを氏はソシュール論から切り離さねばならなかったのか?　言い換えるならば、なぜ本書はソシュール論との共存を拒んだのか？　このように問う時、本書は、エスについて書かれた文献を踏破した教育的な書物という説明ではとても不十分な、新たな位相を読者に示し始めるのである。

おそらくそこでポイントとなるのは十九世紀、あるいは、十八世紀末と二十世紀初頭をも含めた広義の十九世紀である。一八五七年に生まれ、まさしく十九世紀という時代のただ中で言語について思考したソシュールを論じるにあたり、互氏が何よりも強調するのは、当時勃興しつつあった言語学が不可避的に国民国家と手を結んでしまうという事実であった。但し互氏の筆致は、二十世紀末に流行した、「国語イデオロギー」と国民国家とを単純に結びつける類の議論とは全く異なる。そこで問われているのは徹頭徹尾、理論的な問題である。互氏によれば、十九世紀に登場した国民国家とは、それまで王と国民としてあった支配者と被支配者の分裂を、「国民」という一存在の内に抱え込んだ政治体制に他ならない。すなわち、そこでは国民が支配者であり且つ被支配者である。近代的国民国家の原理は「国民は主権者であり、主権者は国民である」と表現できるのであり、更にそれは「支配者は被支配者であり、被支配者は支配者である」とも言い換えられる（『フェルディナン・ド・ソシュール』一五ページ）。

このような階層構造の崩壊は、実は同じ十九世紀に登場した言語学を可能ならしめた構造と同型である。互氏はミシェル・フーコーが『言葉と物』で緻密に描きだした言語学誕生の条件を参照しつつ、次のように指摘する。「王と国民として外部と内部の対をなしていたものが十九世紀の国民国家で内部化した結果、内部としての「語ること」と外部としての「語られるもの」の関係、すなわち言葉で語られるものが世界に存在することを保証する絆は失われた」（同書、八〇ページ）。そして、これによってこそ、言語学は言語を語れるようになる。言語の「内的な構造」とその「法則性」を語ることができるようになる。なぜならば、ここに至ってはじめて、「語ること」としての言語と、「語られるもの」としての言語が分裂し、言語は「語ること」が不在でも存在する「語られるもの」として出現することになるからである。「言語学」が出現させた言語とは、「語ること」なき「語られるもの」に他ならない（同書、八一ページ）。

この言語学は「民族精神」のような露骨に非科学的なものを確かにもう口にはしない。しかし「科学的」という衣装をまといつつ、その原理を受け継ぐ。そうして受け継がれたものこそ、言語の「法則性」に他ならない。「科学的に裏づけられる法則性が本質において「民族精神」と変わらないことは、その科学性が「人種」という別の科学性と容易に接合されたことを思えば否定すべくもない」（同ページ）。つまり、言語学はその成立条件においてもその帰結においても、「国民国家」「人種」といった疑わしき政治的概念と切っても切り離せないのだ。そのことに誰よりも自覚的であったソシュールには、とても無邪気に言語学を行うことなどできない。そのことが、互氏の注目する彼の「執筆恐怖症」、そして、言語学を体系化した著作を残すことにためらいを覚え、結局、講義のノートだけが残されたという事実と直結する。ソシュールの言語学が一世を風靡したのは、弟子の二人が、師のためらいを無視して編纂した『一般言語学講義』なる書物を通じてであった。

ソシュールはまさしく語ることの困難に直面していた——互氏は何よりもそのことを強調する。そして、この困難は十九世紀に固有のものであった。あの時代こそが国民国家と言語学を作り出したのであり、あるいは、国民国家と言語学が他のいくつかの要素と手を取り合って十九世紀という時代を作り上げたのである。さて、『エスの系譜』もまた、広義の十九世紀を扱っていることに注意しなければならない（巻末の「関連年表」を見ればそれは明らかである）。もはやエスは十九世紀の流行語であったのではないかと言いたくなるほどである。ならばここで一つの問いが浮かび上がるであろう。すなわち、なぜ（広義の）十九世紀においてエスはかくも熱心に論じられたのか？　なぜ十九世紀はエスに注意を払わずにはいられなかったのか？　確かに本書『エスの系譜』は、語ることとあるいは考えることと「私」の関係の再考を迫るものであるから、それが語ることの困難に直面していたソシュールについての書物の序論として構想されたことは不思議ではない。だが、本書が明らかにしてしまった事実は、ソシュールと国民国家の問題を念頭に置きつつも、改めて別様に問われねばならない問いを突きつけているのだ。

では、『エスの系譜』はこの問いを密かに投げかけつつ、いったいいかなる論点に向かっているのか？　あるいは、この問いに答えるために、『エスの系譜』からどのような論点を取り出せばよいのだろうか？　実はあとがきを読んでいると、著者である互氏自身、自身の書いたテクストの向かう先を摑みかねているという感触すらある。この解説が著者に代わってそれを提示することができるとはとても思えない。しかし、できる限りのことをしてみよう。そのためには『エスの系譜』の内部に入り込まねばならない。

この本はエスを巡る二つの系譜を描き出している。一つはエスの実体化を何とかして避けようとする系譜であり、もう一つはそれを「私」などに実体化してしまう系譜である。第一の系譜を誰よりも明確に定式化しているのが、ニーチェに他ならない。ニーチェはデカルトの「我思う、故に我在り（Cogito, ergo sum）」を念頭に置いて、これを批判しつつ、「主語「私」は述語「考える」の前提である、と述べるのは事態の捏造である」と述べる（本書、三八ページ）。主語があるから述語があるというのは、原因と結果を巡るありふれた「深い信仰」にすぎない。だから、そうではなくて、「それが考える（Es denkt）」と言わねばならないのだ。だがニーチェの記述はここで止まらない。興味深いのはここからである。ニーチェはここに次のように言葉を継ぐ。「この「それが考える」でさえ、すでに言いすぎである」（同ページ）。確かに「私」なるものの捏造を斥けるにあたっては、エスは有益である。だが、この言い回しは結局のところ、原因と結果についての「深い信仰」そのものを疑わせるところにまでは至っていない。そして、我々の用いている言語で、いま問題になっている事象を語ろうとすれば、主語はどうしても要求されてしまう。「それが考える（Es denkt）」は、この不可能性に直面しつつ口にされた時にのみ成立する表現である。

この不可能性への直面はエスを語るにあたって必要不可欠のものである。というのも、単に「私の中でエスが考える」ということであれば、それは結局回り道をしただけで、「私」を強化することにつながってしまうからである。それがエスの第二の系譜であって、互氏は非常に興味深いことに、この系譜の代表として、プロイセンの政治家オットー・フォン・ビスマルクが語ったエスを挙げている。ビスマルクは言う。「私はしばしば素早く強固な決断をしなければならない立場になったが、いつも私の中のもう一人の男が決断した」（本書、八六ページ）。ビスマルクの書簡には「それが私の中で考える（Es denkt in mir）」の表現が見出されるのだが、互氏はこれを、「それが考える」という定式に近づきつつも、「それ」に先行する「私」を結局のところは想定し、しかもその「私」をドイツ国民と同一視することをためらわなかったフィヒテやシェリングらの哲学者に由来する系譜なのだと断言する。ここは本書の記述の中でも最もスリリングな箇所の一つだろう。

「それが考える（Es denkt）」が、「それが私の中で考える（Es denkt in mir）」という仕方で「私」を召喚し、更には、それをエスに先行するものとして結局のところ定立してしまうというこの第二の系譜のロジックは極めて重要である。このロジックは、エスを語るだけでは不十分であり、それどころか、エスを語るだけでは、「私」という主語を巡る「信仰」あるいはイデオロギーを強化しかねないということを意味しているからである。

そして、この第二の系譜のロジックをこうして眺める時、実はここからもう一つ別の問題系が広がっているのではないかということに気付かされるのである。それは、「それが私の中で考える」と私がそう考えるのではなくて、「あなたが考えたのだ」と、あるいは、「それがあなたの中で考えたのだとしても、つまりはあなたが考えたのだ」と他者から判断されるという問題である。「それが私の中で考える（Es denkt in mir）」が「私」をエスに先行するものとして定立してしまうのなら、「それがあなたの中で考える（Es denkt in ihnen）」は「あなた」を定立する。ここで問われているのは、社会という問題、そして、社会なるものが必然的に要求する責任の問題である。社会はエスがなしたことを、「あなた」の責任として問うてくるからである。

すると、十九世紀を執拗に問う本書に、奇妙にも不在である一人の人物の名前が思い出されてならないのである。それがカール・マルクスに他ならない。マルクスが直接にエスについて語ったことがあるのかどうか、私は知らない。だが、彼は『ルイ・ボナパルトのブリュメール十八日』の冒頭部分で次のような有名な文句を書き記していた。「人間は自分自身の歴史をつくる。だが、思う儘にではない。自分で選んだ環境のもとではなくて、すぐ目の前にある、あたえられた、持ち越されてきた環境のもとでつくるのである」。この有名な文言は、まさしく社会の無意識、あるいは社会に生きる人間の無意識を扱っている。歴史は人間が思ったように作り上げたものではない。しかし、それは人間が作った歴史と見なされる。もしこの一文が、「人間は自分自身の歴史を思うが儘に作っているわけではない」という表現であったならば、その意味するところは台無しである。「人間は自分自身の歴史をつくる〔Die Menschen machen ihre eigene Geschichte〕」に、「だが、思う儘にではない〔aber sie machen sie nicht aus freien Stücken〕」と言葉が継がれているからこそ、人間が歴史を作っているとも、人間は歴史を作ることを強制されているとも言い切れない様が見事に表現されているのだ。そしてマルクスがこの認識を得たのは、一八五一年から五二年という十九世紀のど真ん中の二年間に他ならない。

互氏によって定式化されたエスの第一の系譜と第二の系譜は、このような社会と人間のあり方を、うまく腑分けして考察するための極めて有効な道具になると思われる。第一の系譜はエスの哲学的水準を、第二の系譜はエスの社会的水準を扱っていると言ってもいいかもしれない。マルクスの定式が示しているのは両水準の絡み合いである。確かに、歴史を作る人間は思ったように歴史など作ってはいない（第一の系譜の視点）。しかし、その歴史はやはり、人間が作った人間自身の歴史と見なされてしまう（第二の系譜の視点）。別に「歴史」などという大袈裟なものでなくともよい。あなたの中のエスが考えたことは、あなたが考えたことと見なされてしまうだろう。あなたの中のエスが行ったことは、あなたが行ったことと見なされてしまうだろう。ここにマルクスの言う「社会的諸関係」の問題、更には責任の問題が姿を現す。そしてこの問題は、この『エスの系譜』から出発して考えられるべきものとして、いや、『エスの系譜』が描き出した二つの系譜を参考にしながら、もう一度、一から考え直されるべき問題としてあると言わねばならない。

なぜ十九世紀は、かくも執拗にエスを論じたのか？　この問いへの確定的な答えはまだない。本書が提示するエスの二つの系譜はこの答えを見つけるための出発点であり、そしてこの出発点は十九世紀の抱えていた巨大な論点、すなわち言語学と国民国家という論点を視野に収めつつ、活用されねばならない。また、この二つの系譜は、十九世紀を代表する思想家マルクスが描こうとした社会的諸関係の問題を、次なる課題として読者に突きつける。そこには更に、責任という問題も見え隠れしている。ソシュール論の序章として構想された本書は、なぜ独立した書籍として姿をあらわさねばならなかったのか？　それはこの本が、こうした諸問題を論じた新しい本文を要求しているからである。その来るべき本文はおそらく、十九世紀という時代を正面から問い直すものであるだろう。その来るべき本文は互氏本人によって書かれるのか、他の誰かによって書かれるのか、私には分からない。いずれにせよ、本書は全く新しい視点から、この巨大な時代を一つの問題として問うことを求めているのである。

（哲学、高崎経済大学准教授）

1936年　クラウス死去。シュリック死去。
1937年　サルトル「自我の超越」／フロイト『モーセという男と一神教』第1論文と第2論文発表
1938年　フロイト、ウィーンからロンドンに亡命（6月6日）。第3論文執筆再開（6月21日）。脱稿（7月17日）。「精神分析概説」執筆開始（7月20日）。
1939年　第2次世界大戦勃発。フロイト死去。フロイト『モーセという男と一神教』

1940年代

1941年　フロム『自由からの逃走』
1945年　第2次世界大戦終結。ブーバー『モーセ』／メルロ＝ポンティ『知覚の現象学』
1946年　ハイデガー『「ヒューマニズム」についての書簡』
1947年　ホルクハイマー＆アドルノ『啓蒙の弁証法』
1949年　アドルノ「文明批判と社会」（「アウシュヴィッツのあとで詩を書くことは野蛮であり、そのことは、なぜ今日詩を書けなくなったかを表明する洞察を侵食してもいる」）

ュタイン『論理哲学論考』
1923年　ミュンヘン一揆。イェルザレム死去。バレス死去。グロデック『エスの本』／フロイト『自我とエス』／ブーバー『我と汝』／クラウス「労働」
1924年　シュタイナーが「それが私の中で考える」を示した講義／フリッツ・ラング監督『ニーベルンゲン』第1部『ジークフリート』
1925年　シュタイナー死去。フロイト『みずからを語る』
1925-27年　ヒトラー『わが闘争』
1926年　グロデック「夢の作業と身体症状の作業」(「私の目的にかなっていた「エス」という概念は彼〔フロイト〕には役に立たず、彼はそこから私が述べたのとは異なるものを作った」)
1927年　ハイデガー『存在と時間』
1928年　エルンスト・マッハ協会創設。グロデック「精神療法の原則」(「フロイトは〔…〕私がエスという語で意図したことの、まったく逆をしている」)／カルナップ『世界の論理的構築』
1929年　世界恐慌。ローゼンツヴァイク死去。
1929-31年　ヴィトゲンシュタインの「現象学的言語」に関する草稿

1930年代

1930年　ナチス、総選挙で大幅に議席を増やす。フランクフルト学派成立。ブーバー「ユダヤ教の魂の焦点」／クラウス「無力」
1930-33年　ヴィトゲンシュタインが「それが考える」を示した講義
1933年　ナチス政権成立。ドイツ一般医学精神療法学会創設（副会長：ユング)。フロイト『続・精神分析入門講義』／ブーバー「聖書的ヒューマニズム」
1934年　グロデック死去。フロイト、モーセ論執筆開始。
1935年　ニュルンベルク法公布。

『多元的宇宙』

1910年代

1910年　国際精神分析学会創設。ジェイムズ死去。

1911年　フロイトとアドラー訣別。フロイト、心霊研究会の通信会員。

1911-12年　ユング『リビードーの変容と象徴』

1913年　人智学会創設。フロイト『トーテムとタブー』／ポーリレス「エドゥアルト・フォン・ハルトマンの無意識的目標表象に導かれる連合法則」／ヒッチュマン「ショーペンハウアー」／シュタイナー『霊界の境域』

1914年　第1次世界大戦勃発。フロイトとユングの訣別。フロイト『夢解釈』第4版（ハルトマンに言及する注を追加）／フロイト『ミケランジェロのモーセ像』／フロイト「精神分析運動の歴史のために」

1915年　フロイト、アメリカ心霊研究協会の名誉会員。

1916年　マッハ死去。

1917年　グロデックからフロイトに宛てた最初の手紙。フロイト『日常生活の精神病理学に向けて』第5版（ヒッチュマンとハルトマンを言い間違える1914年のエピソードを追加）

1918年　第1次世界大戦終結。シュリック『一般認識論』

1919年　ヴァイマール共和国成立。ゲオルゲ「言葉」

1920年代

1920年　フルールノワ死去。フロイト『快原理の彼岸』／グロデック『魂の探求者』

1921年　フロイト、グロデック宛の手紙で「第2局所論」の原型となる図を示す。フロイト『集団心理学と自我分析』／ローゼンツヴァイク『救済の星』／クラウス「Es（主語の除去）」／ラッセル『精神の分析』

1922年　ユダヤ人初の外務大臣ラーテナウ暗殺。ヴィトゲンシ

1890年代

1890年　ジェイムズ『心理学原理』（縮約版1892年）
1891年　ランボー死去。フロイト『失語症の理解に向けて』
1892年　ルナン死去。
1894年　ドレフュス事件勃発。エクスナー『心的現象の生理学的説明への構想』／シュタイナー『自由の哲学』
1895年　ブロイアー＆フロイト『ヒステリー研究』／イェルザレム『判断機能』
1896年　バレスがスーリーから「ドイツ人は、私が考えるではなく、それが私の中で考えると言う」と聞く
1897年　バレス『根こぎにされた人々』／シュタイナー『ゲーテの世界観』
1898年　ビスマルク死去。フロイトが「シュヴェニンガーのふるまいが、ひどい恥さらしでした」と記した手紙／ゾラ「私は弾劾する！」
1899年　『炬火』創刊。ドレフュス事件再審開始。スーリー『中枢神経系』

1900年代

1900年　ニーチェ死去。フロイト『夢解釈』（発行は前年）／フルールノワ『インドから火星へ』
1901年　フロイト『日常生活の精神病理学に向けて』
1902年　スーリー『ナショナリズム運動 1899-1901年』／バレス『ナショナリズムの舞台と教義』／ユング『いわゆる心霊現象の心理と病理に向けて』
1904年　ジェイムズ「「意識」は存在するか」
1906年　ドレフュス事件終結。一元論同盟創設。ハルトマン死去。ユングからフロイト宛の最初の手紙。
1908年　ウィーン精神分析学会創設。
1909年　フロイトとユング、アメリカに講演旅行、ジェイムズと出会う。グロデック『神なる自然に向かって』／ジェイムズ

1866年　普墺戦争勃発。ヘッケル『一般形態学』
1868年　バスティアン『比較心理学への寄与』
1869年　ハルトマン『無意識の哲学』

1870年代

1870年　普仏戦争勃発。ビスマルクが「それが私の中で考え、思索する」と記した手紙
1871年　ドイツ帝国成立。パリ・コミューン崩壊、フランス第3共和政成立。ランボー「見者の手紙」、「酔いどれ船」
1872年　フォイエルバッハ死去。
1873年　フロイト、ウィーン大学に入学、「ウィーン・ドイツ学生読書会」に参加。ニーチェ「信仰告白者にして著述家ダーフィト・シュトラウス」／ランボー『地獄の一季節』
1874年　ニーチェ「生に対する歴史の利害について」
1875年　神智学協会創設。フロイトがフォイエルバッハを「あらゆる哲学者の中で最も尊敬し、賞賛している」と記した手紙
1876年　ヴァーグナー『ニーベルングの指環』全曲初演

1880年代

1880年　ニーチェ『漂泊者とその影』
1882年　三国同盟成立（ドイツ、オーストリア＝ハンガリー、イタリア）。心霊研究協会創設。ルナン『国民とは何か』
1883年　ヴァーグナー死去。マッハ『その発展における力学』
1883-85年　ニーチェ『ツァラトゥストラはこう語った』
1885年　アメリカ心霊研究協会創設。フロイト、翌年までパリに留学。
1886年　ニーチェ『善悪の彼岸』／マッハ『感覚の分析』／ドリュモン『ユダヤ人のフランス』
1889年　フロイト、リエボーおよびベルネームをナンシーに訪ねる。エクスナー「一般的な推論の誤りについて」

連邦成立。フィヒテ死去。
1819年　ショーペンハウアー『意志と表象としての世界』

1820年代
1826年　ゲーテが「神なる自然」を記した詩
1827年　シェリングの講義『新しい哲学史に向けて』

1830年代
1830年　フランス7月革命。フランス7月王政成立。
1831年　ヘーゲル死去。
1832年　ゲーテ死去。
1835年　シュトラウス『イエスの生涯』／ハイネ『ドイツについて』

1840年代
1841年　シェリングがベルリンに招聘される。フォイエルバッハ『キリスト教の本質』
1846年　フォイエルバッハ「身体と魂、肉と精神の二元論に抗して」
1848年　フランス2月革命、ドイツ3月革命。フランス第2共和政成立。

1850年代
1852年　ナポレオン3世が皇帝になり、フランス第2帝政成立。モロー「狂気の前兆についての覚え書き」
1854年　シェリング死去。
1859年　ダーウィン『種の起源』

1860年代
1860年　ショーペンハウアー死去。
1863年　ルナン『イエスの生涯』

関連年表

＊以下は、本書で扱った著作と関連する主要な出来事を年表の形式でまとめたものである。簡便さを優先し、対象とする期間は1780年代から1940年代までにとどめた。

1780年代

1780年　ゲーテ作と信じられた断章「自然」
1781年　カント『純粋理性批判』
1789年　フランス革命勃発。人権宣言。

1790年代

1793-99年　リヒテンベルクが「それが考える」と記した断章
1797年　フィヒテ「知識学の新叙述の試み」
1799年　ナポレオン戦争勃発。リヒテンベルク死去。

1800年代

1804年　ナポレオンが皇帝になり、フランス第1帝政成立。カント死去。
1806年　ナポレオンを目にしたヘーゲルが「私は皇帝が――世界霊が――馬に乗って街を通り抜け、偵察に出ていくのを見ました」と記した手紙
1807年　フランス軍ベルリン入城。
1808年　フィヒテ『ドイツ国民に告ぐ』／シュレーゲル『インド人の言語と英知について』

1810年代

1814年　ウィーン会議（翌年まで）。フランス復古王政。ドイツ

KODANSHA

本書の原本は、二〇一〇年に小社から刊行されました。

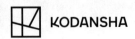

互　盛央（たがい　もりお）

1972年，東京生まれ。東京大学大学院総合文化研究科博士課程修了（学術博士）。言語論・思想史。現在，講談社勤務。著書に『フェルディナン・ド・ソシュール』（作品社。和辻哲郎文化賞，渋沢・クローデル賞），『言語起源論の系譜』（講談社。サントリー学芸賞），『日本国民であるために』（新潮社），『連合の系譜』（作品社）がある。

講談社学術文庫

定価はカバーに表示してあります。

エスの系譜《けいふ》

沈黙《ちんもく》の西洋《せいよう》思想《しそう》史《し》

互《たがい》　盛央《もりお》

2016年10月11日　第1刷発行
2024年7月2日　第2刷発行

発行者　森田浩章
発行所　株式会社講談社
東京都文京区音羽2-12-21　〒112-8001
電話　編集（03）5395-3512
販売（03）5395-5817
業務（03）5395-3615
装　幀　蟹江征治
印　刷　株式会社新藤慶昌堂
製　本　株式会社国宝社
本文データ制作　講談社デジタル製作

ISBN978-4-06-292385-9

「講談社学術文庫」の刊行に当たって

これは、学術をポケットに入れることをモットーとして生まれた文庫である。学術は少年の心を養い、成年の心を満たす。その学術がポケットにはいる形で、万人のものになることは、生涯教育をうたう現代の理想である。

こうした考え方は、学術を巨大な城のように見る世間の常識に反するかもしれない。また、一部の人たちからは、学術の権威をおとすものと非難されるかもしれない。しかし、それはいずれも学術の新しい在り方を解しないものといわざるをえない。

学術は、まず魔術への挑戦から始まった。やがて、いわゆる常識をつぎつぎに改めていった。学術の権威は、幾百年、幾千年にわたる、苦しい戦いの成果である。こうしてきずきあげられた城が、一見して近づきがたいものにうつるのは、そのためである。しかし、学術の権威を、その形の上だけで判断してはならない。その生成のあとをかえりみれば、その根は常に人々の生活の中にあった。学術が大きな力たりうるのはそのためであって、生活をはなれた学術は、どこにもない。

開かれた社会といわれる現代にとって、これはまったく自明である。生活と学術との間に、もし距離があるとすれば、何をおいてもこれを埋めねばならない。もしこの距離が形の上の迷信からきているとすれば、その迷信をうち破らねばならぬ。

学術文庫は、内外の迷信を打破し、学術のために新しい天地をひらく意図をもって生まれた。文庫という小さい形と、学術という壮大な城とが、完全に両立するためには、なおいくらかの時を必要とするであろう。しかし、学術をポケットにした社会が、人間の生活にとってより豊かな社会であることは、たしかである。そうした社会の実現のために、文庫の世界に新しいジャンルを加えることができれば幸いである。

一九七六年六月

野間省一